2896
4760.

✡ E. 982.
A. 2.

SCIENCE DES PRINCES,
OU
CONSIDERATIONS
POLITIQUES.
SUR LES
COUPS D'ETAT.
TOME II.

SCIENCE DES PRINCES,
OU
CONSIDERATIONS
POLITIQUES
SUR LES
COUPS D'ETAT,

Par Gabriel Naudé, Parisien.

Avec les *Réflexions Historiques,
Morales, Chrétiennes, &
Politiques*.

DE L. D. M. C. S. D. S. E. D. M.

TOME II.

Imprimées l'an M. DCC. LII.

CONSIDERATIONS POLITIQUES SUR LES COUPS D'ETAT.

CHAPITRE IV.

(1) De quelles opinions faut-il être persuadé pour entreprendre les Coups d'Etat.

E n'est pas assez d'avoir montré les occasions que l'on peut avoir d'entreprendre ces stratagêmes, si nous ne passons plus outre, & que nous ne déclarions aussi de quelles no-

tions & persuasions il faut être persuadé, pour les exécuter avec hardiesse, & en venir à bout heureusement. Et bien que ce titre semble plutôt appartenir aux qualités & conditions du Ministre, qui les peut conseiller, je ne lairrai toutefois de coucher ici les principales, puisque ce sont des maximes très-certaines, universelles & infaillibles, que non-seulement les Conseillers, mais les Princes & toutes personnes de bon sens & de jugement, doivent suivre & observer en toutes les affaires qui leur peuvent survenir ; & au défaut desquelles les raisonnemens que l'on fait en matiere d'Etat, sont bien souvent cornus, estropiés, & plus semblables à des contes de vieilles, & de gens grossiers & méchaniques, qu'à des discours de personnes sages & expérimentées aux affaires du monde.

Boëce, ce grand Conseiller d'Etat du Roi Théodoric, nous fournira la premiere, qu'il exprime en ces termes au livre de la confolation : (a) *Conflat, æternâ pofitum que lege eft, in mundo conflans genitum effe nihil* ; à quoi s'accorde pareillement Saint Jerôme lorſqu'il dit en ſes Epîtres, (b) *omnia orta occidunt, & aucta feneſcunt* : Les Poëtes auſſi ont été de ce même ſentiment.

Immortale nihil mundi compage tenetur,
Non Urbes, non Regna hominum, non aurea
Roma. (c)

Et tous ceux-là généralement ne s'en éloignent guère, qui conſiderent avec attention, comme ce

_____

(a) C'eſt un axiome fondé ſur une loi eternelle, qu'il n'y a rien d'engendré au monde qui ne ſoit ſujet à quelque changement.

(b) Il n'y a rien qui prenne naiſſance qui ne meure, & tout ce qui prend accroiſſement vieillit.

(c) Il n'y a rien d'immortel dans le monde, non pas même les villes, ni les royaumes des humains, ni Rome qui étoit ſi opulente.

A ij

4   *Confidérations Politiques*

grand cercle de l'Univers depuis qu'il a une fois commencé son cours, n'a point cessé d'emporter, & faire rouler quant & soi les monarchies, les religions, les sectes, les villes, les hommes, les bêtes, arbres, pierres, & généralement tout ce qui se trouve compris & enfermé dans cette grande machine; les Cieux même ne sont pas exempts de changemens ni de corruption. Le premier Empire des Assyriens, celui des Perses qui le suivit, ont aussi cessé des premiers; (2) le Grec & le Romain ne l'ont pas fait plus longue. (3) Ces puissantes familles de Ptolomée, d'Attalus, de Seleucides ne servent plus que de fables.

Miramur periisse homines, monimenta fatiscunt;
Mors etiam saxis nominibusque venit. (a)

(a) Nous nous étonnons de la mort des hommes; les monumens périssent, & la mort vient attaquer les pierres & les noms. *Rutil. in Itiner.*

(4)

sur les Coups d'Etat.

(4) Cette Isle de Crete où il y avoit cent villes, cette ville de Thebes où il y avoit cent portes, cette Troie bâtie par les mains des Dieux, cette Rome qui triompha de tout le monde, où sont-elles maintenant ? (*a*) *Jam seges est ubi Troia fuit.* Il ne faut donc pas croupir dans l'erreur de ces foibles esprits, qui s'imaginent que Rome sera toujours le siége des saints Peres, & Paris celui des Rois de France. (*b*) *Byzantium illud vides quod sibi placet duplicis imperii sede ? Venetias istas quæ superbiunt mille annorum firmitate ? Veniet illis sua dies, & tu Antverpia, ocelle urbium, aliquando non eris,* disoit ju-

---

(*a*) Il croit maintenant du bled là où étoit autrefois Troie.

(*b*) Vois-tu cette Constantinople qui se flate du siége d'un double Empire ? & Venise qui se glorifie d'une fermeté de mille ans ? Leur jour viendra ; & toi Anvers, qui est l'œillet de toutes les villes, le temps viendra que tu ne seras plus.

diciéusement Lipse. De maniere que cette maxime étant très-véritable, un bon esprit ne désespérera jamais de pouvoir surmonter toutes les difficultés, qui empêcheroient peut-être quelqu'autre d'exécuter ou d'entreprendre ces affaires d'importance. Comme par exemple, s'il est question qu'un Ministre, soit pour le service de Dieu, ou pour celui de son Maître, songe aux moyens de ruiner quelque République ou Empire, cette maxime générale lui fera croire de premier abord, qu'une telle entreprise n'est pas impossible, puisqu'il n'y en a pas une qui jouisse du privilege de pouvoir toujours durer & subsister. Et si au contraire, il est question d'en établir quelqu'autre, il se servira encore du même axiome pour se résoudre à l'entreprendre, & il se persuadera d'en pouvoir venir aussi facilement à bout, (5) comme ont fait les Suisses, les Lucquois, les Hollandois, & ceux de Geneve, non dans les siecles dont nous n'avons plus de mémoire, mais dans les deux derniers, & quasi de fraîche date. (6) Aussi en est-il de même des Etats, que des hommes, il en meurt & naît bien souvent, les uns sont étouffés en leurs principes, les autres passent un peu plus outre, & prennent force & consistance aux dépens de leurs voisins, beaucoup parviennent même jusqu'en vieillesse ; mais enfin les forces viennent à leur manquer, ils font place aux autres, & quittent la partie pour ne la pouvoir plus défendre.

*Sic omnia verti
Cernimus, atque alias assumere pondera gentes ;
Concidere has.* (a)

(7) Et alors les premieres maladies

(a) Ainsi voyons-nous bouleverser toutes choses ; ces nations s'affoiblir, & d'autres s'acquerir du pouvoir.

les émeuvent, les secondes les ébranlent, les troisiémes les emportent ; Gracchus, Sertorius, Spartacus donnerent le premier coup à la Romaine ; Sylla, Marius, Pompée, Jules César la porterent sur le penchant, à deux doigts de sa ruine, & Auguste après les furies du Triumvirat l'ensevelit, (a) *Urgentibus scilicet Imperii Romani fatis :* & de la plus célebre Republique du monde il en fit le plus grand Empire, tout (8) ainsi que des plus grands Empires qui sont aujourd'hui, il s'en fera quelque jour des fameuses Republiques. Mais il faut encore observer que ces changemens, ces révolutions des Etats, cette mort des Empires, ne se fait pas sans entraîner avec soi les Loix, la Religion & les Sectes : (9) s'il n'est toutefois

---

(a) Les fatalités de l'Empire Romain étant enfin arrivées.

plus véritable de dire, que ces trois principes internes des Etats venant à vieillir & se corrompre, la religion par les hérésies ou athéismes; la justice par la vénalité des offices, la faveur des Grands, l'autorité des Souverains; & les sectes par la liberté qu'un chacun prend d'introduire de nouveaux dogmes, ou de rétablir les anciens, ils font aussi tomber & périr tout ce qui étoit bâti dessus, & disposent les affaires à quelque révolte ou changement mémorable. Certes si l'on considere bien maintenant, quel est l'état de l'Europe, il ne sera pas aussi difficile de juger qu'elle doit bien-tôt servir de Théâtre où se joueront beaucoup de semblables tragédies, puisque (10) la plûpart des Etats qu'elle contient ne sont pas beaucoup eloignés de l'âge qui a fait périr tous les autres, & que tant de longues & fâcheuses guerres ont fait naître, & ont augmenté les causes mentionnées ci-dessus, qui peuvent ruiner la justice ; comme (11) le trop grand nombre de colleges, seminaires, étudians, joint à la facilité d'imprimer & transporter les livres, ont deja bien ébranlé les Sectes & la Religion. Et en effet, c'est une chose hors de doute, qu'il s'est fait plus de nouveaux systêmes dedans l'Astronomie, que plus de nouveautés se sont introduites dans la Philosophie, Médecine & Théologie, que le nombre des Athées s'est plus fait paroître depuis l'année 1452. qu'après la prise de Constantinople tous les Grecs, & les sciences avec eux se refugierent en Europe, & particulierement en France & en Italie, qu'il ne s'en étoit fait pendant les mille années précédentes. Pour moi je défie les mieux versés en notre histoire de France, de m'y montrer que quelqu'un ait été accusé d'Athéïsme, (12) auparavant le Regne de François I. surnommé le

Restaurateur des Lettres, & peut-être encore seroit-on bien empêché de me montrer le même dans l'histoire d'Italie, auparavant les caresses que Cosme & Laurent de Medicis firent aux Hommes Lettrés; ce fut demême sous le siecle d'Auguste que le Poëte Horace disoit de soi-même.

Parcus Deorum cultor, & infrequens,
  Insanientis dum sapientiæ
  Consultus erro. (a)

Que Lucrece pensoit bien se concilier la bienveillance de ses Lecteurs, en leur disant qu'il les vouloit délivrer des gênes & des peines que leur donnoit la religion,

Dum Religionum animos vinclis exsolvere pergo. (b)

(a) L'étude que j'ai faite d'une sagesse insensée, m'avoit rendu si peu soigneux d'honorer les Dieux, que je les adorois rarement. *Lib.* 1. *Ode* 34.

(b) Pendant que je continue à rompre les liens dont la religion a embarrassé vos esprits.

Et que Saint Paul difoit aux Romains, (a) *tunc veni cum Deus non erat in vobis*. Ce fut enfin fous les Rois Almanfor & Miramolin, plus ftudieux & lettrés que n'avoient été tous leurs Prédéceffeurs, que les Aladiniftes, ou libertins, eurent grande vogue parmi les Arabes, enfuite de quoi nous pouvons bien dire avec Seneque, (b) *ut rerum omnium fic litterarum intemperantiâ laboramus*.

La feconde opinion de laquelle on doit être perfuadé pour bien réuffir aux coups d'Etat, eft de croire qu'il ne faut pas remuer tout le monde pour occafionner les changemens des plus grands Empires, ils arrivent bien fouvent fans qu'on y penfe, ou au

---

(a) Je fuis venu à vous, en un temps qu'il n'y avoit point de Dieu parmi vous.
(b) Nous fommes auffi bien travaillés de l'intempérance des lettres, que de celle de toutes autres chofes.

moins sans que l'on fasse de si grands préparatifs. Et comme Archimede remuoit les plus pesans fardeaux, avec trois ou quatre bâtons industrieusement joints ensemble, aussi peut-on quelquefois remuer, voire même ruiner ou faire naître de grandes affaires, par des moyens qui sont presque de nulle considération. C'est de quoi Ciceron nous avertit lorsqu'il dit (a) *quis nesciat, minimis fieri momentis maximas temporum inclinationes*; le monde suivant la doctrine de Moyse a été fait de rien, & en celle d'Epicure il n'a été composé que du concours de divers atômes: & ces grands fleuves qui roulent avec impétuosité presque d'un bout de la terre à l'autre, sont d'ordinaire si petits vers leurs sources, qu'un enfant les peut facilement traverser.

(a) Qui est-ce qui ignore que dans un moment il peut arriver de grands changemens aux temps? *Philip.* 5.

Flumina quanta vides parvis è fontibus orta ? (a)

Il en est de même aux affaires politiques, une petite flammeche négligée excite bien souvent un grand feu.

Dum neglecta solent incendia sumere vires. (b)

Et comme il ne falut qu'une petite pierre arrachée de la montagne, pour ruiner la grande Statue, ou plutôt le grand Colosse de Nabuchodonosor ; de même une petite chose peut facilement renverser de grandes Monarchies. Qui eût jamais crû que le ravissement d'Hélene, (14) le violement de Lucrece par Tarquin, & celui de la fille du Comte Julien par le Roi Rode-

———————————

(*a*) Quelles grandes rivieres ne voit-on pas qui prennent leur naissance de fort petites fontaines ?
(*b*) Les embrasemens négligés ont coutume de prendre des forces.

ric, eussent produit des effets si notables tant en Grece, qu'Italie & Espagne ? Mais qui eut jamais pensé que les Etoles & Arcades se fussent acharnés à la guerre pour une hure de Sanglier ; ceux de Carthage & de Bisague pour le fust d'un brigantin ; (15) le Duc de Bourgogne & les Suisses pour un chariot de peaux de Mouton ; les Frisons & les Romains du tems de Drusus pour des cuirs de Bœuf ; & les Pictes & Ecossois pour quelques Chiens perdus ? Ou que du tems de Justinian toutes les villes de l'Empire eussent pû se diviser & concevoir une haine mortelle les unes contre les autres, pour le différend des couleurs qui se portoient aux jeux & récréations publiques ? (16) La Nature même semble avoir agréable cette façon de procéder, lorsqu'elle produit les grands & spacieux Cedres d'un petit germe ; & les Eléphans & Baleines, d'un atôme, s'il faut ainsi dire, de semence. C'est en quoi elle s'efforce d'imiter son Créateur, qui a coûtume de tirer la grandeur de ses actions, de la foiblesse de leurs principes, & de les mener d'un commencement débile au progrès d'une perfection accomplie. Et en effet lorsqu'il voulut délivrer son peuple de la captivité de Pharaon, il n'envoya pas quelque Roi, ou quelque Prince, accompagné d'une puissante armée, mais il se servit d'un simple homme (a) *impeditioris & tardioris linguæ, qui pascebat oves Jethro soceri sui* ; lorsqu'il voulut châtier & épouvanter les Egyptiens, il ne se servit pas du foudre ni du tonnerre, (b) *sed immisit tantum ranas, & cyni-*

(a) Qui n'avoit pas la langue bien pendue & avoit peine à parler, & qui paissoit les brebis de son beau-pere Jethro. *Exod.* 3. & 4.

(b) Mais leur envoya des grenouilles, des sauterelles, des mouches à chien, & toutes autres sortes de mouches.

phes, & *locustas & omne genus muscarum*; lorsqu'il falut délivrer les Israëlites des Philistins, ce fut par les mains de Saül qu'il fit couronner Roi de son peuple, au même tems qu'il ne pensoit qu'à chercher (a) *asinas patris sui Cis*; ainsi pour combattre Goliath, il choisit David (b) *dum ambulabat post gregem patris sui*; & pour délivrer Bethulie de la persécution d'Holoferne, il n'employa point de puissans & courageux soldats, (c) *sed manus fœminæ dejecit eum*. Mais puisque ces actions sont autant de miracles, & que nous ne pouvons pas les tirer en conséquence, (17) faisons un peu de réflexion sur la grandeur de l'Empire du Turc, & sur les merveilleux progrès que

---

(a) Les ânesses de Cis son pere. 1. *Reg.* 11.
(b) Lorsqu'il alloit après le troupeau de son pere. c. 17.
(c) Mais il fut abattu par la main d'une femme. *Judith.* 9.

font tous les jours les Luthériens & Calvinistes, & je m'assure que l'on sera contraint d'admirer, comme le dépit de deux Moines, qui n'avoient pour toutes armes que la langue & la plume, ont pû être cause de si grandes révolutions, & de changemens en la Police & en la Religion si extraordinaires. Après quoi il faut avouer que les Ambassadeurs des Scythes avoient bonne raison de remontrer à Alexandre, que (*a*) *fortis Leo aliquando minimarum avium pabulum est, ferrum rubigo consumit, & nihil est cui periculum non immineat ab invalido*. C'est donc le devoir du bon Politique, de considérer toutes les moindres circonstances, qui se rencontrent aux affaires sérieuses & difficiles, pour

---

(*a*) Quelquefois le lion courageux sert de pâture aux plus petits oiseaux, la rouillure consume le fer, & il n'y a rien qui ne coure risque d'être endommagé de la plus foible chose.

s'en servir, en les augmentant, & (18) en faisant quelquefois d'une Mouche un Elephant, d'une petite égratignure une grande playe, & d'une étincelle un grand feu ; ou bien en diminuant toutes ces choses suivant qu'il en sera besoin pour favoriser ses intentions Et à ce propos il me souvient d'un accident peu remarqué, qui se passa aux Etats tenus à Paris l'an 1615. lequel néanmoins étoit capable de ruiner la France, & de lui faire changer sa façon de Gouvernement, si l'on n'y eût promptement remedié ; (19) car la Noblesse ayant inféré dans son cahier de remontrances, un article pour faire comprendre le bien qui pouvoit revenir à la France de la cassation du droit annuel, ou pour être mieux entendu de la Polette, le Tiers Etat qui se croyoit grandement lézé par cette proposition, en coucha un autre dans le sien, par lequel le Roi étoit supplié de retrancher les pensions qu'il donnoit à beaucoup de Gentilshommes, qui ne lui rendoient aucun service. Là-dessus chaque partie commence à s'altérer, & chacun de son côté envoye des députés pour faire entendre ses raisons; ils se rencontrent, & en viennent aux injures, (20) les députés de la Noblesse appellant ceux du Tiers-Etat des Rustres, & les menaçant de les traiter à coups d'éperon. Ceux-ci répondent qu'ils n'auroient pas la hardiesse de le faire, & que s'ils y avoient seulement songé, il y avoit 100000 hommes dans Paris, qui en tireroient la raison sur le champ. Cependant quelques Magistrats & Ecclésiastiques, qui étoient présens à ces discours, jugeant bien des dangereuses conséquences qui en pouvoient arriver, vont à bride abbatue au Louvre, avertissent le Roi de ce qui se passe, le prient & conjurent d'y remédier promptement, & font en sorte que Sa

Majesté,

Majesté, les Reines & tous les Princes y interposant leur autorité. Défenses furent faites sur peine de la vie, de plus parler de ces deux articles, ni de plus tenir aucun discours de tout ce qui s'étoit passé à leur sujet ; & bien nous prit de ce qu'on y apporta si promptement remède : car si les députés de la Noblesse eussent passé des paroles aux effets, ceux du Tiers-Etat se fussent peut-être rencontrés si violents, obstinés & vindicatifs, & le peuple de Paris en telle verve & disposition, que toute la Noblesse qui y étoit, eut couru grand risque d'être saccagée, & peut-être qu'en suite on eut fait le même par toutes les autres villes du Royaume, qui suivent d'ordinaire l'exemple de la Capitale.

Or parce que si cet accident fut arrivé, c'eut été par le moyen de la populace, laquelle sans juger & connoître ce qui étoit de la raison, se fut jettée à l'impourvu & à l'étourdie, sur ceux qu'on lui auroit mis les premiers en butte de sa fureur ; il n'est pas hors de propos d'avertir, & de mettre pour une troisiéme persuasion, que les meilleurs coups d'Etat se faisant par son moyen, on doit aussi particulierement connoître que lest son naturel, & (22) avec combien de hardiesse & d'assurance on s'en peut servir, & la tourner & disposer à ses desseins. Ceux qui en ont fait la plus entiere & la plus particuliere description, la représentent à bon droit comme une bête à plusieurs têtes, vagabonde, errante, folle, étourdie, sans conduite, sans esprit ni jugement. Et en effet si l'on prend garde à sa raison, Palingenius, dit, que

Judicium vulgi insulsum, imbecillaque mens est (a)

Si à ses passions, le même ajoute,

Quod furit atque ferit sævissima bellua vulgus. (b)

(*a*) Le jugement du commun peuple est toujours sot, & son entendement foible. *in Piscib.*
(*b*) Que la populace est une très-cruelle bête,

Si à ses mœurs & façons de faire, (a) *Hi vulgi mores, odisse præsentia, ventura cupere, præterita celebrare.* Si à toutes ses autres qualités, Saluste nous la represente, (b) *ingenio mobili, seditiosam, discordiosam, cupidam rerum novarum, quieti & otio adversam.* Mais moi je passe plus outre, & dis qu'elle est inférieure aux bêtes, pire que les bêtes; & plus sotte cent fois que les bêtes même; car les bêtes n'ayant point l'usage de la raison, elles se laissent conduire à l'instinct que la nature leur donne pour regle de leur vie, actions, passions & façons de faire, dont elles ne se départent jamais, sinon lorsque la méchanceté des hom-

---

& qu'elle devient furieuse & frape le plus souvent. *In Sagitt.*

(a) Voici les mœurs du menu peuple, haïr les choses présentes, desirer les futures, & célébrer celles qui sont passées.

(b) D'un naturel inconstant, séditieuse, querelleuse, convoiteuse de choses nouvelles, & ennemie du repos & de la tranquillité.

C ij

mes les en fait sortir. Là où le peuple (j'entends par ce mot le vulgaire ramassé, la tourbe & lie populaire, gens sous quelque couvert que ce soit de basse, servile, & méchanique condition) (23) étant doué de la raison; il en abuse en milles sortes, & devient par son moyen le Théâtre où les orateurs, les prédicateurs, les faux prophétes, les imposteurs, les rusés politiques, les mutins, les séditieux, les dépités, les superstitieux, les ambitieux, bref tous ceux qui ont quelque nouveau dessein, représentent leurs plus furieuses & sanglantes Tragédies. Aussi sçavons-nous, que cette populace est comparée à une mer sujette à toutes sortes de vents & de tempêtes: au Cameleon, qui peut recevoir toutes sortes de couleurs excepté la blanche; & à la sentine & cloaque dans laquelle coulent toutes les ordures de la maison. Ses plus belles parties sont d'être inconstante & variable, approuver & improuver quelque chose en même tems, courir toujours d'un contraire à l'autre, croire de leger, se mutiner promptement, toujours gronder & murmurer : bref tout ce qu'elle pense n'est que vanité, tout ce qu'elle dit est faux & absurde, ce qu'elle improuve est bon, ce qu'elle approuve mauvais, ce qu'elle loue infâme, & tout ce qu'elle fait & entreprend, n'est que pure folie. Aussi est-ce ce qui a fait dire à Seneque, (*a*) *Non tam bene cum rebus humanis geritur ut meliora pluribus placeant : argumentum pessimi est turba.* Et le même ne donne autre avis pour connoître les bonnes opinions, & comme parle le Poëte Satyrique (*b*) *quid solidum crepet*, sinon de ne pas suivre

---

(*a*) Les choses humaines n'ont pas tant de bonne fortune, que les plus saines & les meilleures soient agréables au plus grand nombre ; la foule est ordinairement une marque du peu de prix que valent les choses. *de vitâ B. cap.* 2.
(*b*) Qu'est-ce qu'il y a de solide.

celle du peuple, (a) *Sanabimur si modo separemur à cœtu*. Que Postel lui persuade que Jesus-Christ n'a sauvé que les hommes, & que sa mere Jeanne doit sauver les femmes, il le croira soudain. Que David Georges se dise fils de Dieu, il l'adorera. Qu'un Tailleur enthousiaste & fanatique contrefasse le Roi dans Munster, & dise que Dieu l'a destiné pour châtier toutes les Puissances de la terre, il lui obéira & le respectera comme le plus grand Monarque du monde. Que le Pere Domptius lui annonce la venue de l'Antechrist, qu'il est âgé de dix ans, qu'il a des cornes, il témoignera de s'en effrayer. Que des Imposteurs & Charlatans se qualifient freres de la Rose-Croix il courra après eux. Qu'on lui rapporte que Paris doit bien-tôt abîmer, il s'enfuira. Que tout le mon-

---

(a) Nous serons guéris pourvû que nous nous séparions de la foule.

de doit être submergé, il bâtira des arches & des bateaux de bonne heure pour n'être pas surpris. Que la mer se doit secher & que des chariots pourront aller de Genes à Jerusalem, il se préparera pour faire le voyage. Qu'on lui conte les fables de Melusine, du sabat des sorcieres, des loups garoux, des lutins, des fées, des Paredres, il les admirera. Que la matrice tourmente quelque pauvre fille, il dira qu'elle est possédée, ou croira à quelque Prêtre ignorant ou méchant, qui la fait passer pour telle. Que quelque Alchimiste, Magicien, Astrologue, Lulliste, Cabaliste commencent un peu à le cajoller, il les prendra pour les plus sçavans, & pour les plus honnêtes gens du monde. Qu'un Pierre l'hermite vienne prêcher la croisade, il fera des reliques du poil de son mulet. Qu'on lui dise en riant qu'une Canne ou un Oison sont inspirées du Saint Esprit, il le croira sérieusement ; que la peste ou la tempête ruine une Province, il en accusera soudain des graisseurs ou Magiciens. Bref si on le trompe & beffle aujourd'hui, il se laira encore surprendre demain, ne faisant jamais profit des rencontres passées, pour se gouverner dans les présentes ou futures ; & en ces choses consistent les principaux signes de sa grande foiblesse, & imbecilité. Pour ce qui est de son inconstance, nous en avons un bel exemple dans les Actes des Apôtres, en ce que les habitans de Lystrie & de Derben, n'eurent pas plûtôt apperçu Saint Paul & Saint Barnabé, que (a) *levaverunt vocem suam Lycaonicè dicentes ; Dii similes facti hominibus descenderunt ad nos ; & vocabant Barnabam Jovem, Paulum quo-*

(a) Ils éleverent leur voix & dirent en langue Lycanonienne : les Dieux sont descendus vers nous sous la forme d'hommes : & ils appelloient Barnabé Jupiter, & Paul Mercure.

que

sur les Coups d'Etat. 29
que *Mercurium*, & néanmoins incontinent après voilà que (*a*) *lapidantes Paulum, traxerunt eum extrà civitatem, existimantes mortuum esse.* Les Romains adorent le matin Sejanus, & le soir

Ducitur unco
Spectandus. [*b*]

Les Parisiens en font de même du Marquis d'Ancre, & après avoir déchiré la robe du Pere à Jesus Maria, pour en conserver les pieces comme reliques, ils le bessent, & s'en mocquent deux jours après. Que s'il entre en colere, ce sera comme le jeune homme d'Horace, lequel

Iram
Colligit & ponit temerè, & mutatur in horas. [*c*]

(*a*) Ayant lapidé Paul, ils le trainerent hors de la ville croyant qu'il fut mort.
[*b*] Il est trainé avec un croc pour servir de spectacle au peuple. *Juven. Sat.* 10.
[*c*] Se courrouce & s'appaise facilement, & change à toute heure. *Ad Pison.*

S'il rencontre quelqu'homme d'authorité lorsqu'il est en sa plus bouillante mutinerie & sédition, il s'enfuira & abandonnera tout ; s'il se présente quelque gueux téméraire ou hardi qui lui remette, comme on dit communément, le cœur au ventre, & le feu aux étoupes, il reviendra plus furieux qu'auparavant ; bref nous lui pouvons particulierement attribuer ce que disoit Seneque de tous les hommes, (*a*) *fluctuat, aliud ex alio comprehendit, petita relinquit, relicta repetit, alternæ inter cupiditatem suam, & pœnitentiam vices sunt.* Or d'autant que la force gît toujours de son côté, & que c'est lui qui donne le plus grand branle à tout ce qui se fait

---

(*a*) Il est toujours en doute, il fait toujours de nouveaux desseins, il quitte ce qu'il avoit demandé, & il redemande aussi-tôt ce qu'il vient de quitter : le desir & le repentir commandent chez lui tour-à-tour, & possédent l'un après l'autre la domination de son ame. *De vita B. cap.* 28.

sur les Coups d'Etat.

d'extraordinaire dans l'Etat, (24) il faut que les Princes ou leurs Ministres s'étudient à le manier & persuader par belles paroles, le séduire & tromper par les apparences, le gagner & tourner à ses desseins par des prédicateurs & miracles sous prétexte de sainteté, ou par le moyen des bonnes plumes, en leur (25) faisant faire des livrets clandestins, des manifestes, apologies & déclarations artistement composées pour le mener par le nés, & lui faire approuver ou condamner sur l'etiquette du sac tout ce qu'il contient.

Mais comme (26) il n'y a jamais eu que deux moyens capables de maintenir les hommes en leur devoir, sçavoir la rigueur des supplices établis par les anciens Législateurs, pour reprimer les crimes dont les juges pouvoient avoir connoissance ; & la crainte des Dieux & de leur foudre, pour empêcher ceux dont par faute de témoins ils

D ij

ne pouvoient être suffisament informé, conformement à ce que dit le Poëte Palingenius :

Semiferum vulgus frænandum est relligione
Pœnarumque metu, nam fallax atque malignum
Illius ingenium est semper, nec sponte movetur
Ad rectum. [a]

Aussi les mêmes Législateurs ont bien reconnu, (27) qu'il n'y avoit rien qui dominât avec plus de violence les esprits des peuples que ce dernier, lequel venant à se trouver en bute de quelqu'action, il porte soudain toute la poursuite que l'on en peut faire à l'extrêmité ; la prudence se change en passion, la colere, s'il y en a tant soit peu, se tourne en rage, toute la conduite s'en va en confusion,

---

[a] C'est par la religion & par la crainte des supplices, qu'il faut brider la populace à demi sauvage, car son esprit est toujours trompeur & malin, & de soi-même ne se porte point à ce qui est droit. *In Librâ.*

les biens mêmes & la vie ne se mettent pas en considération, s'il les faut perdre pour défendre la divinité de quelque dent de singe, d'un bœuf, d'un chat, d'un oignon, ou de quelqu'autre idole encore plus ridicule (a) *nulla siquidem res efficaciùs multitudinem movet quàm superstitio.* Et en effet ç'a toujours été le premier masque que l'on a donné à toutes les ruses & tromperies pratiquées aux trois différences de vie, auxquelles nous avons déja dit, que l'on pouvoit rapporter les coups d'Etat. (28) Car pour ce qui est de la Monastique, nous avons l'exemple dans Saint Jérôme de ces vieux Moines de la Thebaïde, qui (b) *demonum contra se pugnan-*

───────────────

(a) Il n'y a rien qui fasse agir plus efficacement la populace, que la superstition. *Q. Curt. l. 4.*

(b) Feignent des monstres & démons qui se battent contr'eux, pour persuader leurs mira-

tium portenta fingunt, ut apud imperitos & vulgi homines miracula sui faciant exinde & lucra sectentur. A quoi nous pouvons rapporter la tromperie que firent les prêtres du Dieu Canopus, pour le rendre supérieur au feu qui étoit le Dieu des Perses; l'invention du Chevalier Romain Monde, pour jouïr de la belle Pauline sous le nom d'Esculape, (29) les visions supposées des Jacobins de Berne, & les fausses apparitions des Cordeliers d'Orleans, qui sont toutes trop communes & triviales pour en faire ici un plus long récit. Que si l'on doute qu'il ne se commette un pareil abus dans l'œconomie, il ne faut que lire ce que Rabbi Moses écrit des Prêtres de l'Idole Thamur ou Adonis, qui pour augmenter leurs offrandes, le faisoient bien souvent pleurer sur les

―――――――――――――――――

cles aux idiots & au menu peuple, & pour acquerir du bien. *Epist.* 13. *lib.* 2.

iniquités du peuple, mais avec des larmes de plomb fondu, au moyen d'un feu qu'ils allumoient derriere son image; & certes il n'y aura plus d'occasion d'en douter, après avoir lû dans le dernier Chapitre de Daniel, comme en couvrant de cendres le pavé de la Chapelle de l'Idole Bel, il découvrit que les Prêtres avec leurs femmes & enfans venoient enlever de nuit par des conduits soûterrains, tout ce que le pauvre peuple abusé croyoit être mangé par ce Dieu, qu'ils adoroient sous la figure d'un dragon. Finalement pour ce qui est de la Politique, il faut un peu s'y étendre davantage, puisque c'est notre principal dessein, & montrer en quelle façon les Princes ou leurs Ministres (a) *quibus quæstui sunt capti superstitione animi*, ont bien sçû ménager la Religion, &

(a) Qui font profit des esprits adonnés à la bigoterie. *Livius l.* 4.

s'en servir, comme du plus facile & plus assuré moyen, qu'ils eussent pour venir à bout de leurs entreprises plus relevées. Je trouve donc qu'ils en ont usé en cinq façons principales, sous lesquelles par après on en peut rapporter beaucoup d'autres petites. La premiere & la plus commune & ordinaire est celle de (30) tous les Legislateurs & Politiques, qui ont persuadé à leurs peuples, d'avoir la communication des Dieux, pour venir plus facilement à bout de ce qu'ils avoient la volonté d'exécuter : comme nous voyons qu'outre ces anciens que nous avons rapportés ci-dessus. Scipion voulut faire croire qu'il n'entreprenoit rien sans le conseil de Jupiter Capitolin, Sylla que toutes ses actions étoient favorisées par Apollon de Delphes, duquel il portoit toujours une petite image; & Sertorius que sa biche lui apportoit les nouvelles de tout ce qui étoit conclu dans le Concile des Dieux. Mais pour venir aux histoires qui nous sont plus voisines, il est certain que par de semblables moyens Jacques Buſſularius domina quelque tems à Pavie, Jean de Vicence à Boulogne, & Jérôme Savonarole à Florence, duquel nous avons cette remarque dans Machiavel : (sur T. Liv.) *Le peuple de Florence n'eſt pas bête : auquel néanmoins F. Jérôme Savonarole a bien fait croire qu'il parloit à Dieu.* Il n'y a pas plus de soixante ans que Guillaume Postel en voulut faire de même en France, & depuis peu encore Campanelle en la haute Calabre : mais ils n'en purent venir à bout, non plus que les précédens, pour n'avoir pas eu la force en main ; car, comme dit Machiavel, cette condition est néceſſaire à tous ceux qui veulent établir quelque nouvelle Religion. Et en effet ce fut par son moyen que (31) le Sophi Ismaël, ayant par l'avis de Treschel Cuselbas introduit une nouvelle secte en la Religion de Mahomet, il usurpa ensuite l'Empire de Perse, & il arriva presque en même tems, que l'Hermite Schacoculis, après avoir bien joué son personnage l'espace de sept ans dans un desert, leva enfin le masque, & s'étant déclaré auteur d'une nouvelle secte, il s'empara de plusieurs villes, défit le Bacha d'Anatolie, avec Corcut fils de Bajazet, & eut bien passé plus outre, s'il n'eut irrité par le sac d'une caravane le Sophi de Perse, qui le fit tailler en pieces par ses soldats. Lipse met encore avec ceux-ci un certain Calender, qui par une dévotion simulée ébranla toute la Natolie, & tint les Turcs en cervelle, jusqu'à ce qu'il fut défait en une bataille rangée ; (32) & un Ismaël Africain qui prit cette voye pour ravir le sceptre à son maître le Roi de Maroc.

La seconde invention de laquelle ont usé les Politiques, pour se prévaloir de la religion parmi les peuples, a été de feindre des miracles, controuver des songes, inventer des visions, & produire des monstres & des prodiges.

Quæ vitæ rationem vertere possent,
Fortunasque omnes magno turbare timore. [a]

Ainsi voyons nous qu'Alexandre ayant été avisé par quelque Médecin d'un remede souverain contre les flêches empoisonnées de ses ennemis, il fit croire que Jupiter le lui avoit révélé en songe : & Vespasian attiroit des personnes qui feignoient d'être aveugles & boiteuses, afin qu'il les guérit en les touchant ; (32) c'est aussi pour cette raison que Clovis accompagna sa conversion de tant de miracles, que Charles VII. augmenta le cré-

_____

[a] Qui pussent changer la façon de vivre, & troubler toutes les fortunes par une grande crainte.

dit de Jeanne la Pucelle, & l'Empereur d'àpréfent celui du Pere à Jefus Maria, fous efpérance peut-être de gagner encore quelque bataille non moindre que celle de Prague.

(33) La troifiéme a pour fondement les faux bruits, révélations, & prophéties que l'on fait courir à deffein pour épouvanter le peuple, l'étonner, l'ébranler, ou bien pour le confirmer, enhardir & encourager, fuivant que les occafions de faire l'un ou l'autre fe préfentent. Et à ce propos, Poftel remarque, que Mahomet entretenoit un fameux Aftrologue, qui ne faifoit autre chofe que prêcher une grande révolution, & un grand changement qui fe devoit faire, tant en la religion, qu'en l'empire, avec une longue fuite de toutes fortes de profpérités, afin de frayer par cette invention le chemin au même Mahomet, & préparer les peuples à recevoir plus

sur les Coups d'Etat. 41

volontiers la religion qu'il vouloit introduire, & par même moyen intimider ceux qui ne la voudroient pas approuver, par le soupçon qu'ils pourroient avoir de combattre contre l'ordre des destinées, en s'opposant à ce nouveau favori du Ciel, celui-là étant toujours le plus avantagé,

Cui militat æther
Et conjurati veniunt ad classica venti. (a)

(34) Ce fut par le moyen de ces folles créances que Ferdinand Cortez occupa le Royaume de Mexique, où il fut reçu comme s'il eut été le Topilchin, que tous les Devins avoient prédits devoir bien-tôt arriver. Et François Pizarre dans celui du Perou, où il entra avec le général applaudissement de tous les peuples, qui le pre-

---

(a) Pour qui le ciel combat, & les vents d'un commun accord viennent au son de ses trompettes.

noient pour celui que le Viracoca devoit envoyer pour délivrer leur Roi de la captivité. Charlemagne même pénétra bien avant dans l'Espagne au moyen d'une vieille idole, qui comme les Devins avoient prevû, laissa tomber une grosse clef qu'elle tenoit en la main, (35) & les Alarbes ou Sarasins venans sous la conduite du Comte Julian, à inonder le même Royaume d'Espagne, on ne tint presque compte de les repousser, parce qu'on avoit vû quelque tems auparavant leurs faces dépeintes sur une toile, qui fut trouvée dans un vieil Château proche la ville de Tolede, où l'on croyoit qu'elle avoit été enfermée par quelque grand Prophête. Et j'ose bien dire avec beaucoup d'historiens, (36) que sans ces belles prédictions, Mahomet II. n'auroit pas si facilement pris la ville de Constantinople. Mais veut-on un exemple plus remarquable, que celui qui arriva en

sur les Coups d'Etat. 43

l'an 1613. au sujet (35) d'Ascosta Cité principale de l'Isle de Magna, laquelle étant révoltée contre le Sophi, elle fut prise sans beaucoup de difficulté par son Lieutenant Arcomat, & ce, en vertu d'une certaine prophétie reçûë par tradition entre les citoyens, qui disoit, que si cette ville ne se rendoit à Arcomat, elle seroit arcomatée, c'est-à-dire que si elle ne se rendoit à *Dissipe* elle seroit dissipée, encore que si elle eut voulu se défendre, elle n'eut peut-être pas été prise, vû qu'au rapport de Garcias *ab Horto*, Médecin Portugais, qui y avoit été trente ou quarante ans auparavant, elle contenoit cinq lieues de tour, cinquante mille feux, & rendoit au Sophi quinze millions six cens mille écus chaque année de revenu assuré. C'est donc un grand chemin ouvert aux politiques pour tromper & séduire la sotte populace, que de se servir de ces prédictions pour lui faire craindre ou espérer, recevoir ou refuser, tout ce que bon lui semblera.

(38) Mais celui d'avoir des Prédicateurs & de se servir d'hommes bien-disants, est encore beaucoup plus court & plus assuré, n'y ayant rien de quoi l'on ne puisse facilement venir à bout par ce stratagême. La force de l'éloquence & d'un parler fardé & industrieux, coule avec tel plaisir dans les oreilles, qu'il faut être sourd, ou plus fin qu'Ulysses, pour n'en être pas charmé ; aussi est-il vrai, que tout ce que les Poëtes ont écrit des douze labeurs d'Hercules, trouve sa mythologie dans les différens effets de l'éloquence, par le moyen de laquelle ce grand homme venoit à bout de toutes sortes de difficultés ; c'est pourquoi (39) les anciens Gaulois eurent bonne raison de le représenter avec beaucoup de petites chaînes d'or qui sortoient de sa bouche, & s'alloient attacher aux oreilles d'une grande
multitude

multitude de personnes qu'il traînoit ainsi enchaînée après soi. Ce fut encore par ce moyen que

Sylveſtres homines ſacer interpreſque deorum,
Cædibus & victu fœdo deterruit Orpheus,
Dictus ob hoc lenire tigres, rabidoſque leones. (a)

Et par la même raison (40) Philippe Roi de Macédoine, l'un des grands politiques qui ait jamais été, & qui ſçait fort bien que (b) *omnia ſummâ ratione geſta etiam fortuna ſequitur*, ne ſe ſoucioit point de combattre ouvertement, & à main forte contre les Athéniens, vû qu'il lui étoit plus facile de les ſurmonter par l'éloquence de Demoſthenes, & par les réſolutions préjudiciables, qu'il faiſoit paſſer

---

(*a*) Le divin Orphée interprête des Dieux a retiré du meurtre & de la barbarie les hommes ſauvages; ce qui lui a donné le bruit d'avoir trouvé l'invention d'adoucir les tigres & les lions furieux. *Horat. de Art. Poët.*

(*b*) La fortune accompagne tout ce qu'on fait avec un grand raiſonnement. *T. Liv.*

au Sénat. Périclés s'aidoit pareillement du beau parler d'Ephialte, pour rendre le même Etat des Athéniens du tout populaire ; & c'est pour cette raison que l'on disoit anciennement, que les Orateurs avoient le même pouvoir sur la populace que les vents ont sur la mer. Après quoi s'il faut aussi parler de notre France, ne sçait on pas que cette fameuse (41) Croisade entreprise avec tant de zèle par Godefroi de Bouillon, fut persuadée & concluë par les harangues & prédications d'un simple homme surnommé Pierre l'Hermite, (42) comme la seconde par celles de Saint Bernard ; quoi plus (43) y eut-il jamais un meurtre plus méchant, & plus abominable que celui de Louis Duc d'Orleans fait l'an 1407. par le Duc de Bourgogne ? Néanmoins il se trouva Maître Jean Petit Théologien & grand Prédicateur, qui le sçût si bien pallier, couvrir & déguiser, par les sermons qu'il fit à Paris dans le parvis de Notre-Dame, que tous ceux qui vouloient par après soutenir le parti de la Maison d'Orleans, étoient tenus par le peuple pour mutins & rébelles; ce qui les contraignit d'user du même artifice que leur ennemi, & de se mettre sous la protection de (44) ce grand homme de bien Jean Gerson, qui entreprit leur défense, & fit déclarer au Concile de Constance la proposition tenuë par Petit, pour hérétique & erronée. Mais comme ce Jean Petit avoit été cause d'un grand mal sous Charles VI. il y eut un (45) Frere Richard Cordelier sous Charles VII. qui fut aussi cause d'un grand bien ; car en dix prédications de six heures chacune, qu'il fit dans Paris, il fit jetter dans des feux allumés tout exprès aux carrefours, tout ce qu'il y avoit de tables, tabliers, cartes, billes, billards, dez, & autres jeux de sort ou de chance, qui portent &

violentent les hommes à jurer &
blasphémer : mais ce bon homme
ne fut pas si-tôt sorti de Paris,
qu'on commença à le méprifer,
& à le gauffer ouvertement, & le
peuple retourna avec plus d'application qu'auparavant, à fes diver-
tiffements ordinaires : ni plus ni
moins que les métamorphofes é-
tranges, & les converfions, s'il
faut ainfi dire, miraculeufes que
faifoit, il n'y a pas vingt ans, le Pere
Capucin *Giazinto da Cafale* par toutes les villes d'Italie où il préchoit,
ne duroient qu'autant de tems que le
dit Pere y demeuroit, pour y exercer les fonctions de cette charge.
Que fi nous defcendons au régne
de François I. nous y verrons cette grande & furieufe bataille de
Marignan, donnée avec tant d'obf-
tination & d'animofité par les Suif-
fes, qu'ils combattirent deux jours
entiers, & fe firent prefque tous
étendre fur la place, fans néanmoins en avoir eu d'autre fujet plus

pressant, que la Harangue que leur fit le Cardinal de Sion nommé dans Paul Jove (a) *Sedunensis Antistes*; car après l'avoir entendu haranguer, ils se résolurent de combattre, (46) livrerent la bataille, & contesterent la victoire jusqu'à la derniere goute de leur sang. Nous y verrons aussi comme Montluc Evêque de Valence, fut envoyé vers les Vénitiens pour légitimer par ses belles paroles, le secours que son Maître faisoit venir de Turquie pour se défendre contre l'Empereur Charles V. & lorsque la Saint Barthelemi fut faite, le même Montluc & Pibrac, travaillerent si bien de la plume & de la langue, que cette grande exécution ne put détourner, comme nous l'avons déja remarqué, les Polonois, quoiqu'instruits particuliérement de tout ce qui s'y étoit passé par les Calvinistes,

───────────────

(a) Prélat de Sion. *In elog.*

de choisir Henri III. pour leur Roi, au préjudice de tant d'autres Princes qui n'avoient rien épargné pour venir à bout de leurs prétentions. Ne fut-ce pas aussi une chose remarquable, que (47) le premier siége de la Rochelle, fut mieux soutenu par les continuelles prédications de quarante Ministres qui s'y étoient refugiés, que par tous les Capitaines & Soldats dont elle étoit assez bien fournie ? Et du tems que les Parisiens mangeoient les chiens & les rats, pour n'obéïr pas à un Roi hérétique, n'étoit-ce pas Boucher, Rose, Wincestre, & beaucoup d'autres Curés qui les entretenoient en cette résolution ? Certes il est très-constant que (48) si le Ministre Chamier n'eut été emporté d'un coup de canon sur les bastions de Montauban, cette ville n'auroit peutêtre pas donné moins de peine à prendre que la Rochelle. (49) Et lorsque Campanella eut dessein de se faire Roi de la haute Calabre, il choisit très à propos pour compagnon de son entreprise, un Frere Denys Pontius, qui s'étoit acquis la réputation du plus éloquent, & du plus persuasif homme qui fut de son temps. Aussi voyons-nous dans l'ancien Testament, que Dieu voulant délivrer son peuple par le moyen de Moyse, qui n'étoit bon qu'à commander, à cause qu'il étoit begue & homme de fort peu de paroles, il lui enjoignit de se servir de l'éloquence de son frere Aaron. (a) *Aaron frater tuus levites, scio quod eloquens sit, loquere ad eum, & pone verba mea in ore ejus;* & un peu après il repete encore, (b) *ecce constitui te Deum Pharaonis, & Aaron frater tuus erit Propheta*

―――――――――――――

(a) Je sçai que ton frere Aaron le Levite est éloquent, parle à lui, & lui mets mes paroles en sa bouche. *Exod. cap.* 4.
(b) Voici, je t'ai établi Dieu sur Pharaon, & ton frere Aaron sera ton Prophéte; tu lui

tuus, tu loqueris ei omnia quæ mandabo tibi, & ille loquetur ad Pharaonem. C'est ce que les Payens vrais Singes de nos Mysteres, ont depuis voulu représenter par leur (50) Pallas Déesse des sciences & de l'éloquence, laquelle néanmoins étoit armée de la lance, bouclier, & bourguignote, pour montrer que les armes ne sçauroient beaucoup avancer sans l'éloquence, ni l'éloquence sans les armes. (51) Or d'autant que cette liaison & assemblage de deux si différentes qualités, ne se peut que fort rarement trouver en une même personne, comme a fort bien montré Virgile par l'exemple de Drances,

Cui lingua melior, sed frigida bello Dextra. (a)

---

diras tout ce que je t'ordonnerai, & il le dira lui-même à Pharaon. *Cap.* 7.

(*a*) Qui a la langue bonne, mais ses mains sont froides au combat.

sur les Coups d'Etat. 53

Cela a été cause que les plus grands Capitaines ont toujours observé, pour suppléer à ce défaut, d'avoir à leur suite, ou de se joindre d'affection avec quelqu'un assez puissant, pour seconder par l'effort de sa langue celui de leur épée : Ninus, par exemple, se servit de Zoroastre, Agamemnon de Nestor, Diomedes d'Ulysse, Pyrrhus de Cynée, Trajan de Pline le jeune, Théodoric de Cassiodore ; & le même se peut ainsi dire de tous les grands guerriers, qui n'ont pas moins que les précédens caressé cette (*a*) *Venus verticordia*, & n'ont pareillement ignoré, que

Cultus habet sermo & sapiens mirabile robur,
Imperat affectus varios, animumque gubernat. (b)

Pour moi, je tiens le discours si

―――――――――――――――

(*a*) Venus qui change & tourne les cœurs où elle veut.
(*b*) Un discours sage & bien poli a une merveilleuse force, il gouverne l'esprit, & commande sur des passions diverses.

puissant, que je n'ai rien trouvé jusqu'à cette heure qui soit exempt de son empire, (52) c'est lui qui persuade, & qui fait croire les plus fabuleuses religions, qui suscite les guerres les plus iniques, qui donne voile & couleur aux actions les plus noires, qui calme & appaise les séditions les plus violentes, qui excite la rage & la fureur aux ames les plus paisibles ; bref c'est lui qui plante & abat les héresies, (53) qui fait révolter l'Angleterre & convertir le Japon,

Limus ut hic durescit, & hæc ut cera liquescit Uno eodemque igne. [a]

Et si un Prince avoit douze hommes de telle trempe à sa dévotion, je l'estimerois plus fort, & croirois qu'il se feroit mieux obéïr en son Royaume, que s'il y avoit deux puissantes armées. Mais d'autant

---

[a] Tout ainsi qu'un même feu endurcit la boue & fait fondre la cire. *Virg. Eclog.* 4.

que l'on se peut servir de l'éloquence en deux façons, pour parler ou pour écrire; il faut encore remarquer que cette seconde partie n'est pas de moindre conséquence que la premiere, & j'ose dire qu'elle la surpasse en quelque façon; car un homme qui parle ne peut être entendu qu'en un lieu, & de 3 ou 4000 hommes tout au plus,

Gaude quod videant oculi te mille loquentem. (a)

(54) Là où celui qui écrit peut déclarer ses conceptions en tous lieux, & à toutes personnes. J'ajoute que beaucoup de bonnes raisons échappent souvent aux oreilles par la précipitation de la langue, qui ne peuvent si facilement tromper les yeux quand ils repassent plusieurs fois sur une même chose. Et ce que les armes ne peu-

---

(a) Réjouis-toi de ce qu'il y a mille yeux qui te voyent parler.

vent bien souvent obtenir sur les hommes, ceux-ci le gagnent par une simple déclaration ou manifeste. C'est pourquoi (55) François I. & Charles V. ne se faisoient pas moins la guerre avec leurs lettres & apologies, qu'avec les lances & les épées : & nous avons vû de notre temps, que (56) la querelle du Pape & des Vénitiens ; le débat sur le serment de fidélité en Angleterre ; la faveur du Marquis d'Ancre & de Messieurs de Luyne en France, la guerre du Palatin en Allemagne, & des Valtelins en Suisse, ont produit une infinité de libelles autant préjudiciables aux uns que favorables aux autres. Ceux qui ont vû les merveilleux effets, qu'ont produit la Cassandre & l'Ombre de Henri le Grand contre le Marquis d'Ancre, le Contadin Provençal & l'Hermite du Mont Valerien, contre Messieurs de Luyne ; (57) le mot à l'oreille & la voix publique ; contre le Marquis de la Vieuville, (a) l'*Admonitio* même, & le *Mysteria politica* de Jansenius, contre les bons desseins de notre Roi. Ceux-là, dis-je, ne peuvent pas douter combien de semblables écrits ont de force. Et Dieu veuille que ceux-là n'en ayent pas tant contre l'état présent de la France, qui sont journellement envoyés de Bruxelles, où qu'il se trouve des personnes assez capables & affectionnées, pour défendre vigoureusement les intérêts du Roi contre les mutinés, comme le Pere Paul Hermite a courageusement défendu la cause des Vénitiens ; (58) & Pibrac & Montluc celle de Charles IX & de Henri III. contre les plus furieuses médisances de tous les Calvinistes.

Mais après avoir amplement discouru de tous ces moyens pour

_____

(a) L'avertissement & les Mysteres politiques.

accommoder la Religion aux choses politiques, il ne faut pas oublier celui qui a toujours été le plus en usage, & le plus subtilement pratiqué, qui est d'entreprendre sous le prétexte de religion ce qu'aucun autre ne pourroit rendre valable & légitime. Et en effet le proverbe communément usurpé par les Juifs, (*a*) *in nomine Domini committitur omne malum*, ne se trouve pas moins véritable, que le reproche que fit le Pape Leon à l'Empereur Théodose, (*b*) *privatæ causæ pietatis aguntur obtentu, & cupiditatum quisque suarum religionem habet velut pedissequam*. Dequoi puisque les exemples sont si communs que tous les livres ne sont pleins d'autre chose, je me contenterai,

---

(*a*) Sous le nom de Dieu on commet toute sorte de mal.

(*b*) On traite des affaires privées sous le prétexte de la religion, qu'un chacun rend chambriere de ses convoitises.

après avoir assez parlé de nos François, de m'arrêter ici sur les Espagnols, & de suivre ponctuellement ce que (59) Mariana le plus fidéle de leurs Historiens en a remarqué. (60) Il dit donc, en parlant des premiers Gots, qui occuperent les Espagnes, & des guerres qu'ils faisoient pour se chasser les uns les autres, qu'ils se servoient de la religion comme d'un prétexte pour régner, & son refrain ordinaire est, (a) *optimum fore judicavit religionis prætextum*, en parlant du Roi (61) Josenand, qui se fit assister des Bourguignons Arriens pour chasser le Roi Suintila; & (62) lorsqu'il est question du Roi Chintila, (b) *cum species religionis obtenderetur*; comme aussi (63) décrivant en quelle façon Ervigius avoit chassé le Roi Wamba,

───────────────

(a) Il jugea que le prétexte de la religion seroit très-bon. *l. 6. c. 5.*
(b) Lorsqu'on faisoit parade de la religion. *c. 6.*

F iv

(*a*) *optimum visum est religionis speciem obtendere*; & (64) quand deux freres de la Maison d'Arragon (*b*) *violento imperiosi Pontificis mandato* (c'étoit Boniface VIII.) s'armerent l'un contre l'autre, ce bon Pere remarque fort à propos, qu'il n'y avoit rien de plus inhumain, que de violer ainsi les loix de la nature, (*c*) *sed tanti fides religioque fuere*; & le même encore (65) parlant de la Navarre, que Ferdinand (*d*) *immensâ imperandi ambitione*, ôta à sa propre niece, il ajoute pour excuse, (*e*) *sed species religionis prætexta facto est, & Pontificis jussa*. Mais parce que ce ne seroit jamais fait

---

(*a*) Il fut trouvé fort bon, de faire parade de la religion. *c.* 7.
(*b*) Par un ordre violent qu'un Pape impérieux donna.
(*c*) Mais la foi & la religion eurent tant de force. *lib.* 51. *c.* 1.
(*d*) Par l'immense ambition qu'il avoit de commander à tous.
(*e*) Mais il se couvrit du prétexte de la religion, & des ordres du Pape. *lib.* 25. *cap. ult.*

de vouloit, alléguer tous les endroits où ce brave auteur a fait de semblables remarques, j'attesterai tout son livre entier qui n'est plein d'autre chose; & (66) passant à Charles V. je produirai contre lui ce que disoit François I. en son apologie de l'an 1537. *Charles veut empiéter sur les Etats sous couleur de religion.* Et en parlant de la guerre d'Allemagne, *l'Empereur sous couleur de religion armé de la ligue des Catholiques, veut opprimer l'autre & se faire le chemin à la Monarchie.* Ce qui fut aussi fort bien remarqué par M. de Nevers au passage que nous avons allégué ci-dessus. Finalement (67) lorsque le feu Roi Jacques fut appellé à la Couronne d'Angleterre, le Roi d'Espagne se hâta de nouer une étroite alliance avec lui, le Connétable de Castille y fut envoyé, la relation en a été imprimée, & Rovida Sénateur de Milan appelle cette alliance une œuvre très-sainte, reconnoît le Roi d'Angleterre pour un très-puissant Prince Chrétien, lui offre de la part du Roi son maître, toutes ses forces par mer & par terre, & proteste que le Roi d'Espagne le fait (*a*) *divinâ admonitione, divinâ voluntate, divinâ ope, non nisi magno Dei beneficio.* Puis donc que le naturel de la plûpart des Princes est de traiter de la religion en charlatans, & de s'en servir comme d'une drogue, pour entretenir le crédit & la réputation de leur théâtre, (68) on ne doit pas, ce me semble, blâmer un politique, si pour venir à bout de quelque affaire importante, il a recours à la même industrie, bien qu'il soit plus honnête de dire le contraire, & que pour en parler sainement,

___

(*a*) Par un avertissement divin, par la volonté divine, par l'assistance divine, & comme par une grande grace de Dieu.

*Non sunt hæc dicenda palàm, prodendaque vulgo,
Quippe hominum plerique mali, plerique scelesti.* (a)

(69) Toutes ces maximes néanmoins demeureroient sans lustre, & sans éclat, si elles n'étoient rehaussées, & comme animées d'une autre, qui nous enseigne de les prendre par le bon biais, & de bien choisir l'heure & le temps favorable pour les mettre en exécution,

*Data tempore prosunt,
Et data non apto tempore multa nocent.* (b)

Et encore n'est-ce pas assez d'avoir acquis cette prudence ordinaire, & commune à beaucoup de politiques, si nous ne passons à une

───────────────

(*a*) On ne doit point découvrir ni revéler de telles choses au menu peuple, vû que parmi les hommes il y en a tant de méchans & de scelérats. *Palingen in Librâ.*

(*b*) Les choses qu'on applique opportunément, profitent & réussissent bien ; mais il y en a beaucoup qui sont fort nuisibles, quand elles ne sont pas appliquées en un temps propre.

autre encore plus rafinée, & qui est seulement propre aux plus (70) rusés & expérimentés Ministres, pour se prévaloir des occasions fortuites, & tirer profit & avantage de ce qui auroit été négligé de quelqu'autre, ou qui peut-être lui auroit porté préjudice. Telle fut l'occasion de cette grande éclipse qui arriva sous l'Empereur Tibere, lorsque toutes les légions d'Hongrie étoient si fiérement révoltées, qu'il n'y avoit quasi aucune apparence de les pouvoir appaiser; (71) car un autre moins avisé que Drusus eut négligé cette occasion, & n'eut jamais pensé d'en pouvoir tirer quélque avantage ; mais lui voyant que les mutins avoient conçû une grande frayeur de cette obscurité, parce qu'ils n'en sçavoient pas la cause, il prit l'occasion aux cheveux, & les intimida de telle sorte, qu'il vint à bout par cet accident, de ce à quoi tous les autres Chefs, & lui-même auparavant deſeſpéroient de pouvoir donner ordre. Tel fut auſſi le ſtratagême duquel le Roi Tullus couvrit ingénieuſement la retraite de Metius Suffetius, voire même en tira un avantage nompareil, faiſant courir le bruit & paſſer parole d'eſcadron en eſcadron, qu'il l'avoit envoyé pour ſurprendre ſes ennemis, & leur ôter tout moyen de retraite : enſuite de quoi je m'étonne bien fort, comme Tite-Live & Corneille Tacite, qui rapportent ces deux Hiſtoires, ſe ſont contentés d'en tirer des concluſions particulieres, & que le premier ait ſeulement dit, (*a*) *Stratagema eſt, quæ in certamine à transfugis noſtris perfidè fiunt, ea dicere fieri noſtro juſſu* ; & l'autre, (*b*) *In commoto populo ſedando, convertenda in ſa-*

(*a*) C'eſt un ſtratagême, que de dire, que ce que nos transfuges font perfidement pendant le combat, ſe fait par notre ordre.

(*b*) Pour appaiſer l'émotion d'un peuple, il faut tourner en ſageſſe & en occaſion de l'a-

pientiam & occasionem mitigationis, quæ casus obtulit, & quæ populus ille pavet aut observat etiam superstitiosè, vû qu'il falloit tout d'un coup en tirer cette régle générale, (*a*) *quæ casus obtulit in sapientiam vertenda*, puisque non-seulement aux trahisons, & aux mutineries, mais en toutes autres sortes d'affaires & de rencontres, (*b*) *mos est hominibus*, comme dit Cassiodore, *occasionnes repentinas ad artes ducere*. Ainsi lisons-nous que Christophle Colomb, après avoir supputé le temps auquel une grande éclipse devoit arriver, il menaça certains habitans du nouveau Monde, de convertir la lune en sang, & de la leur ôter entierement, s'ils ne lui four-

---

doucir, les choses que le cas fortuit présente, & celles dont ce peuple s'épouvante, ou qu'il observe avec superstition.

(*a*) Il faut tourner en sagesse les choses que le cas fortuit présente.

(*b*) Les hommes ont accoutumé de mettre en œuvre & se servir artificieusement des rencontres imprévûes.

nissoient les rafraîchissemens dont il avoit besoin, & qui lui furent incontinent envoyés, dès aussi-tôt que l'éclipse commença de paroître. J'ai remarqué ci-dessus que Ferdinand Cortez fit croire aux habitans de Mexique, qu'il étoit le Dieu Topilchin, pour entrer plus facilement dans leur Royaume; & que François Pizarre se servant du même stratagême en la conquête du Pérou, se faisoit nommer le Viracoca. Ce fut encore par ce moyen que Mahomet changea son épilepsie en extase, & que (72) Charles V. se servit de l'hérésie de Luther, pour diviser & affoiblir les Princes d'Allemagne, qui pouvoient en demeurant unis controller l'autorité qu'il vouloit avoir dans l'Empire, & empêcher le projet qu'il avoit dressé d'une Monarchie universelle. Disons encore que le même Empereur, n'ayant plus l'esprit & le jugement assez fort pour gouverner un Etat si grand qu'étoit le sien, & (73) voyant d'ailleurs que la fortune naissante d'Henri II. mettoit des bornes à la sienne, se mocquoit de son (a) *plus ultra*, & faisoit dire aux Pasquinades,

Siste pedem Metis, hæc tibi meta datur. (b)

Il couvrit toutes ces disgraces du voile de piété & de religion, s'enfermant dans un cloître où il eut pareillement la commodité de (74) faire pénitence du péché secret, qu'il avoit commis en la naissance d'un fils bâtard, qui lui étoit aussi neveu. Ainsi Philippe II. prit sujet de casser tous les privilèges extraordinaires des Arragonois, sur la protection qu'ils voulurent donner à Antonio Perez ; & je trouve entre nos Rois de France que (75) Philippe I. augmenta

---

(a) Plus outre.
(b) Arrête-toi à Mets, car c'est-là la borne qui t'est donnée.

beaucoup

beaucoup son Royaume, & le délivra, s'il faut ainsi dire, de la tutele des Maires du Palais, pendant que tous les Princes de la France, & son frere même étoient occupés à combattre les Sarasins, sous la conduite de Godefroi de Bouillon ; & pendant la troisiéme Croisade, on pourroit dire que (76) Philippe Auguste abandonna le Roi Richard d'Angleterre, pour s'en revenir en France brouiller les affaires des Anglois, parce qu'en matiere d'Etat, (a) *quædam nisi fallaciâ vires assumpserint, fidem propositi non inveniunt, laudemque occulto magis tramite quàm viâ rectâ petunt.*

(a) Il y a de certaines choses qui ne rencontrent pas la croyance qu'on s'est proposée, si elles n'ont pris des forces par le moyen de quelque tromperie, & qui cherchent plûtôt la louange par quelques sentiers cachés que par des voyes droites. *Val. Max. l. 7. cap. 3.*

REMARQUES.

Sur le quatriéme Chapitre.

(1) *Qui traite des opinions, dont il faut être persuadé pour entreprendre les Coups d'Etat.*

CE que nous avons dit jusqu'à présent, explique une partie des histoires que M. Naudé touche en ce Chapitre, & au suivant qui acheve son traité. Nous ne laisserons pas pourtant, d'y trouver de quoi donner quelque contentement aux curieux. Montrant donc que ce grand homme semble se surpasser soi même, quand il discourt des opinions, dont il faut être persuadé pour entreprendre les coups d'Etat, & des conditions requises au Ministre, avec qui on les peut concerter, j'expliquerai les mots qui en auront besoin, & parcourrai ce qui reste de ce livret pour en éclaircir ce qui est obscur.

(2) *L'Empire Grec & le Romain ne l'ont pas fait plus longue.* La premiere

& plus importante considération, qui peut porter un grand homme aux choses difficiles, & particulierement aux coups d'Etat, qui ont besoin d'une résolution extraordinaire, & d'un courage martial & héroïque, c'est de penser sérieusement à la révolution des choses, & au renversement des Monarchies, & de toutes les choses, qui semblent plus solides & d'une plus longue durée. M. Naudé dit, que les Cieux mêmes ne sont pas exempts de changement, & d'altération, & que les Etats ont peu subsisté. J'ajoute à cela que véritablement, il n'y a rien en ce monde de plus constant, que l'inconstance, & qu'il n'y a rien, qui nous montre avec plus d'éclat cette inconstance, que les révolutions qu'on voit dans les Empires. Ils naissent, croissent, & vieillissent presqu'en un moment; & ceux qui subsistent quelques siécles, le font avec tant d'altérations qu'ils semblent souvent n'être plus, & puis renaître de leurs cendres, comme le Phœnix. Ils changent aussi fort souvent de siége; & le Romain, dont le nom nous reste encore, le témoigne plus clairement qu'aucun autre. Cet Empire ayant eu son siége sur le Tibre fut transferé à Constantinople, environ l'an 330. Quelques siécles après, il fut divisé en Oriental, &

Occidental, & Charlemagne en transféra le siége à Aix la Chapelle. De là il passa, peu après, en Saxe, puis en Suabe, puis en Franconie, & enfin en Autriche, où il est présentement. Au reste si par l'Empire, l'on entend un Etat, auquel pas un Prince ne puisse résister tête à tête, il y a long-tems qu'il n'est plus au monde, puisque l'Europe nous a donné des Princes, plus puissants, que notre Empereur & Roi de Germanie ne l'est présentement.

(3) *Ces puissantes familles de Ptolomée, d'Attalus, de Seleucides, ne servent plus que de fables.* Le vaillant Ptolomée qui de simple soldat, s'éleva à la Royauté, après la mort d'Alexandre le Grand, regna en Egypte, environ quarante ans, & donna son nom à une postérité digne d'un si brave Pere. Mais enfin elle s'acheva, peu de tems après la mort de Cléopatre, & de Ptolomée Denis son frere. Attalus Roi de Troye, qui fut le dernier de sa race, & fit héritier le peuple Romain, fut si magnifique, que de sa magnificence, l'on prit occasion de nommer *Attala* tout ce qui étoit excellent en beauté & en richesse. Mais ni sa pompe ni sa splendeur ne l'empêcherent point de voir sa famille entiérement éteinte, en sa personne, & les Seleucides n'eurent

pas plus de bonheur. Mais pour ne chercher pas si loin des exemples de la foiblesse des choses humaines ; l'on voit tous les jours des familles illustres prendre fin, & de nouvelles succéder à leur place. Les Empereurs de la race de Charlemagne s'acheverent en Louis IV. Ceux de Suabe, en Fridéric II. & ceux de Luxembourg en Sigismond I. Les Rois ne sont pas exempts de cette loi. La race de Jagelon, ayant commencé en Pologne l'an 1444. s'acheva en la personne de Sigismond Auguste, l'an 1572. & celle de Vase s'est achevée en celle de Casimir sur la fin de l'an 1672. La France a vû trois races sur le trône, les Anglois & les Espagnols beaucoup plus, & les Ottomans même qui par leur poligamie tâchent de rendre leur famille immortelle, verront leur fin, quand il plaira au Directeur de l'Univers de l'ordonner ainsi.

(4) *Cette Isle de Crete, cette Ville de Thebes, cette Troye, cette Rome, où sont-elles maintenant ?* L'isle de Crete, que nous appellons maintenant Candie, a fait plus de bruit en nos jours, qu'elle n'en avoit jamais fait. Elle a soutenu la guerre contre le plus puissant Monarque du monde, depuis l'an 1645. jusqu'à l'an 1670. auquel Azan Bassa, premier Mi-

nistre, & grand Vizir de Mahomet IV. la contraignit de subir le joug de l'obéissance. Jamais ville ne fut si vigoureusement attaquée, ni plus courageusement défendue, que la Capitale de ce petit Royaume, où l'on fit jouer de part & d'autre dans un an, plus de trois cens mines ou fourneaux, sans pouvoir vaincre l'opiniâtreté des assiégeans, ni la valeur des assiégés. Mais enfin le Turc obtint la victoire, & le Marquis de Saint André de Montbrun Gentilhomme de Dauphiné, qui avoit succedé au Marquis Ville Piemontois, fut contraint de sortir de cette place incomparable. Je l'appelle incomparable, parce qu'elle s'est défendue plus long-tems en nos jours contre le Turc, que Troye ne se défendit anciennement contre les Grecs, bien qu'il y eut beaucoup de différence entre les assiégeans. Et sans doute, ce siége sera décrit par de si bonnes plumes, que le renom des Vénitiens durera autant que le monde. Pour ce qui concerne Thebes ville d'Egypte, elle fut bâtie par le Roi Busiris; & le tour de ses murailles étoit de cent quarante stades, & chaque stade de cent vingt cinq pas géométriques, qui faisoient en tout 17500. pas, & par conséquent, il pouvoit y avoir cent portes éloignées l'une de l'autre de cent soixante quinze pas. Pour Rome assurément, elle n'est plus qu'un village, si on la compare à l'ancienne ; car à tout rompre, il n'y a pas cent mille ames, & au dire des historiens, il y en avoit autrefois près de cinquante fois autant. Mais puisqu'anciennement Rome étoit bâtie sur le Tibre, l'on peut assurer que la moderne a été bâtie sur ses ruines ; & le marbre qu'on tire souvent des vieux bâtimens qui sont sous la terre, ne permet pas d'en douter. Au reste je ne crois pas qu'un homme d'esprit veuille assurer opiniâtrement, que Paris doive toujours être le siége des Rois de France, ni Rome celui des Papes.

(4) *Comme ont fait les Suisses, les Luquois, les Hollandois & ceux de Geneve.* Ces Républiques ne sont ni de même force, ni gouvernées d'une même façon ; & si les Suisses, & les Hollandois font beaucoup de bruit dans le monde, Luques & Genéve sont peu considérables. Cette derniere ne subsiste que par sa situation, par la prudence de son Magistrat, & par l'amitié des Suisses ; & Luques ne subsiste que par son adresse, & parce que les Princes Italiens ne verroient pas volontiers que le Grand Duc de Toscane s'en rendit le maître. Le Duc de Savoye

a de grandes prétentions sur Genéve, &
il a souvent obtenu de leurs Majestés Impériales des Mandats, qui ordonnoient à
l'Evêque & à la Ville de reconnoître son
Altesse pour Supérieur. Mais enfin l'an
1539. la ville de Genéve reçut la doctrine
de Calvin, chassa l'Evêque, & ne voulut
plus rendre aucune obéissance au Duc de
Savoye qui la muguette toujours. Luques
a obéi à divers Princes, & elle acheta la
liberté au tems de l'Empereur Charles
IV. pour vingt-cinq mille écus. Depuis ce
tems-là, elle se gouverne avec beaucoup
de prudence, & se conserve plûtôt par
son adresse, que par sa force. Pour les
Suisses, ils ont reconnu l'Empire Germanique durant plusieurs siécles; & l'insolence seule de leurs Gouverneurs, les obligea d'en secouer le joug, l'an 1314. En ce
tems-là Frideric le Bel Duc d'Autriche, (qui
fut élû Empereur en la même Diette que
Louis de Baviere) les fit attaquer & ses gens
y furent battus. Cette guerre ayant bien
réussi à ce peuple, les Cantons d'Ury, de
Swits, & d'Onderwald se liguerent, l'an
1325, & leur ligue fut confirmée par
l'Empereur Louis de Baviere. Les peuples
voisins trouverent la vie des Suisses conforme à leur génie, & Lucerne entra dans
leur confédération, l'an 1332. Zurich fit

Tome II.   H

la même chose, l'an 1351. Zug & Glaris la suivirent un an après. Berne ne tarda point aussi de se ranger à cette ligue, & enfin les treize Cantons qui la composent y entrerent en divers tems, & y ont toujours persevéré. Mais il faut remarquer qu'en toutes les confédérations, que les Suisses font avec les Princes Etrangers, ils réservent l'Empereur & l'Empire Romain, lorsqu'ils promettent de servir un autre Prince envers tous & contre tous. Au reste la Suisse est stérile en plusieurs endroits, & ses peuples ne sont riches, que par la vente qu'ils font de leur amitié, & du secours d'hommes, qu'ils envoyent aux plus grands Monarques. La premiere alliance qu'ils firent avec les étrangers, fut avec Louis XI. Roi de France, qui voulut bien être bourgeois de leur République. Depuis ils en ont fait d'autres, avec les Empereurs Maximilien I. & Charles V. son petit-fils, avec les Rois d'Espagne, avec les Vénitiens, & les Ducs de Savoye & de Milan, & elles ont toujours été utiles & profitables aux Suisses, qui retirent de grandes sommes d'argent de ces Potentats. Les Hollandois ont toujours vécu d'une autre façon. Ils secouerent le joug Espagnol, après l'an 1565. sous divers prétextes, que l'on peut voir dans les histoires de ce pays-là. Ils ont depuis eu du secours d'Angleterre, de France, & d'Allemagne, & ont secouru leurs amis en faisant des diversions, ou en leur envoyant des troupes & des navires. Mais jamais ils n'ont vendu leurs hommes, comme les Suisses. Au surplus ces deux puissantes Républiques sont semblables, en ce qu'elles sont toutes deux composées de plusieurs provinces, qui ont leurs loix à part, & ne sont unies que par la loi de leur intérêt commun ; en ce que tous les honnêtes hommes peuvent avoir place dans le Conseil, & en ce que la situation du pays les rend invincibles. Mais elles sont très-différentes, en ce que les forces des Hollandois sont grandes sur mer, & ne sont pas petites sur terre. Et celles des Suisses ne sont grandes que sur terre, & par la valeur de leurs hommes. Ils sont aussi différens en ce que les richesses des Hollandois viennent de leur extrême commerce, & celles des Suisses viennent de la vente qu'ils font de leur amitié & de leurs hommes. Et enfin en ce que les Hollandois commencent à fournir de l'argent à leurs alliés, & les Suisses quoique fort à leur aise, en veulent, & en effet, ils en reçoivent de tous ceux qui s'allient avec eux.

H ij

(6) *Aussi en est-il de même des Etats, que des hommes, il en meurt, & en naît bien souvent.* S'il y avoit autant d'Etats, qu'il y a d'hommes au monde, l'on verroit peut-être, autant de changemens aux uns qu'aux autres. Il y auroit toutefois cette différence, que les uns cesseroient tout-à-fait d'être, & les autres ne changeroient que de forme, ou de maître. En nos jours, l'on a vû l'Angleterre passer de l'Etat Royal au tyrannique, & dix ou douze ans après, reprendre sa premiere forme, comme par miracle. Le Prince de Tafilet a chassé quelques Rois de leur Etat, & s'en est rendu maître ; & le Turc arrachant l'Isle de Candie de la main des Vénitiens, en a chassé la piété chrétienne, & le régime aristocratique, pour y introduire l'impiété de Mahomet, & la tyrannie. L'on voit la même chose, en tous les autres changemens de cette nature, & les moins habiles connoissent qu'il y a de la différence entre la mort d'un homme, & celle d'un Etat.

(7) *Les premieres maladies emeuvent les Etats, les secondes les ébranlent, & les troisiémes les emportent.* Ceci n'est pas toujours véritable, & encore que l'on puisse assurer, que ce que M. Naudé nous dit ici arrive souvent ; il n'est pas moins véri-

sur les Coups d'Etat. 81

table, que l'on voit des Etats, qui semblent renaître de leurs cendres. L'Espagne ayant fleuri quelques tems sous les premiers Rois Chrétiens, fut émue par l'hérésie d'Arrius, ébranlée par l'expulsion du Saint Roi Bamba, & périt entierement par la paillardise du Roi Rodrigue. La France a souvent été affligée de maladies, qui sembloient incurables, & en a été guérie miraculeusement. Je ne parlerai pourtant pas de ce qui avint, pendant le régne des Rois fainéans de la premiere race ; ni des maux que la France souffrit, pendant la minorité de Charles le Simple, & par sa simplicité lorsqu'il fut majeur ; ni de ce qui avint pendant le régne de Louis IV. & de Lothaire, parce qu'on pourroit dire, que ces maladies le mirent au tombeau. Je ne veux parler que du danger où elle se vit, après la mort de Charles IV. par la prétention d'Edouard III. Roi d'Angleterre, par la défaite de Philippe de Valois, par la prison du Roi Jean, par la malice d'Isabeau de Baviere, & par la foiblesse de Charles VI. son mari qui mirent sur le trône Henri V. Roi d'Angleterre. Alors Dieu tira des forces de la foiblesse, & tous ces coups qui sembloient mortels, éveillerent la vertu de Charles VII. qui rétablit le Royaume, en

H iij

son premier état. Un siécle après, la prison de François I., la minorité de ses petits-fils, & la Religion d'Henri IV. firent croire aux François, que leur Royaume étoit perdu; & espérer aux Espagnols, qu'ils en demeureroient les maîtres. Toutefois il en avint autrement, & la valeur d'Henri le Grand, la piété de Louis le Juste, & la prudence de Louis Dieu donné, l'ont remis au plus haut point de bonheur & de prospérité. Tellement que la France semble plus robuste, qu'elle ne le fut jamais auparavant.

(8) *Ainsi que des plus grands Empires, il s'en fera un jour des fameuses Républiques.* Encore que nous pussions conjecturer les choses futures par les passées, l'on ne doit pas parler de l'avenir, comme d'une chose certaine. Pour moi, je crois que les plus grands Empires, qui sont aujourd'hui, ne seront jamais changés en Républiques, & que M. Naudé s'est mépris, quand il a osé dire le contraire. Les Turcs, les Espagnols, les Anglois, les François, & les Suédois, qui forment des Etats très-considérables en Europe, semblent avoir de la répugnance pour l'Aristocratie, & plus encore, pour la Démocratie. Et si l'on trouvoit dans ces Etats, des esprits inquiets qui eussent la

penſée d'introduire une forme contraire à celle que ces peuples obſervent, il leur ſeroit impoſſible. Les premiers ſont tellement accoutumés d'obéir à un ſeul, qu'encore qu'ils étranglent leur Prince, quand il eſt lâche, ou qu'il leur déplaît, ce n'eſt que pour ſe ſoumettre à un autre. Les Eſpagnols & les Anglois ont ſouvent changé de famille, ont obéi à des femmes, ont paſſé au pouvoir des Etrangers, & ils ont toujours préféré ce malheur à celui de changer la forme de leur gouvernement. Les François virent dix ou douze Rois de la premiere race indignes de régner, permirent que le dernier de la Maiſon de Mérovée, fut raſé & mis dans un cloître. Souffrirent que les deſcendans de Charlemagne fuſſent exclus de la Couronne, & mirent deux fois les Maires de leur Palais ſur le trône de leurs maîtres, ſans avoir la moindre penſée de faire de leur Royaume une République. Après la mort d'Henri III. la Religion de ſon ſucceſſeur mit le Royaume en danger de paſſer au pouvoir de ſes ennemis, & quoiqu'il y eut des bigots, qui préféroient un Etranger Catholique à un Prince du Sang de France qui étoit Huguenot, jamais perſonne n'eut ni la hardieſſe, ni même la penſée, de faire de ce Royaume une République.

Les Suédois ont vû leur Etat en trouble une infinité de fois. Les Tyrans y ont épandu des fleuves de sang, & enfin leur ville capitale vit la fleur de la Noblesse, & des Ecclésiastiques, périr par la main des bourreaux. Les rues de Stockolm furent couvertes des corps morts de la bourgeoisie, & jamais l'on ne parla d'abolir le nom & la dignité de Roi. Et si l'on me demande pourquoi ? Je répondrai qu'aux Etats, où l'on trouve beaucoup de Noblesse & quantité de personnes de condition relevée, il est impossible de former une République.

(9) *S'il n'est plus véritable de dire, que les principes internes des Etats vieillissent, la Religion par les hérésies, la Justice par la vénalité des offices.* Il n'y a point de doute que la Religion & la Justice ne fassent fleurir les Etats, ni que le défaut de ces principes internes, ne soit capable de les ruiner. Mais il n'est pas toujours vrai, qu'il les ruine. M. Naudé nous a déja suffisamment fait connoître, que par les hérésies, il entend le Calvinisme & le Luthéranisme : & cela étant posé, quoique je l'estime faux, on lui peut faire voir, que les hérésies ne détruisent point les Etats. Pour prouver ce que je viens de dire, je n'alléguerai ni l'Angleterre, ni

la Hollande, ni la Suede, ni le Dannemarc, où les opinions de Luther & de Calvin ont pris le haut bout, & ces Etats sont plus puissans, qu'ils ne seroient, si la Religion Romaine n'en eût jamais été bannie. Je dirai seulement que la France & l'Allemagne, où ces opinions ne sont point dominantes, ne sont pas beaucoup moins puissantes, par le mélange de ces opinions. Et pour commencer par la France, il faut avouer, que lorsque les Rois François II. Charles. IX & Henri III. suivoient le conseil de personnes violentes, qui vouloient forcer les consciences, ils mirent leur Royaume en danger. Mais depuis qu'Henri le Grand eut trouvé le moyen de réunir les deux partis, Louis le Juste de désarmer le plus inquiet, & Louis Dieu donné de retirer les Grands à sa Religion, il est aussi puissant, qu'aucun de ses prédécesseurs ait jamais été. Pour l'Allemagne, l'on a vû en nos jours une guerre sanglante, qui l'a mise aux abois ; & une partie du monde croit, que le mélange de religion a causé ce mal, & qu'il seroit à souhaiter, qu'une de ces opinions succombât. Pour moi, je crois le contraire, & m'imagine que les ambitieux trouveroient un autre prétexte, si celui-là leur manquoit, & suis entierement persuadé, que ce que M. Naudé appelle héréfie, conferve l'Empire. La raifon que j'ai de tenir ce parti, eft que l'Empereur fera toujours ou Catholique ou Luthérien, & de quelque Religion qu'il foit, la diverfité d'opinions empêchera qu'il ne fe rende abfolu de l'Allemagne, d'autant que les partis font prefqu'égaux, & qu'ils employeront toujours le verd & le fec pour conferver leur liberté, craignant que leur Religion ne demeurât enveloppée fous fes ruines, s'ils venoient à la perdre. Au refte l'opinion de M. Naudé nous repréfente la France extrêmement malade, puifqu'à fon dire, la Religion y eft corrompue, par le mélange du Calvinifme, & la juftice par la vénalité des offices ; ce qui peut caufer une révolution dans l'Etat, & même la mort de l'Empire François ; car tout le monde fçait que tous les offices de judicature, excepté la charge de Chancelier, & celle de premier Préfident en tous les Parlemens ; toutes les charges militaires, excepté celle de Connétable, quand il y en a un, & celles de Maréchaux, & généralement toutes celles de la Maifon du Roi s'achetent à un fi haut prix, que perfonne ne peut prétendre aux grandes, s'il n'eft extrêmement riche. Je ne crois pas pourtant, que le même Naudé ofe affurer que ce grand & redoutable Etat, soit proche de sa ruine.

(10) *La plûpart des Etats que l'Europe contient, ne sont pas éloignés de l'âge, qui a fait périr tous les autres.* Encore que les Etats puissent être comparés au corps humain, qui a son accroissement, sa subsistance, son déclin, & sa mort, il est certain que l'âge seul ne les détruiroit point, s'il n'y survenoit aucun autre accident. Tellement qu'on ne peut pas conclure de l'ancienneté d'un Royaume, qu'il approche de sa fin. Ceux que la providence divine destine à une longue durée, semblent renaître de leurs cendres, & toutes les secousses du tems, de l'ambition des voisins, de l'injustice des Magistrats, de la négligence des Princes, de la malice des Prédicateurs, de la conjonction des astres, de la diversité de Religions, de la vénalité des offices, & d'une infinité d'autres maladies, qui ébranlent les Etats les plus fermes, ne servent qu'à persuader au monde, que le Ciel veut qu'ils durent long-tems. La France peut servir d'exemple à ce que je viens de dire. Ceux-là au contraire, qui ne sont pas prédestinés à durer si long-tems, trouvent leur fin presqu'en leur commencement, comme le Royaume de Naples, les Duchés de Milan & d'Urbin, qui ont passé en d'autres mains,

presqu'au moment de leur naissance. D'autres subsistent quelque tems, & parviennent à un haut point de grandeur, puis ils s'abattent tout d'un coup. Un Seigneur Espagnol me dit une fois, qu'il ne croyoit pas, que la Monarchie Espagnole pût longuement subsister, parce que les grands États, qui l'ont précédée, ne sont point arrivés à son âge. Alors je pris la liberté de lui dire, que l'esprit humain se perdoit, quand il vouloit fouiller dans les abîmes de la providence divine ; & que la politique fournissoit assez de raisons pour juger de la maladie de l'Etat d'Espagne, sans la chercher ni dans le cours des planetes, ni dans le nombre des années. Le corps de cette Monarchie est composé de tant de parties dissonantes, ses membres si extraordinairement éloignés du cœur, & leurs humeurs sont si peu conformes les unes aux autres, que le Prince est obligé de ruiner la Castille pour retenir les autres pieces de son Etat, en leur devoir. De-là vient qu'il se consume, pour se conserver, & que quand un puissant ennemi l'attaque, il fait moins de résistance, que l'on n'en espéroit. D'où je conclus, que si l'Espagne change de forme, son âge seul n'en sera pas la cause. La France qui est presque plus âgée de la moitié, est beaucoup plus robuste, & selon les appatences, elle durera beaucoup plus long-tems. L'on peut dire la même chose des Républiques. Vénise est parvenue à un âge qu'aucune autre n'avoit atteint, & ou sa situation, ou la prudence de son Sénat, lui promet une durée égale à celle du monde.

(11) *Le trop grand nombre de Colleges, Séminaires, Etudians, & la facilité d'imprimer les livres, ont déja bien ébranlé la Religion.* Plusieurs autres politiques croyent de même que M. Naudé, que la trop grande commodité que nous avons en Europe de devenir sçavans, nuit à la République, aussi bien en ce qui regarde la Police, qu'en ce qui regarde la Religion. Pour moi je crois que l'on a raison de dire, que l'Imprimerie a ses incommodités aussi bien que ses avantages, & que les Universités apportent, quoiqu'indirectement, du dommage aux Etats les plus florissans. Il est certain qu'il y a dans la Chrétienté cent mille mandians plus qu'il n'y en auroit, s'il y avoit moins de Colleges & de Séminaires ; l'on ne voit presque plus de fils d'artisan qui veuille apprendre le métier de son pere, ni de pere, qui veuille que son fils apprenne les arts méchaniques. L'on envoye à l'école une infinité de personnes, qui n'ont pas de quoi débourser un écu,

pour acheter des livres. Et lorſque ces gens-là ont appris trois ou quatre mots de latin, ils croyent être élevés bien loin au-deſſus de leurs parens; & parce qu'ils ne voyent rien de plus commode à les entretenir, ils entrent dans un Cloître, & augmentent le nombre des mandians. Au reſte ce nombre s'eſt augmenté en un point, que les moines incommodent les meilleures familles. M. le Camus Evêque du Bellay, a fait un traité, qu'il intitule l'Apocalypſe de Meliton, où il montre, qu'un ſeul ordre de mandians, coûte à la Chrétienté trente-quatre millions d'or, à ne compter que cent francs pour les habits & la nourriture de chaque moine. Tellement dit-il, *qu'il n'y a point de Prince ſi tyran qui exige de ſon peuple autant de bien, pour l'entretien de ſon luxe & de ſes armées, que les moines en exigent pour leur nourriture*, & la plûpart ſont fainéans, qui ne rendent aucun ſervice à l'Egliſe. Il eſt vrai que l'on trouve de ſçavans moines; mais ils ſont fort rares, & ce peu qu'il y en a, écrivent ſouvent des bagatelles, qui obligent les perſonnes prudentes à ſouhaiter qu'il y eut moins d'imprimeries, moins d'écrivains, & moins de livres qui ne ſervent qu'à obſcurcir les ſciences, à troubler les esprits, & à corrompre la pureté de la religion.

(12) *Auparavant le régne de François I. l'on n'accusa aucun d'Athéïsme en France ; ni en Italie, avant les caresses que Cosme & Laurent de Médicis firent aux Lettrés.* Je n'aurai jamais la hardiesse de me persuader, que les sciences puissent arracher de l'ame des hommes, le sentiment d'une divinité, que l'auteur de la nature y a gravé de son propre doigt. Le Diable seul est capable d'inspirer au cœur humain, une si enragée folie, & s'il le fait, (car j'ai bien de la peine à croire, qu'il y ait des Athées au monde) c'est après y avoir semé une infinité de vices, qui en éloignent la grace divine, & cet éloignement donne lieu à ces pensées diaboliques. Je suis néanmoins obligé de confesser, que ceux qui effleurent les sciences, passent par fois d'une opinion à l'autre, changent de religion, & ce changement ayant été légérement entrepris, les porte dans le repentir, trouble leurs consciences, & enfin leur donne des pensées indignes d'un homme d'esprit, & plus encore d'un homme chrétien. Au reste, l'on peut accorder à M. Naudé, que l'Europe étant plongée dans l'ignorance, les Papes de Rome persuadoient au peuple,

tout ce qu'il leur plaisoit, & que depuis l'an 1515 auquel François I. monta sur le trône de France, quelques sçavans personnages s'opposerent à leur doctrine, & retirerent des Royaumes entiers de l'obéïssance du Siége Romain. Je sçai aussi, que ceux qui craignent l'inquisition d'Espagne & d'Italie, appellent les Réformes de Luther & de Calvin, des Athéïsmes. Je sortirois des bornes de la politique, si j'examinois la vérité ou la fausseté de leurs opinions, & pour cela je n'en dis rien. J'assurerai seulement ici, que le Grand Roi François, qui rétablit les sciences en France, obligea la noblesse qui aspiroit aux charges Ecclésiastiques & à celles de judicature de subir un examen rigoureux, & employa beaucoup de son bien à l'entretien des Professeurs en toutes les Facultés. Cosme & Laurent de Médicis ne furent pas moins les véritables Mécénas des Sçavans. Le premier acquit le nom de Grand, & de Pere de la patrie, par une infinité de vertus. Et Laurent fut incomparable, en ce qu'il favorisa les lettrés au de-là de tous les Princes de son tems, & en ce qu'il envoya en Orient, pour amasser tous les bons livres, qu'il seroit possible de rencontrer, à quelque prix que ce fut. Mais si la bonté qu'ils ont eu pour les doctes personnages,

sonnages a causé des sentimens impies au fait de la religion, sans doute ç'a été contre leur intention.

(13) *Les changemens des plus grands Empires, arrivent bien souvent sans qu'on y pense, ou au moins, sans qu'on fasse de grands préparatifs.* Quand ceux qui désirent de se rendre maîtres d'un Etat, prennent bien leurs mesures, & se sçavent accommoder au tems, aux lieux, & aux personnes, l'affaire arrive sans grande effusion de sang. Pepin Maire du Palais de Chilpéric Roi de France, ayant bien disposé ses affaires, & acquis l'estime du peuple François, & l'amitié du Pape Zacharie, mit son maître dans un Monastere, sans aucune difficulté. Hugue Capet n'en eut guére plus, lorsqu'il fit déclarer Charles de Lorraine indigne de régner en France. Brutus chassa Tarquin de Rome, & changea cette Monarchie en Aristocratie, sans mettre sa personne, ni celle de ses amis en aucun danger. Et Louis de Fiesco auroit fait de la Republique de Genes une Principauté, s'il n'eut eu le malheur de tomber dans la mer, en passant d'une Galere en une autre. Mais les exemples que nous avons vûs en nos jours, sont beaucoup plus illustres. Jean Duc de Bragance, chassa les Castillans

de Portugal, & s'y fit couronner, au commencement de l'an 1641. sans qu'il y eut plus de trois hommes de tués en cette révolution. Et Cromwel se voyant maître du cœur de ses soldats, renversa le trône de son Roi, & ayant fait périr son maître l'an 1649. régna tyranniquement jusqu'à sa mort. Quelquesfois il faut user d'une plus grande force. Mahomet II. Sultan de Turquie assiégea Constantinople, & l'ayant pris après un siége de deux mois, ruina cet Empire. Les Grecs détruisirent Troye par un siége de dix ans. Et Charlemagne, le Royaume de Lombardie par deux voyages qu'il fit en Italie avec des forces immenses. Enfin ou le bonheur de l'aggresseur, ou la foiblesse de l'aggressé augmente la facilité qu'il y a de conduire les grands desseins à une heureuse fin.

(14) *Le ravissement d'Hélene, le violement de Lucrece, & celui de la fille du Comte Julien*, &c. Il n'y a rien de moins inconnu, que le ravissement d'Hélene, qui causa la ruine de Troye, ni que le violement de Lucrece matrone romaine, qui fut cause de l'exil des Tarquins. Et pour cela je m'arrêterai seulement sur celui de Cava fille de Julien Comte de Septa. Ce violement ruina le Royaume d'Espa-

gne, parce que le Roi Rodrigue qui avoit usé de violence à l'endroit de cette Dame, oublia son crime, & donna ses troupes à commander au Comte, qui avoit fait venir les Maures d'Afrique, & qui leur donna le moyen de se saisir de sa Patrie. Il n'y a rien de plus ordinaire à la bouche des Espagnols, qui ont pleuré le péché de leur Roi, & la malice du Comte Julien, près de huit-cens ans. Car les Maures entrerent en Espagne l'an 713. & en furent chassés peu-à-peu jusqu'à l'an 1610. Il est bien vrai que Ferdinand & Isabelle se saisirent de Grenade, qui fut la derniere piece qui résista aux armes des Chrétiens ; mais ils laisserent aux Mahométans la liberté de leur conscience, qui leur fut ôtée, pour punition de leur désobéissance, l'an 1576. & parce qu'ils abusoient de la bonté de leurs Rois, & vouloient appeller les Afriquains en Espagne, enfin Philippe III. les envoya tous en exil l'an 1610.

(15) *Le Duc de Bourgogne & les Suisses pour un chariot de peaux de mouton.* J'ai lû ailleurs quelques-unes des histoires, que M. Naudé touche ici, sans en avoir pû apprendre le détail. Celle du Duc de Bourgogne est plus récente que les autres, & décrite au long dans l'histoire de M. de

Thou, & dans les Chroniques de Philippe de Comines. Le premier parle des peaux de mouton que le Comte de Raucourt cadet de la Maison de Savoye, fit arrêter aux Suisses sous prétexte qu'ils n'avoient pas payé le péage. Il raconte aussi la réparation que les Suisses demanderent, & le moyen qu'ils eurent de se dédomager, qui fut d'enlever au Comte quelques bailliages qu'ils tiennent encore. M. de Comines dit, que pour ce sujet, le Comte pria le Duc Charles de Bourgogne de l'aller secourir contre les Suisses, qu'il y alla, bien qu'ils offrissent de rendre au Comte tout ce qu'ils lui avoient ôté. Mais tant s'en faut qu'il dise que ce fut à cause de ce chariot de peaux ; il assure au chapitre 83. de ses chroniques, que ce fut parce que les Suisses lui avoient fait la guerre, lorsqu'il étoit au Siége de Neus, parce qu'ils avoient aidés à lui ôter le Comté de Ferrete, & parce qu'ils avoient ôtés au Comte de Romont une partie de ses terres. Tellement que le malheur qui avoit suivi l'action injuste du Comte, pour avoir arrêté un chariot chargé de peaux, en voulant abuser de la simplicité des Suisses de ce tems-là, ne fut qu'une partie du prétexte de la guerre que le Duc de Bourgogne leur fit avec le succès, dont nous avons déja parlé ci-devant.

(16) *La Nature produit les grands cedres d'un petit germe, & les éléphans & les baleines d'un atôme de semence.* Ceux qui n'ont jamais vû ni cedres, ni éléphans, ni baleines, peuvent à peine s'imaginer, que la nature produise de si grands arbres, ni de si gros animaux. J'ai vû dans le Bresil des cedres d'une hauteur prodigieuse, que trois hommes n'auroient pas pû embrasser. L'on a vû des éléphans en Europe; mais ce n'étoient que des mourons, au prix de ceux qu'on voit dans les Indes Orientales. Et l'on en pourra juger par l'yvoire, que les Portugais en ont apporté ci-devant qui montoit à des sommes que je n'ose point exprimer, de peur que ceux qui n'ont rien vû de merveilleux, ne fassent difficulté de me croire. Ils pourront pourtant juger de la grandeur des éléphans, par la grosseur & par la longueur de leurs dents. J'en ai vû une au Bresil chez Antonio de la Cerda, laquelle me donnant de l'admiration, m'obligea de la mesurer, & je trouvai qu'elle avoit quatorze pieds de long, & sans l'avoir pesée, je m'imaginai qu'elle pouvoit peser près de deux quintaux. Les baleines sont les monstres de la mer, com-

me les éléphans sont ceux de la terre. Mais à dire vrai, il y a bien de la différence entre ces animaux ; car une baleine pese plus que dix éléphans. Les médiocres ont environ cinquante pieds géométriques, & leur grosseur est prodigieuse. Pour moi qui en ai vû quantité de vives & de mortes, qui en ai vû prendre, qui en ai vû combattre avec les vivelles plus de vingt fois, qui ai admiré la graisse que l'on en retire, je pourrois en parler au long. Mais mon dessein m'obligeant d'être court, je dirai ce que j'ai vû dans l'Isle des baleines, à trois heures de la ville de Saint Sauveur en la Baye de tous les Saints. C'est que l'on tire souvent d'une seule baleine, jusqu'à soixante tonneaux d'huile ; & des moindres que j'ai vû prendre dans quatre ans, que j'ai demeuré en ce pays-là, l'on en a tiré trente-cinq tonneaux, de deux quintaux chacun. Tellement que ces animaux sont épouvantables par leur grandeur. Mais les Mariniers les craignent aussi peu, que les moindres poissons. Et je puis assurer que les Hollandois, avec qui j'ai fait le voyage des Indes, ne s'émûrent non plus d'en voir quatre ou cinq cens, que si elles eussent été des dauphins, ou des tons. Mais moi j'admirai les œuvres de Dieu, & connus que la mer aussi bien que la terre, est le siège de ses merveilles.

(17) *Faisons un peu de réflexions, sur la grandeur de l'Empire du Turc, & sur les progrès des Luthériens & Calvinistes.* Qui voudroit représenter la grandeur de l'Empire des Ottomans, seroit obligé de copier une grande partie de ce qui a été écrit en diverses langues, & par plusieurs bons écrivains. Je me contenterai de dire que la race des Ottomans ayant été chassée de Jérusalem par Godefroi de Bouillon, l'an 1096. demeura sans renom jusqu'à l'an 1300. Depuis ce tems-là elle n'a fait que conquérir, & s'est rendue la terreur du monde, & particuliérement de la Chrétienté. La conquête qu'elle a fait de l'Empire d'Orient, de toute la Grece divisée en plusieurs Royaumes, de la Moldavie, de la Valachie, de la Transylvanie, de la Hongrie, excepté Comorre, Javarin, Presbourg, & fort peu d'autres places, de toute les Isles de la Mer Egée, de Chipre, de Rhodes, de Candie, d'une grande partie de l'Asie & de l'Afrique, sont des marques déplorables de son gain, & de la perte des autres Princes. Pour ce qui concerne les progrès des Luthériens, ils furent très-considérables au commencement de la Réforme, puisque les Royaumes de Suede, de Dannemarc, & de Norvége; les Duchés de

Sleswig, de Holstein, de Brunswig, de Lunebourg, de Pomeranie, de Mecklebourg, de Saxe, de Prusse, de Lauvembourg, de Wurtemberg, de Silésie, & d'Anhalt. Les Marquisats de Brandebourg, de Lusace, de Misnie, & de Baden. Le haut & le bas Palatinat, le Landgraviat de Hesse & de Thuringe. Les Comtés de Henneberg, de Montbéliard, de Hoenloë, de Schwartzenbourg, de Mansfeld, de Gleiken, d'Oldenbourg, de Delmenhorst, d'Ostfrise, de Limbourg, & quelques autres, avec beaucoup de villes impériales reçurent la Réforme de Luther. Celle de Calvin fit aussi de grands progrès en Angleterre, en Escosse, en Irlande, en France, en Suisse & en Hollande, au Duché de Cleves, au Comté de Lippe, & ailleurs. Mais depuis quelque tems les peuples de ces croyances se diminuent plus qu'ils ne s'augmentent. Il y en a peu en France & en Irlande. En Angleterre même & en Ecosse, la rigueur des loix ne peut pas obliger les hommes d'embrasser la Religion, que la Reine Elisabeth & le Roi Jacques y introduisirent. La Silésie a perdu plus de mille Eglises, où l'on préchoit la doctrine de Luther. Le Duché de Neubourg, & le Marquisat de Bade, le haut Palatinat, & l'appanage du Landgrave

Landgrave Ernest ont repris leur ancien train ; le bas Palatinat est rempli de diverses sectes, & les Princes cadets changent de Religion, pour avoir de quoi s'entretenir. De sorte qu'on peut assurer, que peu de pays embrasseront les réformes, s'il n'arrive quelqu'autre grand changement en la Chrétienté. Quant à ce que M. Naudé attribue cette grande œuvre, au babil de deux moines, on lui pourroit faire voir que la mauvaise vie des Ecclésiastiques aiguisa la langue, la plume & le zéle de ces deux docteurs.

(18) *En faisant quelquefois d'une mouche un éléphant, & d'une égratignure une grande playe, &c.* Nous lisons dans l'histoire, que le Duc de Vendôme ayant appris de la Brosse grand Astrologue, que le 14. de Mai de l'année 1610. étoit fatal au Roi Henri le Grand son pere, il en parla à Sa Majesté, qui lui demanda s'il le croyoit. Alors le Duc répondit, qu'en ces matieres l'on ne devoit rien croire, & que l'on devoit tout craindre. Il me semble que ce Duc avoit raison, & qu'en des choses de grande importance, il ne faut rien négliger. Mais plusieurs fois l'on commet des excès en prenant trop à cœur des choses, qui peuvent avoir une explication moins rigoureuse. Dom Gon-

zale Chacon Gentilhomme Espagnol de 25. à 30. mille livres de rente, devint amoureux d'une des filles d'Elisabeth de France Reine d'Espagne, nommée Agnès de Castro. Ce Cavalier parlant une fois à elle, selon la coûtume de cette Cour-là, ils ne prirent pas garde que la Reine s'étoit retirée, avant qu'ils eussent achevé leur entretien. Enfin ces amans s'apperçûrent que la salle étoit vuide, & se retirerent fort confus l'un en son logis, & l'autre à l'appartement de la Reine. Mais Agnès ayant trouvée la porte de la chambre fermée, & n'ayant pas osé heurter, se retira vers son amant. Gonzale la reçût avec beaucoup de civilité, la conduisit à un appartement de son logis, & sçachant l'humeur austére du Roi, prévit son malheur & songea à la retraite. Pour cet effet il se déguisa, & vint *incognito* jusqu'à Bilbao ville de Biscaye, d'où il prétendoit passer en Angleterre, ou en France. Mais son infortune voulut qu'on trouvât sa peinture dans son logis, & on en fit faire plusieurs copies que le Roi envoya par son Royaume, pour tâcher de le faire arrêter. Ceux qui le suivoient arriverent à Bilbao, & il y fut trouvé en prison où il avoit été mis, parce qu'on crût qu'il avoit trop d'argent pour un homme habillé simplement comme il étoit ; & l'on avoit pris garde qu'il avoit de l'argent, parce qu'en la chaleur du jeu, il en avoit montré plus qu'il ne devoit ; son portrait donc lui fut présenté, & ayant avoué le fait il fut reconduit à Madrid, où il fut condamné à perdre la tête, pour avoir enlevé une Dame du Palais Royal. Cette Dame devoit souffrir la même peine pour avoir consenti à l'enlevement, & ils devoient être exécutés sans que leur innocence, ni leurs excuses les pussent sauver. Enfin la Reine ayant pitié de ces misérables amans, pria le Roi de les marier ensemble, & ne l'ayant pas pu obtenir, elle fit habiller joliment les Infantes Isabelle & Catherine ses filles, & leur commanda de se jetter aux pieds du Roi, & de les tenir embrassés jusqu'à ce qu'il pardonnât à ces malheureux. Cette action des Infantes amollit un peu le cœur du Roi qui leur permit de se marier à condition qu'ils sortiroient de ses Etats, & n'y retourneroient jamais. Alors ces pauvres amans se retirerent en Portugal, où Chacon voulant montrer qu'il étoit Gentilhomme de cœur, accompagna le Roi Sébastien en son voyage d'Afrique, & ayant obtenu la conduite des enfans perdus, il y mourut en combattant avec une générosité extraordinaire. Je ne sçai pas ce que les autres pensent de cette action du Roi Philippe II. mais elle me semble un peu trop sévere, & que Sa Majesté faisant d'une mouche un éléphant, traita ces amans avec trop de rigueur. Un autre Prince cadet d'une Maison Electorale, croyant qu'un Gentilhomme de cœur & de naissance avoit fait tort à Madame sa mere, en ce qu'il lui obéit, lorsqu'elle lui commanda de mettre son chapeau en sa présence, il le fit tuer, en considérant cette obéissance comme un grand crime, quoiqu'elle fut digne d'excuse. Je ne nie pas pourtant qu'il n'y ait des occasions, où les politiques doivent avoir égard aux moindres circonstances des choses, pour éviter l'embrâsement que peut causer une étincelle négligée.

(19) *La Noblesse demanda au Roi la cassation du droit annuel, & le Tiers-Etat le retranchement des pensions que Sa Majesté donnoit aux Gentilshommes qui ne les méritoient pas.* M. Naudé nous disant ici, que les demandes que la Noblesse & le Tiers Etat avoient insérées en leurs cayers, étoient capables de ruiner la France, il me semble nécessaire de les examiner, & de voir si elles étoient injustes. L'on remarquera donc, que les plus sages de ce grand Royaume, ayant

vû que la vénalité des offices de judicature ruinoit l'Etat, la noblesse qui en est le bras droit, ordonna à ses députés d'en proposer l'abolition, & parce qu'en cela il n'y a point de plus court reméde, que la cassation du droit annuel, ils l'insérerent dans leur cayer. Cette demande fâcha le Tiers-Etat, qui ne peut transmettre à sa postérité les offices de judicature qu'il possede, sinon par le payement de ce droit. Je m'explique plus clairement, & dis que depuis le tems que les offices sont devenus vénaux, leur prix & leur nombre se sont extrêmement accrûs. Et les Rois ayant besoin d'argent, en ont souvent trouvé dans la bourse de leurs officiers, & l'en ont retiré par divers moyens. Un de ces moyens a été celui de permettre aux possesseurs des offices d'en disposer par leur testament, comme de leurs autres biens, moyennant une certaine somme qu'ils déboursent, & cette somme s'appelle *le droit annuel*, parce qu'on le paye tous les ans, & *la Paulete*, parce qu'un nommé Paulet en fut le premier inventeur. Il est donc aisé à juger, que ceux qui ont des offices, qui les élevent au-delà des personnes de leur condition, & qui valent soixante ou quatre-vingt mille écus, sont bien aises d'en donner deux ou trois cens tous les ans, pour les conserver à leurs héritiers. Or encore que la Noblesse puisse posséder, & qu'elle possède en effet les plus grands offices de judicature, tous les officiers sont censés être du Tiers-Etat. Et par conséquent, ceux qui étoient à l'assemblée de Paris l'an 1615. avoient raison de s'opposer à la cassation du droit annuel. De ce que je viens de dire, l'on peut voir clairement que la demande de la Noblesse étoit juste, puisque les offices ne seront jamais donnés au mérite, que la France n'en soit venue à ce point là. Je ne crois pas que la demande du Tiers-Etat fut si bien fondée, car encore que le Roi donnât des pensions à des personnes de peu de mérite, il lui doit être permis de faire ce qu'il veut de son bien, & quand même le peuple en seroit surchargé, il y auroit sans doute de la différence, entre tirer de l'argent des coffres du particulier pour la commodité du Roi, & rendre la justice vénale, par la vénalité des offices. Voire même mettre la vie, le bien, & l'honneur des honnêtes gens entre les mains des personnes qui n'ont point de plus belle qualité, que celle d'être riches.

(20) *Les députés de la Noblesse appellerent ceux du Tiers-Etat des rustres.* J'ai

bien de la peine à me perfuader, que les députés de la Nobleſſe ſe ſoient jamais ſi fort emportés à l'endroit du Tiers-Etat, que M. Naudé nous dit ici. Ce troiſiéme membre de l'Etat de France, n'eſt pas compoſé de perſonnes ſi peu conſidérables, qu'on les doive traiter à coups d'éperons. Et afin que l'on en puiſſe mieux juger, je dis que les Etats de France qui ſont les Dietes de ce pays là, ſont compoſés du Clergé, de la Nobleſſe, & du Tiers-Etat. Le Clergé comprend les Princes Eccléſiaſtiques, les Prélats, & les ſimples Prêtres. La Nobleſſe eſt compoſée de tous les Princes ſéculiers, de tous les Seigneurs, & de tous les ſimples Gentilshommes ; & le Tiers-Etat comprend tous les officiers de juſtice, les villes & les Payſans. Mais jamais l'on ne députe à ces aſſemblées de la part du Tiers-Etat, ſinon des perſonnes éminentes par leurs charges, par leur prudence, & par leur ſçavoir. Et ces Magiſtrats ayant la juſtice entre les mains, ils ont de quoi ſe faire reſpecter des plus conſidérables du corps de la Nobleſſe. Tellement que j'eſtime avoir raiſon de douter, que les députés de la Nobleſſe qui ſont ordinairement les plus habiles de leurs provinces, ayent oſé ſi maltraiter ceux de cette claſſe, qui ne ſont ni les

K iv

moins puissans, ni les moins considérables du Royaume. Et même l'on pourroit assurer, qu'en cas de besoin, le menu peuple se seroit jetté aveuglement de leur côté, comme en effet en cette occasion il menaça la Noblesse.

(21) *Les autres villes du Royaume suivent d'ordinaire l'exemple de la Capitale.* Il n'y a rien de plus puissant à persuader les hommes, que l'exemple. Quand un Roi est vertueux, tous ses sujets tâchent à le devenir, & quand il est injuste, l'injustice régne par tout. L'on peut dire la même chose des villes capitales des Etats. Elles donnent le branle à toutes les autres, & les moindres bicoques s'efforcent de les imiter. Lorsque Lisbonne cria vive le Roi Dom Jean, toutes les autres villes de Portugal dirent la même chose. Et lorsque Palerme égorgea les François, toute la Sicile devint une boucherie. En France, l'on a vû plus d'une fois tout le Royaume suivre les débauches des Parisiens. Le tumulte qu'ils firent contre le Dauphin Charles, pendant la prison du Roi Jean, retira les plus sages de leur devoir. Le massacre qu'ils firent des Huguenots sous Charles IX. fit périr plus de cent mille personnes dans les autres villes; & les barricades, qui chasserent Henri III.

de sa maison, le chasserent aussi du cœur d'une grande partie de ses sujets. Enfin si les Parisiens s'habilloient aujourd'hui en valet de trefle, demain toute la France seroit vêtue de même. L'on peut donc assurer, que si Paris eût maltraité la Noblesse l'an 1615. elle auroit été persécutée par tout, & le Royaume auroit été en danger, parce que les députés des Gentilshommes avoient proposé le moyen de le sauver.

(22) *Avec combien d'hardiesse on se peut servir de la populace, & la tourner à ses desseins.* Ceux qui ont représenté la populace comme une bête à plusieurs têtes, vagabonde, errante, folle, étourdie, sans conduite & sans esprit, ont fait voir le fondement que l'on peut établir sur une bête plus brutale, que les bêtes brutes. Car si l'on trouve un de ses tribuns, qui ait eu du bonheur jusqu'à la fin de ses entreprises, l'on en a trouvé plusieurs, qui sont péris misérablement avant qu'ils fussent arrivés au milieu de la course. Henri Duc de Guise infatua tellement les Parisiens, qu'ils furent le jouet de ses volontés, aussi long tems qu'il fut en vie, le pleurerent après sa mort, & suivirent la passion de son successeur avec tant d'opiniâtreté, qu'ils sembloient avoir changé

de naturel. Un autre Prince petit-fils de ce Duc, & qui l'égaloit en mérite, en adresse, & en valeur, fut le jouet du peuple de Naples, qui l'ayant adoré & encensé comme un Dieu durant quelques heures, s'attroupoit peu après pour le sacrifier à la haine de ses ennemis. Et enfin ceux qui lui avoient de plus grandes obligations, le vendirent & furent cause qu'il languit long tems en prison. Les personnes de moindre condition, se doivent encore moins fier à cet animal sans raison. Philippe d'Artevelle Brasseur de bierre, fut l'objet du respect & de la rage du peuple de Gand en un même jour. Thomas Anielo pauvre Poissonnier ayant gouverné avec un sifflet plus de cent mille bélitres durant huit jours, en fut abandonné, & perdit la tête pour s'être fait chef d'un peuple sans cervelle. Le Comte d'Essex ayant été reçû à Londres, comme le sauveur de cette grande ville, en fut abandonné deux heures après, pour être sacrifié à la justice de la Reine Elisabeth. M. de Château-Neuf périt en Provence, Jean van Neupied en Normandie, & plusieurs autres sont péris en divers tems, & en divers pays, pour le même sujet. De sorte qu'un homme sage doit fuir comme la peste le gouvernement de ceux qui n'ont ni prudence, ni conduite pour se gouverner, & qui faisant toutes choses sans jugement, traînent par les rues ceux qu'ils ont adorés peu auparavant.

(23) *Le peuple étant doué de la raison en abuse en mille sortes, & devient le théâtre, où les Orateurs &c.* Les anciens qui bannirent les Orateurs de leurs Républiques, sçavoient le mal & le bien que l'éloquence peut causer au monde. Il n'y a point de filtre, ni plus dangereux quand on l'employe pour persuader le mal, ni plus utile quand c'est pour inspirer le bien en l'ame des hommes. L'on a vû des Généraux gagner des batailles, autant parce qu'ils pouvoient animer les soldats au combat par leurs discours, que parce qu'ils les sçavoient ranger en bataille, & leur servir d'exemple, quand la nécessité le requéroit. Plusieurs mutins ont aussi retiré les peuples de leur devoir ; & les exemples en sont si communs, qu'on pourroit se passer d'en apporter ici. Je dirai pourtant que Jean des Marets Avocat au Parlement de Paris, homme extrêmement éloquent, employa sa Rhétorique pour persuader au peuple l'obéissance en la présence du Roi ; & sous main il l'exhorta à la rébellion, & à joindre ses forces à cel-

les des Gandois avec tant d'effet, que le Roi Charles VI. fut obligé de punir les Parisiens avec une extrême sévérité. Plusieurs têtes furent tranchées, & entr'autres celle de Jean des Marets, qui par son éloquence avoit été tenu l'oracle des François. La ville de Paris fut privée de l'échevinage, des chaînes, des armes & de tous ses priviléges, jusqu'à ce que par la bonté de ce même Roi, elle fut rétablie en son ancienne dignité, à la priere de Philippe le Hardi Duc de Bourgogne. Quelque tems auparavant Charles Roi de Navarre, fils de Louis Comte d'Evreux, & de Jeanne de France fille du Roi Louis Hutin, Reine de Navarre, fit voir au monde, ce que l'ambition & l'éloquence peuvent opérer sur une populace inconstante. Ce Prince étant jaloux de l'honneur que le Roi Jean faisoit à Philippe de Castille Connétable de France, fit semblant de croire qu'il empêchoit que le Roi ne lui fit raison des prétentions qu'il avoit sur les Comtés de Champagne & de Brie, à cause de sa mere, & pour ce sujet il le fit tuer dans son lit à l'Aigle en Normandie. Cet homicide, dont un autre auroit eu honte, lui plût tellement, qu'il l'avoua au Roi Jean, & à plusieurs villes du Royaume de France. Peu après le Roi le fit prendre prisonnier; & il fut mené à Arras & donné en garde à Jean de Péquigni Gouverneur du pays. Sa prison dura dix-neuf mois, après quoi le Roi ayant été pris proche de Poitiers, les Parisiens eurent plus de soin de faire délivrer Charles de Navarre ennemi du Roi & du Royaume que le Roi même. Il revint donc à Paris, où son éloquence & son ambition ayant trouvé le peuple disposé à de mauvaises impressions, il mit le Royaume en un extrême danger. Il gagna tout le peuple de Paris, le Prevôt des Marchands, avec l'Université. Il fit assassiner en la présence du Dauphin Régent de France pendant la prison de son Pere, Jean de Conflans, & Robert de Clairmont Maréchaux de France. Il fit écrire à toutes les bonnes villes du Royaume, pour les prier de se joindre à celle de Paris, ce qu'elles refuserent absolument. Il contraignit le Dauphin de sortir de la ville capitale de l'Etat, sollicita le Roi d'Angleterre contre lui, & prit lui-même ouvertement les armes. Mais enfin sa malice & l'abus où il avoit porté la simplicité du peuple, tomba sur l'auteur de l'abus & des miseres. J'entends sur le même Charles de Navarre. Car il fut chassé de la ville. Le Prevôt des Marchands qui étoit son bras droit, fut traîné par les rues, les Anglois mis dehors par force, & le Dauphin reçû dans Paris avec grand honneur. L'on remarque aussi que ce Prince opéra plus par son éloquente sagesse sur le peuple Parisien, que par la force de ses armées contre le Navarrois, qui ayant fait beaucoup de mal à son Roi, à sa Patrie & à ses Successeurs, car il étoit du sang royal des côtés de pere & de mere, rentra en grace lorsque le Roi recouvra sa liberté. Il y auroit moyen de donner quelques exemples de tous les autres corrupteurs du peuple dont M. Naudé parle ici, mais il n'est pas nécessaire, & tout ce qu'il dit ensuite visant à montrer que le peuple peut facilement être trompé, & qu'il se laisse persuader des choses tout-à-fait absurdes, je ne crois point qu'il ait besoin d'explication. Je passe donc à ce qui reste.

(24) *Il faut que les Princes s'étudient à le manier.* La prudence humaine a inventée cent expédiens, pour enseigner aux Princes le moyen de régner heureusement. Mais je n'en connois point de plus nécessaire que celui de ranger le peuple le plus capricieux à la raison. C'est la chose du monde où les Souverains peuvent plus aisément se tromper, & où ils doivent user de plus de circonspection. Ce

que nous venons de dire en l'annotation immédiatement précédente montre clairement, que le peuple peut renverser les Etats, & ce que je vais dire me persuade, que les Princes prudens employent une partie de leur sagesse pour le ployer à leur volonté. Les Vénitiens, qui passent pour les plus habiles politiques de l'Europe, désirant d'empêcher que la simple populace de leur ville ne joignît ses forces contre le Magistrat, ont trouvé le moyen de diviser son esprit & sa volonté, de même que le grand canal divise leur ville; & afin qu'il y ait toujours quelque jalousie, ils font battre le quartier de Castello contre celui de Saint Marc, à coups de poing, une ou plusieurs fois toutes les années. Et les Nobles qui voyent le combat les y animent, avec autant d'éloquence & de zéle, que s'il s'agissoit de gagner une forteresse très-importante à leur République. Les Ducs de Guise & du Maine, ayant envie de mettre une riche couronne sur leur tête, gagnerent des Prédicateurs, qui sous prétexte de l'extirpation de l'hérésie arracherent du cœur des sujets l'ardent désir que les François ont toujours eu de servir & d'obéir à leurs Rois légitimes. Et par ce moyen, ils mirent l'Etat en danger de changer de maître. Cromwel en usa avec plus de succès, car ayant gagné quelques Orateurs, il détrôna son Roi, se mit en sa place; & n'osant pas prendre un nom qu'il vouloit rendre odieux, il tyrannisa sa patrie sous celui de Protecteur par le moyen de la populace. Tous les ambitieux en font de même; & j'estime que c'est pour cela, que les Papes se sont opiniâtrés dans le dessein, qu'ils avoient conçû d'ôter aux Souverains le droit de conférer les grands bénéfices de leur Etat; ceux-ci se sont roidis à le conserver, sçachant combien il importe que les Pasteurs & Prédicateurs soient obligés à leurs Princes.

(25) *Faisant faire des livres clandestins artistement composés, pour le mener par le nez.* Il n'y a point de doute, que les prédications séditieuses ne puissent détourner les hommes de leurs devoirs. Mais il me semble que la lecture des livres composés à ce dessein, operent plus efficacement à cette fin malheureuse. Pour cette cause les ambitieux font faire des livres sur les justes prétentions qu'ils disent avoir sur les terres d'autrui, & s'ils ne persuadent les habiles hommes, au moins ébranlent-ils les ignorans. Lorsque les plus grands Princes de l'Europe conjurerent la ruine des Vénitiens, ils publierent le

droit

droit qu'ils avoient de les attaquer. Et Paul V. désirant d'amoindrir leurs priviléges, fit faire le Scrutin qui s'efforçoit de montrer au monde, que cette République étoit fort nouvelle, & que l'Europe avoit sujet de croire qu'elle s'étoit accrûe aux dépens d'autrui. Les Suédois voulant aller en Pologne pour la conquerir, trouverent une plume vénale qui assura qu'ils avoient juste sujet de l'attaquer, & qu'elle leur appartenoit. L'Anglois dont les prétentions sur la France ont toujours été fondées sur le sable mouvant, tâcha de faire accroire à toute l'Europe, qu'il avoit raison de la prétendre, & que le possesseur lui faisoit grand tort. Le Duc de Guise ayant envie de s'asseoir sur le trône de France, fit voir un livre qui le tiroit de Charlemagne, afin que la simple populace crût que les Capétiens lui avoient fait tort, & que ce grand Royaume appartenoit à sa Maison. L'on en voit d'autres qui ont des prétentions fondées sur quelques espèces de justice ; & en nos jours, le Roi très-Chrétien a fait voir à tous les Princes de l'Europe par un manifeste, qu'une grande partie des Pays-Bas lui appartenoit, comme un héritage dévolu à la Reine son épouse, par la mort de la Reine sa mere, & du Prince d'Espagne son frere aîné. L'on avoit vû quelque tems auparavant des écrits, qui lui adjugeoient presque toute l'Europe; & peu de mois après l'on vit l'ouvrage d'un Avocat, qui lui attribue l'Empire Germanique. Ces écrits font souvent peu d'effet, parce que les armes ne les suivent pas de près. Mais si le dessein qu'on a de conquérir les terres voisines réussissoit, ces livres auroient déja tâché de prouver, qu'ils avoient raison de prendre ce qui leur appartenoit. Je crois néanmoins que M. Naudé parle des livres que chaque Prince fait pour éblouir ses sujets, & non pas de ceux qu'on fait courir parmi les Etrangers, pour leur faire sçavoir que leur Prince possede ses Etats avec peu de justice.

(26) *Il n'y a que deux moyens de retenir les hommes en leur devoir, la rigueur des supplices, & la crainte des Dieux.* Les crimes étant de deux sortes, il falloit nécessairement avoir deux moyens de les empêcher. C'est pour cela que les Législateurs ayant fait des loix qui punissoient sévérement les crimes manifestes, ils firent appréhender aux coupables la justice des Dieux, à l'endroit de ceux qui en commettent d'occultes. J'entends ici les payens qui craignoient plus leurs Dieux, qu'ils ne les aimoient. Il en est autrement

des Chrétiens, qui seroient indignes de ce nom, s'ils avoient pour le vrai Dieu une crainte servile. La filiale leur sied beaucoup mieux, parce qu'étant accompagnée d'amour, elle fléchit doucement les volontés humaines à ce qui est juste & à tout ce que Dieu nous a ordonné de faire. Au reste nous aimons Dieu, d'un amour plein de respect & de crainte, non pas tant pour éviter les peines qu'il a préparées en enfer aux infideles, que pour acquerir les biens qu'il a préparés au ciel à ceux qui l'aiment. J'oserai même passer plus avant, & dirai qu'un homme de bien craindroit Dieu, quand même il n'y auroit point d'enfer ni de Paradis, parce qu'il est juste d'aimer celui qui nous a donné l'être, & de craindre respectueusement celui qui a le pouvoir de nous détruire. Mais pour dire quelque chose sur les paroles de notre Auteur, j'estime que l'amour de la vertu retient plûtôt les hommes d'honneur dans leur devoir, que la crainte des supplices en ce qui concerne les péchés manifestes; & que les occultes tourmentent tellement les consciences un peu tendres, que ceux qui les ont commis, ne se peuvent presque point résoudre à vivre. L'on a vû des personnes, qui ne voulant pas laisser impuni un grand crime caché, l'ont manifesté eux-mêmes pour en recevoir le salaire en cette vie. Et Bodin nous a laissé par écrit, qu'en Anjou un pere ayant tué par malheur un de ses enfans, ne le voulut point survivre, & se pendit soi-même, bien que personne ne sçût qu'il avoit commis ce crime. En quoi l'on peut juger du pouvoir de la syndérese.

(17) *Il n'y a rien qui domine avec plus de violence les esprits des hommes, que la crainte des Dieux.* Il y a peu de choses au monde, plus différentes que les opinions des hommes sur le fait de la Religion ; & toutefois il n'y en a point qui porte les esprits à de plus grands excès. Je ne parle pas seulement de celles qui ont leur fondement dans la révélation divine quoique mal entendue, comme celles que nous voyons parmi les chrétiens : mais de celles aussi que M. Naudé méprise ici, & qui ne sont fondées que sur la folle imagination de quelque imposteur. Les Turcs, dont l'Alcoran n'est que folie, ont persévéré plus de mille ans dans une impiété exécrable, & souffrent encore la mort avec joie, lorsqu'il est nécessaire de soutenir, que la doctrine de Christ est erronée, ou que la secte d'Ali est pire que a leur. Entre nous l'on a brûlé plusieurs

personnes, & réduit en cendres quantité de belles villes, parce que les uns expliquoient quelques passages de l'Ecriture Sainte autrement que les autres, & l'on en trouve encore qui souffriroient autant que Sancerre & que la Rochelle, pour persévérer dans la même doctrine. Manger & ne manger point de viande en certains jours, cause une haine immortelle entre des personnes de même pays, de même ville, de même maison. Et même a obligé le pere de faire la guerre au fils, & le fils au pere. Enfin la crainte de Dieu, ou bien ou mal fondée, porte les hommes à des excès incroyables. Un Espagnol vint de Rome à Neubourg pour tuer son frere, parce qu'il avoit une opinion différente à la sienne en matiere de croyance. Un Anglois s'habilla richement, pour pouvoir approcher d'un Evêque qui disoit la messe en la présence du Roi de Portugal à Lisbone, prit l'hostie de la main du Prêtre en l'élévation, & la foula aux pieds, par un zéle indiscret, & par une haine mortelle contre les Mysteres de la Religion Catholique. L'on a vû des Juifs en Portugal, qui faisant semblant d'adorer Dieu en l'Eucharistie, lui faisoient la nique, en se moquant de ce que l'Eglise Romaine a de plus sacré. Les François qui ont toujours eu la réputation d'être humains & charitables, devinrent autant de Tigres, & s'égorgerent les uns les autres, durant plus de cinquante ans, seulement parce que le uns croyent que le Pape est chef de l'Eglise militante, & les autres, qu'il étoit l'Antechrist. Le Duc d'Albe fit mourir dix-huit mille Flamans par la main du bourreau, seulement parce qu'ils suivoient la doctrine de Luther ou de Calvin. Et l'Inquisition toute sévére qu'elle est, ne peut point empêcher, qu'il n'y ait encore beaucoup de Juifs & de Marans en Castille & en Portugal.

(28) *Pour ce qui est de la Monastique nous avons l'exemple en Saint Jerôme, de ces vieux Moines de la Thébaïde.* Plusieurs images qu'on voit de Saint Antoine l'Hermite, le représentent combattant des esprits malins ; mais je ne crois pas qu'il ait dit adieu au monde, & vécu long-tems dans une solitude, pour acquerir la gloire de s'être battu contre les démons. Ce seroit mal renoncer au monde, que d'en chercher l'approbation par une telle vanité, & de vouloir acquerir des aumônes par la réputation des combats spirituels, que l'on a journellement avec les diables. Pour moi, j'aime mieux croire qu'en cela, il n'y a eu aucun coup d'Etat, ni aucun

trait de politique ; mais que véritablement les esprits infernaux qui ont osé tenter leur propre maître, lorsqu'il étoit dans la solitude, attaquent ces pauvres solitaires, & tâchent de les plonger dans le vice, pour les détourner de la voie du salut éternel. Car enfin, ce seroit acheter trop cher un peu de vanité ou un peu de bien, que de s'éloigner des villes, & vivre dans la misére durant plusieurs années, comme faisoient autrefois quelques Anacoretes, dont la vie étoit une continuelle mort, ou une étude de bien mourir, par la contemplation des vanités du monde.

(29) *Les visions supposées des Jacobins de Berne, & les fausses apparitions des Cordeliers d'Orleans.* Tous les Moines tirent l'eau à leur moulin, & ou de bond ou de volée, ils ont dequoi faire bonne chere, quand même les plus aisés Bourgeois sont dans la nécessité. Un honnête homme, qui avoit été trente ans Moine, m'a dit plusieurs fois, que les Quêteurs des Ordres Mendians, même les plus austeres, ont milles petites inventions pour obliger le peuple Catholique à contribuer à leur entretien. Il me dit, entr'autres choses de plus grande importance, & que tout le monde ne doit pas sçavoir, que quand ils sont à la quête

par les Villages, ils donnent des œufs aux uns, pour en avoir des poulets quelques mois après, aux autres des petits poulets, pour en avoir des gros dans douze ou quinze jours ; & qu'enfin leur cuisine n'est jamais vuide. Tout cela ne mérite point de blâme, parce que la nature nous enseigne de songer à notre conservation. Mais les excès devroient être bannis des maisons, qui ne subsistent que par la charité du peuple. L'on voit pourtant des Moines Mendians, qui font ordinairement meilleure chere que les plus riches Bénédictins. Je leur laisse pourtant le soin de répondre à Dieu de leurs actions, & serois marri de les offenser, parce que parmi eux il y a de très-honnêtes gens, & des personnes que j'estime pour leur probité.

(30) *Tous les Législateurs & politiques, ont persuadé à leurs peuples d'avoir la communication des Dieux.* M. Naudé parlant des Législateurs, n'entend parler que des plus célébres Payens, autrement il seroit aisé de lui faire voir qu'il s'est trompé. L'Empereur Justinien, qui fit mettre en un corps, les Loix qu'on observe encore en une grande partie de l'Europe. Charles IV. qui dressa la Bulle d'Or, qui est la Loi fondamentale de l'Empire

l'Empire d'aujourd'hui. Pharamond Roi des François, qui fit la Loi Salique, qui a conservé la France durant plusieurs siécles. Hugues Capet, qui fit celle des appanages des fils de France, qui la conservant en paix en empêche la désolation. Alphonse VI. qui fit les plus considérables qu'on ait en Espagne, & Gustave I. Roi de Suede, qui a fait les Loix fondamentales de son Etat, n'ont jamais assuré qu'ils communiquoient avec les Dieux. Les politiques ont encore moins eu ces folles pensées, ou il y en a eu extrêmement peu. Je ne parle ici ni de ceux qui nous ont voulu enseigner cette belle connoissance par leurs écrits, ni de ceux qui ont administré des Etats aux siécles passés. Je ne considére que ceux de notre tems, & ni ceux qui sont morts depuis peu, ni ceux qui vivent encore, n'ont eu soin de persuader au peuple, que Dieu leur communiquoit immédiatement les desseins qu'ils avoient de conserver, & d'aggrandir les Etats de leurs Maîtres. Les Cardinaux de Richelieu & Mazarin, Jacques Butler Duc d'Ormond, Axel Oxenstiern grand Chancelier de Suede, le Duc Ossolinsky Chancelier de Pologne. Dom Gaspar de Gusman, & Dom Louis de Haro premiers Ministres d'Espagne. Chris-

Tome II. M

tophle Forstner Chancelier de Montbeliard, Christian Comte de Rantzau chef du Conseil de Dannemarc, & plusieurs autres, qui ont passé pour des politiques admirables, ont aussi puisé de leurs têtes, & non pas de celle des Dieux, les conseils, qu'ils ont donnés à leurs Princes. Ceux qui vivent encore font la même chose. Venceslas Prince de Lobkovitz, Duc de Sagan, Constantin Huguens Seigneur de Zulchem, Gui Louis de Sekendorf, Christophe de Manteuffel, Seigneur d'Arnhausen, & plusieurs autres qui sont, ou le cœur, ou le bras droit de leurs Maîtres, les servent avec beaucoup de succès, & sans avoir recours à aucune superstition méritent de briller dans l'histoire, aussi bien que les plus excellens des anciens. Tellement qu'il est manifestement faux, que tous les politiques ayent persuadé aux peuples qu'ils communiquoient avec les Dieux, encore que l'histoire nous apprenne que quelques insolens ont eu dessein de le faire accroire.

(31) *Le Sophi Ismael ayant introduit une nouvelle secte en la Religion de Mahomet, il usurpa ensuite l'Empire de Perse.* Il n'y a rien qui infatue plus aisément le menu peuple, que le zéle ou véritable ou apparent, que les ambitieux ont pour

la Religion. Les Espagnols ont porté leur Monarchie sur le plus haut faîte de la grandeur, par le zéle qu'ils ont témoigné à la Religion Catholique. Gustave I. Roi de Suede affermit sur le Trône sa personne & sa postérité, en introduisant la Réforme de Luther en ses Etats. Fridéric I. fit la même chose en Dannemarc, après en avoir chassé le Tyran Christierne; & Elisabeth Reine d'Angleterre acquit une extrême autorité en son Royaume, & une grande vénération parmi ses voisins, parce qu'elle se déclara protectrice de ceux qui avoient embrassé, & de ceux qui embrassoient tous les jours l'opinion de Calvin. Les siécles plus reculés, nous ont appris la même chose. Pepin Maire du Palais de France, n'auroit pas osé enfermer son Maître dans un Monastere, s'il n'eut acquis l'amitié du Pape Zacharie, par la défense qu'il avoit prise de l'Eglise Romaine. Alphonse fils d'Henri de Bourgogne, ou de Lorraine, se fit Roi de Portugal, en disant qu'il avoit vû un Crucifix, qui promettoit la faveur du Ciel à lui & à sa postérité, pour plusieurs siécles à venir. Et le Sophi Ismael descendant d'Ali, gendre & cousin du faux Prophéte Mahomet, & de plus près de Cheque Sophi, qui étoit tenu pour saint, parmi les peuples de sa secte, se saisit du Royaume de Perse, comme nous allons voir. Tamerlan retournant victorieux de Turquie, emmena quantité de prisonniers à dessein de les faire mourir. Cheque Sophi, qui étoit en grande estime auprès de Tamerlan, le sçût, & le pria de leur pardonner; & obtint non-seulement leur vie, mais aussi leur liberté. Alors Cheque les renvoya chez eux, & cette action lui acquit l'amour & le respect de plusieurs peuples; cet amour passa en héritage à la postérité de Cheque. Tellement que Sultan Juveid grand pere d'Ismael Sophi, donna de la jalousie à son Prince, qui le contraignit de sortir d'Ardebil, où Sciah, où Cheque Sophi, & plusieurs de ses successeurs ont leur sépulture, enrichie de lames d'or & de quelques pierreries. Alors il s'en alla à Diarbek, où il se maria avec Kadija Katun sœur du Roi, & en eut Aydar pere de notre Ismael Ce Prince qui perdit son pere & sa liberté, étant encore enfant, fut relâché peu après, & en l'âge de quatorze ans, il gagna une bataille qui le fit Roi de Perse, l'an 1501. Ce Prince étant monté sur le Trône, il ordonna à ses sujets de porter un turban rouge, à douze bandes, en mémoire des douze fils d'Ocem, fils d'Aly, gendre de Mahomet, qui avoient une grande réputation de sainteté parmi les leurs. Ici l'on peut remarquer que la piété de Cheque Aly, quatriéme ou cinquiéme ayeul d'Ismael, contribua plus à sa grandeur que la sienne propre; & que ses descendans régnent encore en Perse, comme on le peut voir dans le voyage de Pietro della Vallé, qui loue le Roi Abbas, & dans Olearius, qui dit, que Sen Mirza, fils aîné du même Roi Abbas, laissa un fils, qui régnoit en Perse sous le nom de Sophi, lorsqu'il y fut envoyé par Fridéric Duc d'Holstein, pere de Christian Albert, qui régne aujourd'hui en ce pays-là.

(31) *Un Ismael Africain prit la même voye pour ravir le sceptre au Roi de Maroc son maître.* La force a fait en nos jours, ce que fit autrefois le zéle d'une fausse & feinte dévotion. Toute l'Europe a oui avec quelque admiration, que le Prince de Tafilette Seigneur Africain, qui n'avoit jamais fait tant de bruit, qu'il eut raisonné jusqu'à l'histoire de notre Europe, s'est rendu maître du Royaume de Maroc. L'on dit même qu'il a menacé ce que les Espagnols, les Portugais, & les Anglois ont sur les côtes d'Afrique, vers le détroit de Gilbraltar, & qu'il se rendoit tous les jours plus redoutable, jusqu'à ce qu'en-

fin il a cessé de vivre & de faire trembler l'Afrique, mais sans doute, s'il eut vécu, il auroit passé plus avant.

(32) *Pour cette raison Clovis accompagna sa conversion de tant de miracles.* S'il n'étoit plusieurs fois avenu que les grands hommes ont fait de grandes fautes, je n'oserois point parler de ce que M. Naudé nous dit ici. Car à dire vrai, je pense qu'il a tort de comparer à Clovis, Alexandre le Grand, & Vespasien, en matiere de miracles. Ces derniers étoient Payens, & ne peuvent avoir fait aucune action extraordinaire par de faux miracles, sinon pour tromper les hommes & acquérir de la réputation sans songer à la gloire de Dieu. Au contraire, il y a de l'impiété de présumer que Clovis ait forgé de faux miracles, & plus encore qu'il les ait faits, purement & simplement pour rendre sa personne plus considérable. Le titre de très-Chrétien qu'on lui donne, devoit avoir empêché que notre auteur ne proférât ces paroles. En un mot, ce qu'il dit de Clovis, & de Charles VII. semble choquer la piété de ces Rois ; & s'il y eut bien pris garde, il auroit épargné la Religion, les Rois très-Chrétiens, & l'Empereur Ferdinand II. parce que les politiques mêmes doivent parler avec beau-

coup de respect, non-seulement des têtes couronnées, mais aussi des actions qui regardent le culte divin.

(33) *La troisième a pour fondement les faux bruits, révélations & prophéties.* Je ne doute point que ceux qui ont persuadé aux Mahometans, que les François doivent détruire leur Empire, & obtenir sur eux de glorieuses victoires, n'ayent eu dessein de les épouvanter : mais jusqu'à présent, ils n'ont eu que la peur de toutes ces menaces prophétiques. J'espere que la prophétie de ceux qui nous assurent, que le Turc abreuvera ses chevaux dans le Rhin, avant qu'il fasse de notables pertes, sera aussi vaine que la précédente. J'ose toutefois assurer que les bigots, qui mettent au jour de semblables rêveries, font tort à la République Chrétienne. Ceux qui sont persuadés que Dieu a ordonné que les infidéles triomphent de l'Allemagne, ont peu d'envie d'opposer leurs épées au Cimetere du Turc; & croyant inévitable ce qui a été arrêté au conseil du Tout-puissant, cherchent plûtôt leur salut dans la fuite, que dans le combat. Il faudroit plûtôt écrire le contraire, & inspirer au cœur des hommes une ardeur martiale, & une assurance certaine que Dieu nous promet la vic-

toire, & qu'enfin l'ennemi commun des Chrétiens cessera de vaincre, & reculera un jour plus vîte qu'il ne s'étoit avancé.

(34) *Ce fut par le moyen de ces folles créances, que Ferdinand Cortez occupa le Mexique, & François Pisarre le Perou, &c.* Dieu ayant ordonné dans son conseil, d'avoir pitié des misérables Américains, & d'introduire chez eux la doctrine Chrétienne, plusieurs choses avinrent qui en faciliterent l'évenement. Entre ces choses les plus considérables furent, que les Rois de Mexique & du Perou, se rendirent maîtres de la plus grande partie de l'Amérique. Ensuite de cela, l'on vit une infinité de prodiges ; & entr'autres un animal qui avoit sur la tête une espece de miroir. Cet animal fut pris, & conduit au Roi Montezuma, qui vit dans ce miroir le Ciel & les étoiles en plein midi, & des gens armés, qui faisoient un grand carnage de ceux qui leur résistoient, puis cet animal disparut. Je serois trop long, si je voulois raconter tout ce qui avint à Montezuma; & pour venir à ce que M. Naudé touche ici, je dis, que les Mexicains croyoient qu'un bon Prince nommé Topilchin, les avoit abandonnés, & qu'il devoit retourner pour les consoler. Cortez donc étant arrivé à la côte de la nouvelle

Espagne, le bruit s'épandit parmi les habitans du pays, que leur Prince Topilchin étoit de retour. Pour cette cause, ils lui envoyerent des Ambassadeurs chargés de presens, qui l'assurerent que Montezuma lui envoyoit baiser les mains. Alors Cortez fit semblant d'être Topilchin, accepta les présens & les complimens, & croyant que l'occasion étoit favorable se rendit maître du pays. Pisarre n'eut pas moins de bonheur que Cortez, & sa fortune lui ouvrit l'entrée du Perou, par le moyen que je vais raconter. Guarnacapa, Roi de cette contrée, eut deux fils, sçavoir est Guarcar, & Attabalipa. Le premier qui étoit l'aîné, succéda à son pere, selon la coutume ; mais son frere lui fit la guerre, & le prit prisonnier. Cette prison fâcha tout le peuple, qui n'ayant pas assez de force pour le délivrer, fit un sacrifice solemnel à son Dieu Viracoca, le priant d'envoyer des gens du Ciel pour délivrer leur Roi, puisqu'ils ne le pouvoient pas faire eux-mêmes. Tandis qu'ils étoient dans l'espérance d'être exaucés, ils entendirent que des Etrangers étoient arrivés au Perou, & qu'ils avoient battu & fait prisonnier Attabalipa. Tellement qu'ils crurent que c'étoient des gens envoyés du Ciel, les reçurent avec joye, & les nommerent

Viracocas, du nom de la divinité qu'ils adoroient. Mais depuis ce tems-là, ils ont eu sujet de changer d'opinion, parce que le joug Espagnol est moins doux, ou plus insupportable que celui de leur Dieu.

(35) *Les Alarbes venant à inonder le Royaume d'Espagne, l'on ne tint presque compte de les repousser.* Ce que M. Naudé nous dit ici, n'est pas indubitable. Il donne la conduite des Alarbes, ou Sarasins à Julien Comte de Septa, en quoi il pourroit bien s'être trompé. Nous avons dit ci-devant, que les folles amours du Roi Rodrigue, lui firent oublier son devoir, qu'il deshonora Cava, fille de ce Comte, & que le Comte se voulant venger donna à Abderame, Roi de Mauritanie, Lieutenant Général d'Almançor, le moyen d'entrer en Espagne, où il fit des progrès merveilleux. Mais je ne crois pas qu'on puisse assurer, que les Alarbes vinrent en Espagne, sous la conduite de ce Comte. Leur Roi venoit pour commander, & non pas pour obéïr; & l'on ne vit jamais un Comte Etranger commander, où un Roi se trouve en personne dans son armée. Pour ce qu'il dit, *qu'on ne tint presque compte de repousser les Sarasins, parce qu'on avoit vû quelque tems auparavant leurs faces dépeintes, sur une*

toile qui fut trouvée dans un vieux Château proche de Tolède, je ne doute point de ce prodige. Les Espagnols en parlent encore, & attribuent leur défaite à la disposition du Ciel. Je n'oserois toutefois pas dire qu'ils ne se défendirent presque point, puisque leur Roi périt au combat, & l'Espagne en demeura presque déserte. Bien est-il vrai, que les hommes qui sont persuadés de quelque fatalité, deviennent plus lâches que des femmes ; & il arrive souvent que Dieu punit tout un peuple, pour les péchés du Prince, comme il avint en cette rencontre. Si l'on n'aime mieux dire que le peuple d'Espagne avoit attiré sur soi l'ire de Dieu, pour avoir embrassé l'hérésie d'Arrius qui nioit la divinité de Christ.

(36) *Sans ces prédictions, Mahomet II. n'auroit pas si facilement pris la ville de Constantinople.* J'ai déja avoué qu'un peuple persuadé, que c'est la volonté de Dieu qu'il change de maître, se défend lâchement. Mais aussi ne me sçauroit-on pas nier que les derniers Empereurs de Constantinople, ne se fussent rendus indignes de régner par leurs infâmes déportemens. Les Paleologues, qui dépossédérent les François de l'Empire Oriental, où ils avoient régné près de soixante ans sous

Baudouin & Henri Comtes de Flandre, & sous Pierre Robert, & Baudouin de Courtenai, Comtes d'Auxerre, appellerent le Turc à leur secours. Et Jean Paleologue leur donna habitation en Europe, l'an 1357. Tellement qu'on peut dire, que les Princes ont autant contribué à leur ruine, que les prédictions qu'on pouvoit avoir faites de la destruction de leur Etat. Mais enfin quand les Empires doivent changer de maître toutes choses y contribuent. La paillardise, la cruauté, l'injustice, la lâcheté, l'imprudence, abbatent le trône des Rois. Et il ne semble pas injuste, que ceux qui se fient plus à un étranger, à un infidele, à un ambitieux ennemi, qu'à leurs sujets, deviennent la proie de ceux qu'ils ont trop favorisés contre toute justice. Car il ne sert de rien de dire qu'on a besoin d'étrangers, pour défendre un grand Etat, puisque tous ceux qui ont beaucoup de sujets, peuvent avoir beaucoup de soldats, s'ils veulent prendre la peine de les aguerrir. D'ailleurs Constantinople qui avoit soutenu un siége de huit ans, contre Bajazet Sultan de Turquie, se pouvoit passer des Turcs, & se défendre contre tous ses autres ennemis, si les Empereurs eussent voulu faire leur devoir. Mais il falloit que la ville capitale de l'Empire, qui avoit reçû son nom de Constantin fils d'Helene, passât en d'autres mains, sous un autre Constantin fils d'une autre Helene.

(37) *Ascosta Cité de l'Isle Magna contenoit cinq lieues de tour, cinquante mille feux, & rendoit au Sophi quinze millions six cens mille écus chaque année de rente assurée.* J'ai songé plusieurs fois à ce que M. Naudé nous dit ici, sur le rapport de Garcias ab Horto, & jamais je n'ai pû me persuader, que le Roi de Perse, qui n'a aucune force maritime, & dont le Royaume n'aboutit qu'à la mer Caspienne, qui n'est presque point navigable, & au détroit de Perse dont il n'a jamais été maître, puisse avoir une Isle, & en cette Isle une place aussi grande que Paris, & qui rapporte à son Prince autant ou plus que le Roi de France ne retire des tailles de son Royaume. Je ne sçai pas si je me trompe, mais si cela est, je ne me détromperai jamais, que quelque habile homme ne m'ait fait voir qu'il est possible d'avoir une si grande, si riche, & si puissante ville dans un petit pays, & que chaque feu d'une ville puisse contribuer trois cens douze écus par an à son Souverain. Je sçai qu'Abbas Roi de Perse, se rendit maître de Kesem, de Cambu, & enfin d'Ormuz, par le moyen des Anglois, qui lui fourni-

rent des Navires de guerre l'an 1622. Je sçais aussi que Paris fournit à son Roi des sommes immenses, que c'est la retraite de tous les honnêtes hommes de France, que l'argent de tout ce vaste Royaume y va, & qu'il entre presque tout dans les coffres du Roi une fois l'an. Mais je ne crois pas qu'il ait jamais fourni à Sa Majesté quarante-sept millions de livres dans une année : & s'il le vouloit faire une fois, il lui seroit impossible de continuer. La ville se dépeupleroit, & ce petit monde deviendroit un désert. Tellement qu'à mon avis, Garcias ab Horto a besoin de caution, en ce qu'il dit d'Ascosta, parce que ceux qui parlent du Sophi, & de son Etat, assurent qu'il est véritablement absolu en une partie de son Royaume. Mais que le reste a ses Princes particuliers, qui portent le nom de Cham, de Sultan, & même de Roi, & lui fournissent peu d'argent. De sorte qu'on se peut à peine persuader qu'il ait autant de revenu en tout, que la ville d'Ascosta lui en fournissoit au dire de ce Médecin Portugais.

(38) *Mais celui d'avoir des Prédicateurs est encore plus court, & plus assuré.* La France expérimenta au tems d'Henri III. & d'Henri IV. le mal que peuvent faire les Prédicateurs, lorsqu'ils veulent

seconder les desseins ambitieux de ceux qui songent à détrôner leurs maîtres. Un certain petit Fueillant, un petit Carme, Boucher, Rose, Vincestre, & quelqu'autres, remplirent Paris d'un zéle indiscret, & d'une si furieuse passion contre leur Souverain, qu'il n'y avoit point de misere au monde que les Parisiens ne voulussent endurer, plûtôt que d'obéir au Prince, que l'ordre de la succession, la loi de l'État, & la volonté du Ciel leur avoit donné. Ce furent ces clabaudeurs qui animerent si fort Jacques Clement, qu'il perdit volontiers sa vie, pour ôter le Roi Henri III. du monde; & Jean Chastel, Pierre Barriere, & plusieurs autres, pour attenter à celle de celui qui n'avoit rien de plus cher en cette vie, que le bonheur de son peuple. Ce fut pour ces bons offices que Philippe II. Roi d'Espagne, donna au petit Fueillant l'Abbaye d'Orval, qui est une des plus riches & des plus belles du pays de Luxembourg. L'on en a vû une infinité d'autres; & les hommes de bien souhaitent de n'en voir jamais plus, & seront toujours ravis que les Ecclésiastiques fassent bien leur devoir, & qu'ils prêchent au peuple l'obéïssance qu'il doit à son Souverain.

(39) *Les anciens Gaulois eurent rai-*

son de représenter Hercule, avec beaucoup de petites chaînes qui sortoient de sa bouche. Tout ce que l'on a dit de l'Hercule Thebain, peut être appliqué au véritable Hercule Gaulois Henri de Bourbon. Mais parce que je serois trop long & trop ennuyeux, si j'en voulois faire le paralelle, je dirai seulement que le Gaulois a surpassé le Thebain, en valeur, en bonté, en éloquence, en amour du bien public, & en clémence. Son enfance, sa jeunesse, sa virilité, & sa vieillesse furent merveilleuses, & jamais Prince n'eut ni tant de peine ni tant de gloire que lui. Il nâquit à Pau, & passa son enfance à Corasse en Bearn, entre les rochers, & en l'âge de quatre ans, ayant rencontré un serpent, il le tua. Peu après il fut conduit à la Cour de France, où l'on admira sa gentillesse. Mais la Reine sa mere, qui craignoit que son ame n'y humât le poison des vices, l'en retira, & en l'âge de seize ans, elle le dévoua à la défense du parti Huguenot, alors abbatu par la perte de quatre batailles. Sa présence releva ce parti, mais ce fut là que ses travaux commencerent, & l'accompagnerent jusqu'à l'âge de quarante cinq ans. Pendant ce tems-là, il défit plus de monstres, que les Poëtes n'en ont attribué à leur Hercule. Tous les jours il avoit de nouveaux

nouveaux ennemis à vaincre, & tous les jours il obtenoit de nouvelles victoires. Les nôces funestes qu'il célébra avec Marguerite de Valois, sœur du Roi Charles IX. commencerent par le trépas de Jeanne, Reine de Navarre sa mere, furent suivies du massacre de ses meilleurs amis, & de la perte de sa liberté. Pendant sa détention qui dura plus de deux ans, il eut à vaincre l'humeur bouillante d'un Roi furieux, les ruses Italiennes d'une Megere, la légereté d'une femme impudique, & les artifices d'une faction qui desiroit de le perdre. Enfin il obtint la liberté pour entrer en une autre servitude. J'appelle servitude le commandement des troupes Huguenotes, parce qu'étant le chef des Réformés, il n'en étoit pas le maître, & parce qu'il étoit contraint d'agir contre sa volonté. Ce fut là qu'il vit fondre sur ses bras, dix armées Royales dans quatre années. Mais le gain de la bataille de Coutras, qui le fit craindre à ceux qui ne le vouloient point aimer, lui donna le moyen de vivre quelque tems chez lui. Cependant il voyoit la Couronne qui lui alloit appartenir, en danger de tomber sur une tête étrangere, lorsque la résolution de son prédécesseur le mit dans la nécessité de recourir à lui pour le défendre de celui qui avoit succedé à l'ambition du Duc de Guise. En ce tems-là, il retourna à la Cour, sauva le Roi, & le mit en état de rentrer dans Paris. Mais un jeune Moine désespéré lui ôta la vie, & le moyen de triompher. Voici donc Henri de Bourbon en passe de monter sur le Trône, toutefois les difficultés d'y parvenir étoient si grandes, que tout autre que lui auroit perdu l'espérance de les surmonter. Il le fit pourtant par le gain de trois batailles rangées, par le choc de trente-cinq armées, par cent quarante combats où il fut en personne, & par la prise de trois cens places. Ce que je viens de dire fait voir suffisamment, qu'aucun Hercule n'a égalé Henri le Grand en valeur. Son éloquence a paru en toutes les occasions où il a tenu les Etats, & en plusieurs autres. Mais plus clairement lorsqu'il persuada au Parlement de Paris que l'Edit qu'il avoit fait à Nantes, étoit nécessaire au repos de son Royaume & au bien de son peuple. L'on vit aussi briller sa bonté & l'amour qu'il avoit pour ses sujets, en ce que pour ne perdre pas Paris, il ne le prit pas lorsqu'il l'assiégea, & en ce qu'il soupiroit toutes les fois qu'il étoit obligé de retirer de l'argent du peuple. Pour sa clémence, elle a été tout-à-fait extraordinaire, & à peine les siécles à venir croiront-ils qu'un Roi, qui a eu tous les Catholiques de l'Europe pour ennemis, toutes les villes de son Royaume contraires à ses desseins, presque tous ses peuples rebelles, presque tous les Grands de l'Etat Espagnolisés, pardonna néanmoins à tous sans aucune exception, & fit du bien à ceux qui avoient procuré sa ruine de tout leur pouvoir. Après ces victoires obtenues sur ses ennemis & sur lui-même, il régna glorieusement, & fut l'arbitre de la Chrétienté durant quelques années, & l'auroit été beaucoup plus long-tems, si un diable incarné n'eut coupé le filet de la plus belle, de la plus utile, & de la plus glorieuse vie qui fût jamais.

(40) *Philippe Roi de Macédoine ne se soucioit point de combattre ouvertement contre les Athéniens.* Deux autres Philippes en userent de même à l'endroit des François. Philippe le Prudent Roi d'Espagne voyant le beau jeu que lui donnoit la minorité de François II. & de Charles IX. ses beaux-freres, l'ambition du Duc de Guise, & le mécontentement des Princes de la Maison Royale de France, voulut employer la prudence au lieu de la force. Celle-ci auroit fait tort à sa réputa-

tion, & choquant la plus plausible maxime de son intérêt auroit mis des obstacles à sa grandeur. Celle-là au contraire, lui donna le moyen de conserver ses Etats en repos, & sans coup férir pensa assujettir le premier Royaume de la Chrétienté. Faisant donc valoir l'alliance qu'il avoit avec les Rois Très-Chrétiens, il se déclara protecteur de ceux qui les gouvernoient pendant leur minorité, acquit les principaux Conseillers de leur Etat, & obtint de la Régence qu'on ne feroit rien qui ne lui agréât. Par ce moyen Philippe eut part au massacre de la Saint Barthelemy, fit attaquer les villes qui avoient été données aux Huguenots pour leur sûreté, divisa toute la France en partis, & banda tellement les François les uns contre les autres, que souvent le pere faisoit la guerre au fils, & le fils au pere. Il offrit même au Roi de Navarre, premier Prince du Sang, cinquante mille écus par mois, afin qu'il eut plus de moyen de résister aux Catholiques, croyant affoiblir les deux partis, & par cette voye se délivrer de tous les obstacles qui l'empêchoient de s'emparer de l'Etat. Enfin le même Roi de Navarre parvint à la Couronne de France, & alors Philippe qui ne pouvoit plus régner dans le Conseil des

François, déploya tous les artifices que la prudence humaine lui put suggérer, mais sa peine fut inutile. Il laissa toutefois ses maximes à son fils qui en usa opportunement, après la mort d'Henri le Grand. Alors Philippe III. s'insinua dans l'ame & dans le Conseil de Marie de Médicis Régente de France, & disposa tellement les affaires de Paris, qu'il n'y étoit pas moins absolu qu'à Madrid ; tandis que le Roi Louis XIII. fut Mineur, ni la Reine, ni son Conseil n'osoient rien entreprendre qui pût déplaire au Roi Catholique des Espagnes. De sorte que ces Philippes n'étoient pas moins politiques que celui de Macédoine, & les François ne se laissoient pas moins mener par le bec que les Athéniens. Depuis ce tems-là, la chance s'est tournée, & le Cardinal de Richelieu se vantoit en son vivant, d'avoir le même pouvoir à Madrid, que le Conseil de Madrid avoit eu auparavant à Paris. Pour moi je le crois, car Henri Rusé d'Effiat Marquis de Cinq-Mars, ayant envoyé secrettement Fontrailles à la Cour d'Espagne pour des affaires d'importance, le Cardinal sçût plutôt que celui qui l'avoit envoyé, qu'il y étoit arrivé, qu'il avoit traité avec le Comte Duc d'Olivarez, & qu'on avoit conclu une ligue contre le Roi son maître,

& il fit périr un des entrepreneurs, & dispersa tous les autres.

(41) *La Croisade entreprise par Godefroi de Bouillon fut persuadée par les prédications de Pierre l'Hermite.* Pendant le régne de Philippe I. Roi de France, lorsque Guillaume le Bâtard Duc de Normandie se fit Roi d'Angleterre, & que les Papes tâchoient de soumettre les Empereurs de Germanie, un Gentilhomme Provençal nommé Pierre l'Hermite, voyageoit par l'Orient. Cet homme de bien voyant que les Chrétiens y étoient maltraités des Mahométans, s'imagina que la Chrétienté les pourroit délivrer de cette servitude, & remettre le culte divin aux contrées que Christ avoit honorées de sa présence, lorsqu'il conversoit parmi les hommes en chair humaine. Il communiqua donc cette affaire à Simeon Patriarche de Jérusalem, & ils résolurent que Pierre reviendroit en Europe pour solliciter la délivrance de la Terre Sainte. Ce dessein réussit, car Pierre persuada le Pape Urbain II. & celui-ci convoqua un Concile à Clermont en Auvergne, où il fit résoudre les Chrétiens à une œuvre si importante. Le premier qui se voua à ce voyage fut Godefroi de Bouillon fils d'Eustache Comte de Bologne sur la mer,

Duc de Lorraine par l'héritage que Godefroi le Boſſu ſon oncle lui avoit laiſſé. Pluſieurs grands Princes ſuivirent l'exemple de Godefroi de Bouillon, vendirent ou engagerent leurs biens pour fournir aux frais qu'il falloit faire, & avec une armée que quelques-uns font monter à ſix cens mille hommes, & d'autres ſeulement à cent mille, ils ſe mirent à la voile partagés en trois Eſcadres le premier jour d'Avril 1096. Et encore que les Eſpagnols n'y euſſent envoyé perſonne, parce qu'ils avoient un puiſſant ennemi chez eux. Et les Allemans & les Italiens fort peu, parce que le Pape ſongeoit à ruiner l'Empereur Henri IV. & celui-ci à ſe défendre, ils firent pourtant des progrès très-conſidérables, ainſi qu'on peut voir dans l'hiſtoire. Mais la choſe parlant d'elle-même, je crois que Pierre employa peu d'éloquence pour perſuader le Pape, qui avoit envie de ſe ſervir de cette occaſion pour augmenter ſon autorité.

(42) *Comme la ſeconde par celles de Saint Bernard.* Il y avoit bien de la différence entre Saint Bernard, & Pierre l'Hermite. Ce dernier étoit pauvre Gentilhomme, & celui-là étoit Prince du Sang Royal de France, de la branche de Bourgogne, & proche parent d'Alphon-

se I. Roi de Portugal. Outre la condition de Saint Bernard qui le rendoit très-considérable, il étoit le plus éloquent personnage de son tems, & aussi grand Saint que grand Docteur & grand Prince. Tellement qu'on ne se doit pas étonner qu'il ait pû persuader aux Chrétiens ce qu'il désiroit. Il écrivoit au Pape Eugene III. comme à un de ses Moines, & Alphonse I. Roi de Portugal obligea son Royaume de payer quelques onces d'or annuellement à l'Abbaye de Cîteaux, croyant avoir obtenu toutes ses victoires par les prieres de ce grand homme.

(43) *Y eut-il jamais un meurtre plus méchant que celui de Louis Duc d'Orléans, fait l'an 1407. par le Duc de Bourgogne ?* La France a souffert des maux infinis, mais peu qui ayent égalé ceux que la mort de Louis Duc d'Orleans lui causa pendant les régnes des Rois Charles VI. & Charles VII. Pour bien entendre ceci il faut remarquer que le Roi Jean eut quatre fils, & que par une imprudence extrême, il donna au plus jeune le Duché de Bourgogne, qui le rendant Doyen des Pairs de France, lui donnoit sujet de disputer la préséance à ses freres aînés. Il avint donc que Philippe le Hardi

di Duc de Bourgogne, favorisé du Roi son pere & de sa bonne fortune, épousa Marguerite fille & héritiere de Louis III. Comte de Flandres. Cette Dame apporta à Philippe les Comtés de Flandres, de Bourgogne, d'Artois, de Nevers, & de Retel, après la mort de son pere : & les Duchés de Brabant, & de Limbourg, avec le Marquisat d'Anvers, après la mort de Jeanne sa tante maternelle, environ l'an 1366. De ce mariage nâquit Jean surnommé Sans-Peur, qui poussé d'une ardeur martiale voulut secourir les Chrétiens contre le Turc. Pour ce sujet, il alla en Hongrie avec mille Gentilshommes de ses sujets, & il eut le malheur de les perdre tous avec la liberté le 28. de Septembre 1396. Ce Prince étant prisonnier à Nicopolis, le Sultan Bajazet vouloit qu'il tint compagnie à la noblesse qu'il fit égorger barbarement & de sang froid. Mais un vieux Magicien lui ayant dit qu'il devoit prendre rançon de lui, & le renvoyer en France, parce qu'il sçavoit qu'il feroit plus de mal à la Chrétienté, que toutes les armées de sa Hautesse, il lui donna la vie & lui permit de s'en retourner. Jean étant de retour, & se voyant extrêmement puissant, & par le bien qu'il avoit hérité de son pere & de sa mere, &

par ceux qu'il avoit acquis, en époufant l'héritiere de Hollande & de Frife, il ne voulut plus fouffrir ni de fupérieur ni d'égal. Ne pouvant donc pas voir le Duc d'Orleans fon coufin germain, qui lui difputoit le pas & qui le devoit précéder, il le fit tuer dans les rues de Paris, & ofa infulter aux héritiers & braver la juftice avouant le fait, & faifant prêcher Maître Jean Petit en fa faveur. Les Pupiles firent néanmoins pitié aux plus confcientieux, & le Dauphin Charles qui fut par après Roi, fit tuer le même Jean Duc de Bourgogne, fur le Pont de Montereau. Alors la prédiction du Turc Magicien fut vérifiée, car Philippe le Bon, fils du Duc Jean, unit fes forces à celles des Anglois contre la France, & ayant fait répandre des fleuves de fang, il mit fa Patrie au plus miférable état où elle ait jamais été.

(44) *Ce grand homme de bien Jean Gerfon entreprit leur défenfe*. Jean Gerfon Chancelier de l'Univerfité de Paris, eft honoré du titre d'homme de bien, par tous ceux qui ont quelque connoiffance de fon nom, & de fa vertu. L'on trouve des gens qui lui attribuent le traité *de imitatione Chrifti*, que d'autres difent avoir été fait par *Thomas à Kempis*. le

ne sçai pas ce qu'il faut croire touchant l'auteur de ce livret. Mais assurément le soin que Gerson prit de défendre les Pupiles de la Maison d'Orleans, témoigne qu'il étoit plus sincere que Jean Petit. Et s'il prit la peine de faire condamner la doctrine de celui-ci au Concile de Constance, il fit une chose qui sied bien à un homme de sa profession, & de sa robe.

(45) *Frere Richard Cordelier sous Charles VII. fut cause d'un grand bien.* Si M. Naudé nous disoit souvent des choses si peu judicieuses que ce qu'il débite en cet endroit, il nous donneroit sujet de l'admirer moins que nous ne faisons. Je ne vois pas que ce soit un grand bien que de prêcher soixante heures dans dix jours pour obliger les Parisiens à brûler tous ce qu'il y avoit de tables, tabliers, cartes, billes, billards & dez, pour les reprendre tout aussi-tôt avec plus d'application qu'auparavant. Le fruit des Prédications de ce Moine, auroit été grand & digne de son zéle, si les Parisiens n'eussent jamais plus joué à des jeux qui violentent les hommes à jurer. Mais cela n'arrivera jamais par la force de l'éloquence, parce que cette ville est trop adonnée à ce divertissement.

(46) *Les Suisses ayant entendu haran-*

O ij

guer le Cardinal de Sion, se résolurent à combattre, & contesterent la victoire jusqu'à la derniere goute de leur sang. Les Suisses n'ont jamais fait aucune action plus indigne de la gloire, qu'ils ont d'être extrêmement fidéles, qu'en cette rencontre, où véritablement ils sortirent des bornes de l'honnêteté. Pour entendre ce que je dis, l'on remarquera que François I. Roi de France, étant parvenu à la Couronne, prit le nom de Duc de Milan, & se prépara à la conquête de ce Duché. Alors le Pape, l'Empereur, le Roi Catholique, & les Suisses, se liguerent contre lui ; & les Vénitiens s'armerent en faveur des François. Les Suisses promirent d'empêcher au Roi de France l'entrée de l'Italie, & se logerent aux passages du Mont Cenis, & du Mont Genêvre, mais Sa Majesté entra par un autre endroit. Ce stratagême contraignit les Suisses de se retirer à Milan ; & alors Charles III. Duc de Savoye, oncle du Roi François, ouvrit un Traité avec eux, & conduisit l'affaire à la conclusion. Il avint toutefois que le Cardinal de Sion, ennemi juré de la France, les détourna de leur promesse; & leur persuada de prendre par adresse, l'argent que le Roi leur envoyoit, pour satisfaire au Traité que le Duc de Savoye avoit conclu avec eux, &

d'attaquer à l'improviste l'armée Françoise. Mais Lautrec, qui conduisoit l'argent en eut le vent, & se retira de bonne heure. Alors les Suisses allerent décharger leur colere sur l'armée du Roi, & au commencement ils eurent quelque petit avantage : mais la nuit les ayant retirés de la mêlée, ils y retournerent le lendemain, avec une ferme résolution, de mourir ou de vaincre. Le soleil avoit à peine éclairé les plus hautes montagnes, quand les Suisses rentrerent au combat, où ils firent des merveilles. Mais enfin voyant l'impossibilité de vaincre, étant battus en front, en flanc, & en queue, ils se retirerent, laissant près de quinze mille de leurs hommes sur la poussiere. Le Cardinal de Sion, principal auteur de cette perfidie, & de ce combat, se retira à Milan dès le premier choc, & puis en Allemagne, de peur que les Suisses ne vengeassent sur lui le mal qu'il leur avoit causé. Jamais bataille ne fut plus furieuse, & le Seigneur de Trivulce, qui s'étoit trouvé en dix-huit autres, disoit, que toutes celles où il avoit été, n'étoient que batailles de petits enfans au prix de celle-ci. L'on remarquera aussi que les Suisses eurent peu d'obligation au Pape, à l'Empereur, & au Roi d'Espagne leurs alliés, qui les abandonnerent au besoin,

& que ces Potentats ne vouloient faire la guerre, sinon au dépens de la vie & de la valeur de ce peuple intrépide.

(47) *Le premier siége de la Rochelle fut mieux défendu par quarante Ministres, que par tous les Capitaines, &c.* Après le massacre de la Saint Barthelemi, le Roi Charles IX. voulut exterminer ce qui étoit resté de Huguenots en France, & à cette fin il fit assiéger la Rochelle, qui n'étoit pas alors extrêmement forte. Il y envoya donc le Duc d'Anjou son frere, qui fit tout ce qu'il pût pour la contraindre à l'obéissance. Tout le monde croit qu'il en seroit venu à bout ; mais cet honneur étoit reservé au Roi Louis le Juste, & au Cardinal de Richelieu, son premier Ministre, qui s'en faisirent le premier jour de Novembre, l'an mil six cent vingt-huit. Pour le siége dont M. Naudé parle ici : il fut levé non pas seulement par la résolution que les Ministres, qui s'y étoient retirés, inspiroient aux soldats de se bien défendre ; mais principalement parce que les Polonois vinrent querir le Duc d'Anjou, lequel ils avoient élû Roi, à condition que Sa Majesté laisseroit en repos les Huguenots de son Royaume.

(48) *Si le Ministre Chamier n'eût été emporté d'un coup de canon à Montau-*

ban, *cette ville n'auroit pas donné moins de peine que la Rochelle*. Encore que le siége de Montauban soit arrivé en nos jours, & peu auparavant le tems que M. Naudé écrivit ses considérations sur *les coups d'Etat*, il en parle ici, comme un homme qui n'en sçavoit pas le détail. Le Roi Louis XIII. ayant pris par composition, Saint Jean d'Angeli le 25. de Juin 1621. passa plus outre, & plusieurs autres places ayant subi le joug de l'obéissance, il assiégea Montauban le 17 d'Août de la même année. Le siége fut meurtrier, tant par les maladies qui se glisserent dans le camp, que par l'ordre admirable que Gaspar de Nompar Caumont de la Force, qui fut par après Duc, Pair & Maréchal de France, & trois de ses fils qui se jetterent dans la place, y apporterent, que par la résistance du Comte d'Orval fils du Duc de Sully, & de quatre mille hommes de guerre qu'il y commandoit, tous résolus de mourir sous les ruines de cette admirable forteresse, ou de la sauver. Enfin le siége dura trois mois, & ayant coûté la vie au Duc de Mayenne, à plusieurs autres Seigneurs & Gentilshommes, & à près de vingt mille soldats ordinaires, le Roi fit retirer le reste de ses troupes, le 15. de Novembre, bien qu'il eut reçû le renfort des armées, que les Ducs de Vendôme, de Montmorenci, & d'Epernon commandoient. Depuis ce tems-là on y a fait le dégât, mais jamais il n'y a eu de siége formé. Tellement que la mort du Ministre Chamier, & celle de plus de quinze cens soldats, n'ont pas empêché que cette place n'ait tenu plus long tems que la Rochelle, & qu'elle n'ait été la derniere de toutes celles des Huguenots de France, qui a pris le mors de l'obéissance, & vû raser ses fortifications. Au reste Daniel Chamier, qui mourut quatre ou cinq jours avant que le Roi levât le siége, n'étoit pas seul Ministre à Montauban. Il y en avoit treize de réfugiés des Villages d'alentour. Mais ni M. le Duc de Rohan, ni le continuateur de De Serres, n'attribuent la défense vigoureuse de Montauban, sinon à l'adresse & au bon ordre des chefs, & à la valeur de la Bourgeoisie.

(49) *Lorsque Campanella eut dessein de se faire Roi de la haute Calabre, il choisit très à propos un Frere Denis Pontius.* Si Campanella eut jamais la pensée de se faire Roi, il eut une pensée folle, ridicule & impertinente. Sur quel fondement un petit Moine, accompagné d'une autre moindre que lui, auroit-il une ambition si déréglée ? Les peuples peuvent ad-

mirer l'éloquence d'un Prédicateur, renoncer à l'obligation qu'ils ont d'obéir à leur Prince légitime, faire des folies capables de les ruiner seulement parce qu'un Prêtre les cajole, mais jamais ils ne seront si sots que de se soumettre à son Empire. Un Moine qui prêche la désobéïsance, attireroit sur soi la haine de tout le monde, s'il osoit faire paroître qu'il eut le dessein de régner. D'ailleurs il faut joindre les armes aux paroles, & la valeur à l'éloquence, pour commander aux Provinces : & Campanella avoit été nourri dans un Cloître dès son enfance, & n'avoit vû aucun combat, sinon dans les livres. J'aimerois donc mieux dire qu'il aspiroit à quelque grand bénéfice Ecclésiastique, qu'à la dignité Royale, & sans doute, son éloquence, une dévotion feinte, & les louanges d'un ami le pouvoient élever à un dégré eminent dans l'Eglise, & non pas à la Royauté.

(50) *Pallas Déesse des sciences & de l'éloquence, étoit armée de lance & de bouclier.* Ce que M. Naudé dit ici montre la sottise de Campanella, qui se vouloit faire Roi, sans tirer l'épée. L'éloquence doit être armée, pour produire de merveilleux effets. Elle excite les paresseux, encourage les timides, & anime les poltrons ; mais

elle ne feroit rien si les armes ne venoient à son secours. La harangue que Charles Martel fit à la Noblesse Françoise à la bataille de Tours, n'auroit rien produit s'il n'eut joint la valeur à la Rhétorique, & les coups aux paroles. Tous les autres Géneraux en usent de même, & en Espagne l'on voit des simples soldats, & des Officiers du plus bas étage qui encouragent leurs compagnons le jour du combat, par les louanges qu'ils donnent à la valeur : mais aussi leur servent-ils d'exemples en mettant la main à l'œuvre, parce que l'un sans l'autre serviroit de peu. De-là vient aussi que plusieurs honnêtes hommes, voulant montrer qu'ils tâchent d'exceller en l'art de bien dire, & en celui de bien faire, portent ces deux mots pour devise. *Arte & Marte.*

(51) *D'autant que la liaison de deux si différentes qualités ne se trouve que rarement en une même personne.* Les plus grands Capitaines se joignent d'affection à quelque éloquent personnage. Si l'éloquence seule peut lier les hommes par les oreilles, & les assujettir à la volonté de celui qui parle ; il n'y a point de doute que rien ne lui pourra résister, si elle s'accompagne de la valeur. Ces deux admirables qualités de bien combattre & de bien ha-

ranguer, se trouvent rarement ensemble, parce que rarement la nature fait des miracles, & parce que Dieu permet rarement que la plus grande partie du monde obéïsse à un seul Prince. Tous ceux qui ont joint la plume à l'épée, & l'éloquence aux forces, sont venus à bout de tout ce qu'ils ont entrepris. Jules César n'auroit pas ruiné la République Romaine, après lui avoir soumis les plus vaillans peuples de l'Europe, s'il n'eut sçû aussi bien écrire qu'il sçavoit bien combattre. Alexandre n'auroit pas assujetti l'Asie, s'il n'eut joint l'éloquence à la valeur. Charlemagne n'auroit pas partagé l'Empire avec les Orientaux, s'il n'eut été aussi sçavant qu'il étoit vaillant. Et Charles V. n'auroit pas été l'honneur & la terreur de son siécle, s'il n'eut sçû autant de langues qu'il y avoit de peuples différens qui obéïssoient à son sceptre. C'est peut-être pour cela que les Rois, qui sont plus propres à faire, qu'à dire, ont des serviteurs dont l'éloquence sans pareille leur sert de Minerve, pour adoucir le joug que Mars impose à leurs peuples.

(52) *Le discours persuade les plus fabuleuses Religions.* Je ne doute point que l'éloquence, & la force du raisonnement ne fassent des merveilles, & qu'elles ne

persuadent aux hommes des choses presque incroyables. Mais en matiere de Religion, les miracles ont plus de pouvoir que les paroles; & par fois les politiques les font passer pour des illusions. Les Apôtres qui ajoutoient à une éloquence qui leur étoit divinement inspirée, des signes qu'on n'avoit jamais vû, persuadoient difficilement la vérité aux plus habiles Docteurs. Ceux qui disoient à Saint Paul, que sa science le rendoit fou, & ceux qui osoient dirent au Sauveur du monde qu'il avoit le diable, ne pouvoient point assujettir leur entendement aux mysteres de la Religion, ni par la force de l'éloquence, ni par celle des miracles. Ils auroient encore moins acquiescé aux persuasions d'un Clabaudeur. Et si toute une contrée embrasse par fois une doctrine sotte, impertinente & fabuleuse, comme celles de Mahomet, d'Aly, d'Arrius, & de plusieurs autres hérétiques, c'est que le péché aveugle les mortels, & Dieu punit la désobéissance des peuples, par cet horrible aveuglement. Au reste les Religions qui n'ont été semées que par l'éloquence, sont de peu de durée. Et c'est peut-être pour cela que les Docteurs de l'Eglise Romaine assurent, que peu d'héréfies ont duré plus d'un siécle.

(53) *C'est lui qui fait révolter l'Angleterre & convertir le Japon.* Les changemens qu'on a vûs en Angleterre & au Japon, ont été précédés de peu de discours; & sans doute, l'éloquence y eut fort peu de part. Le Cardinal Volsey, qui jetta le fondement de la Réforme de l'Angleterre étoit sçavant, habile & bien disant; mais il n'usa pas & n'eut pas besoin d'user d'un long discours, pour persuader au Roi Henri VIII. qu'il devoit répudier la Reine Catherine. L'âge & l'humeur de cette Princesse déplaisoient à ce Roi, ami de ses plaisirs; & peu de paroles le porterent à se résoudre d'en prendre une autre plus belle, plus jeune, & plus joviale. Le mariage de ce Roi avec Anne de Boulen, & ceux qu'il fit après avec Jeanne de Simeren, & avec trois autres déplûrent aux Papes, qui ayant refusé de consentir à la dissolution de son premier mariage, lui donnerent occasion de refuser à l'Eglise l'obéïssance qu'il lui avoit rendue, jusqu'à ce tems-là. Edouard VI. son fils, mourut en l'âge de 17. ans, quoiqu'il eut été imbu en son enfance de la doctrine de Calvin, sans doute l'on employa peu d'éloquence pour l'instruire. La Reine Elisabeth, qui rétablit la même doctrine dans son pays, d'où elle avoit été

bannie par la Reine Marie sa sœur, trouva les esprits disposés à la recevoir. Tellement qu'on peut dire, que le changement de l'Angleterre (que M. Naudé nomme révolte) coûta peu de paroles à ceux qui la procurerent. Pour ce qui regarde le Japon. Il n'est pas croyable que les Jésuites nés en Europe, ayent été si éloquens en la langue Japonnoise, qu'on puisse dire que leur éloquence a converti cette grande Province. D'où il me semble qu'on peut conclure, que M. Naudé allegue en ce lieu ici des choses peu vraisemblables.

(54) *Celui qui écrit peut déclarer ses conceptions en tous lieux, & à toutes personnes.* Il est difficile de juger si le discours peut faire plus ou moins de mal & de bien, que la composition des livres. Car si les imprimés peuvent être lûs en même tems, en une infinité de lieux, & par une infinité de personnes, comme tout le monde voit, il est certain que les paroles d'une bouche éloquente, pénétrent plus puissamment dans le cœur, & qu'elles produisent de plus dangereux effets, à cause que ceux qui écoutent un Orateur, s'animent les uns les autres & se résolvent en un moment, & avec une espece de furie. Au contraire celui qui lit, est ou seul ou peu accompagné, & pour attirer

d'autres personnes à son propre discours à la lecture qu'il vient de faire. Il est toutefois vrai qu'en nos jours, la vérité défendue, la France démasquée, & quelques autres petits ouvrages qui ont été faits, pour montrer aux Princes que le Roi très-Chrétien avoit de vastes pensées, ont beaucoup contribué à la ligue qu'on appelloit la triple alliance, bien que plus de trois grands Etats y eussent part.

(55) *François I. & Charles V. ne se faisoient pas moins la guerre avec leurs lettres, qu'avec leurs lances.* Le siécle passé ne vit point de guerres si opiniâtres, que celles qui se firent entre les François & les Espagnols ; & assurément l'un & l'autre parti déploya tout ce qu'il avoit de sçavoir & de subtilité, pour donner le tort à son adversaire. L'on voit quelques petits échantillons des discours & des écrits que Charles fit contre François, dans les ligues qu'il fit avec les Anglois, le Pape & les Vénitiens, & aux Dietes de l'Empire, où il remontra souvent que le Roi François étoit ennemi de la Chrétienté, parce qu'il s'opposoit à ses desseins. L'on peut aussi voir que François lui rendoit la pareille, en ce que souvent il faisoit courir des manifestes par l'Italie, par l'Allemagne & par les autres pays. Et en

ce qu'il retiroit tantôt l'Anglois, tantôt quelqu'autre Prince de l'amitié de Charles. Et par fois aussi il rangeoit l'Anglois, le Pape, & les Vénitiens à son parti. Et sans mentir, il est bien juste qu'un Prince employe toute sorte d'armes contre un ennemi qui fait de tout bois fleche pour le ruiner.

(56) *La querelle du Pape & des Vénitiens, le débat sur le serment de fidélité en Angleterre, &c. ont produit une infinité de libelles.* Il y a peu d'endroits en ce traité, qui touchent tant de choses importantes que celui-ci, & pour cela il me semble nécessaire de parcourir toute cette page, & d'expliquer ce qu'elle contient de difficile. J'ai déja dit quelque chose de la querelle qui s'éleva entre le Pape Paul V. & la République de Venise l'an 1605. & même je n'ai pas oublié de dire, que l'on vit des écrits de part & d'autre, qui montroient plutôt la passion des écrivains, que la bonté de leur cause. L'on fit alors le Scrutin qui vouloit prouver, que cette République qui se vante d'avoir vécu en liberté depuis le tems d'Attila Roi des Huns, avoit été sujette plusieurs siécles après, & d'autres écrits montroient l'injustice du Pape Paul, en ce qu'il vouloit avancer le dessein que ses prédécesseurs ont eu depuis quelques siécles de faire une Hierarchie,

&

& que pour parvenir à son but, il n'épargnoit pas un Etat qui avoit toujours été Catholique. Le débat qui troubla l'Angleterre après la mort de la Reine Elisabeth, & qui auroit fait plus de bruit si la prudence du Roi Jacques n'y eut remedié, avint l'an 1603. Alors les Catholiques Anglois qui avoient été oppressés sous le régne d'Elisabeth, & qui espéroient beaucoup de soulagement de la grande bonté & du sçavoir éminent de son successeur, présenterent à sa Majesté une Requête plus hardie que respectueuse. Elle ne produisit pourtant pas l'effet qu'on espéroit, & où le zéle ou le désespoir porta ces misérables à un excès plein de cruauté. L'on mit quantité de poudre à canon sous la salle du Palais où le Parlement se devoit assembler, à dessein d'y faire périr le Roi, la Reine, & le Prince leur fils, avec la plus grande partie des Seigneurs du Royaume. Ce dessein fut découvert par une lettre d'un des conjurés qui exhortoit un de ses amis de ne se point trouver à l'assemblée, & par des paroles obscures lui faisoit appréhender la ruine inopinée du Palais, & de ceux qui se trouveroient dedans. Cette lettre fut apportée au Roi, qui jugea de sa lecture qu'il y avoit de la poudre cachée sous la salle, la fit chercher, &

elle fut trouvée, & enfin les auteurs furent reconnus & punis. Ce désir infâme de détruire tout d'un coup la Maison Royale, & la plus illustre partie de l'Etat, obligea Sa Majesté de commander à tous les Prêtres, Moines & autres Ecclésiastiques de sortir d'Angleterre, à peine de la vie. Et parce que le Roi Jacques sçavoit que le Pape croit de pouvoir dispenser, & que même il dispense par fois les sujets des Princes de l'obéissance qu'ils doivent à leurs Souverains; il désira que les siens lui jurassent fidélité, & promissent de lui obéir aussi bien aux choses spirituelles qu'aux temporelles, quoique l'Evêque de Rome pût ordonner au contraire. Cette nouveauté qui toutefois étoit nécessaire à un Prince de sa Religion, mit la plume à la main de quelques écrivains, qui trouvoient étrange, qu'un séculier se dit chef de l'Eglise Anglicane, & à quelques autres aussi qui croyoient raisonnable qu'un Souverain eut le droit Episcopal sur ses Etats, pour empêcher les désordres & les rébellions qui auroient pû ruiner ce florissant Royaume. L'on peut voir en une de mes annotations précédentes, qui étoit le Marquis d'Ancre, comment il acquit les bonnes graces & la confidence de Marie de Médicis Reine de France, & comment il périt. Ici je dis, que sa faveur déplût à tous les Grands de France qui prirent les armes pour obliger le Roi de s'en défaire ; & plusieurs écrivirent avec la liberté Françoise, & dirent des choses qui choquoient les plus insensibles, & qui purent obliger le Roi à le faire assassiner. Charles d'Albert Seigneur de Luines, qui fut successeur du Marquis d'Ancre en tous ses biens, & qui éleva sa fortune au plus haut point où une personne de sa condition puisse aspirer, étoit du Comté Vénaissin. Ce Gentilhomme qui étoit aussi pauvre qu'ambitieux, vint à la Cour de France avec Brantes & Cadenet ses freres, croyant qu'on ne prend les gros poissons sinon dans les grandes eaux. Étant à la Cour, il eut le bonheur de trouver le Roi jeune, & susceptible des impressions qu'il vouloit faire sur son esprit. Il se rendit donc fort assidu, & voyant Sa Majesté en peine de se défaire du Marquis qui le tyrannisoit, il lui en donna le moyen. Peu après la mort de Conchini, il se maria avec la fille d'Hercules de Rohan Duc de Montbazon, & procura à ses freres deux riches & puissantes héritieres, l'une Vidame d'Amiens, & l'autre Duchesse de Luxembourg, qui avancerent ces deux jeunes Gentilshommes à la dignité de Duc & Pair de France. Ensuite de cela, il fut fait Connétable, & mourut après avoir levé le siége de Montauban. Mais son fils & ceux du Duc de Chaulnes Vidame d'Amiens, florissent encore, & ont des enfans qui jouissent des charges de grand Fauconnier de France, & de Lieutenant du Roi en Picardie. Tellement que le Contadin Provençal, & l'Hermite du Mont Valérien, qui étoient des Pasquins qu'on avoit faits contre eux, leur firent peu ou point de mal, parce que la faveur du Roi les accompagna toujours, & parce qu'ils étoient extrêmement riches, fidéles à Sa Majesté, bien alliés & assez bons soldats. Aujourd'hui le Duc de Luines a un fils nommé le Duc de Chévreuse, qui a épousé la fille de M. Colbert, & le Duc de Chaulnes a été Ambassadeur extraordinaire à Rome.

Pour ce qui regarde les guerres de l'Electeur Palatin en Allemagne, & des Valtelins en Suisse, l'on pourra remarquer que le premier fut élu Roi de Boheme l'an 1618. & cette élection qui choqua la Maison d'Autriche, causa les troubles qui agiterent l'Allemagne trente ans durant. Peu de personnes ignorant les malheurs qui suivirent de près cette élection. L'on sçait qui furent les Princes qui entrerent en jeu, & quelles furent les victoires que l'Empereur Ferdinand II. remporta sur Fridéric V. Electeur Palatin Roi de Boheme, sur Betlehem Gabor Prince de Transylvanie, sur Christian IV. Roi de Dannemarc, sur Christian de Brunsvik Evêque d'Halberstadt, sur George Fridéric Marquis de Bade-Dourlac, sur Charles Bâtard de Mansfeld, & sur plusieurs autres grands Capitaines. Mais l'on sçait encore mieux le bonheur qui accompagna le grand Gustave Roi de Suede jusqu'au tombeau ; les glorieuses conquêtes qu'il fit, & le courage de ses Généraux qui poursuivirent les desseins de la Couronne de Suede après la mort de ce Héros. Les affaires de la Valteline sont moins connues, & pour cela, j'estime qu'il ne sera pas hors de propos de les éclaircir un peu. Cette vallée qui appartenoit autrefois au Duché de Milan, & qui nourrit aujourd'hui près de cent mille ames, fut prise par les Grisons sur les Vicomtes. Depuis ce tems-là, elle a causé des guerres entre les François, les Vénitiens & les Espagnols, toutes les fois que ces derniers s'en sont voulu rendre les maîtres, pour empêcher la communication des Grisons & des Suisses avec leurs amis, en fermant le passage de cette vallée. La guerre dont M. Naudé parle ici, est à mon avis, celle qui a été faite en nos jours par ordre des Rois Louis le Juste, & Louis Dieu-donné son fils sous la conduite du Marquis de Cœuvres qui a été depuis nommé Maréchal d'Estrées, & de Henri I. & dernier de sa famille Duc de Rohan. Ce dernier y obtint quatre victoires signalées par quatre combats généraux, où il défit le Comte de Farnemont Général des Impériaux, à Lunin, à Marz & à Fresle : & Cerbelon Général des Espagnols à Morbegne, bien que les ennemis fussent trois ou quatre fois plus forts que lui. Il resteroit à parler ici des libelles qui furent faits en divers tems & en divers pays ; mais j'estime qu'on m'en dispensera parce que plusieurs de ces Pasquins ont mérité d'être ensevelis dans les ténebres de l'oubli. Car les uns choquoient l'honneur des Dames, les autres méprisoient les principaux Ministres d'Etat, & par conséquent blâmoient le choix que les Souverains en avoient fait & visoient tous à troubler le repos des Royaumes.

(57) *Le mot à l'oreille & la voix publique contre le Marquis de la Vieuville, l'Admonitio & le Mysteria Politica de Jansenius.* Pour entendre ce que notre Auteur nous dit ici, il faut remarquer que le Roi Louis le Juste avoit souvent des favoris, qui abusant de la grande bon-

té de leur maître, gouvernoient son Etat avec plus d'autorité qu'il n'auroit été nécessaire. Le Duc de Luines qui succéda au Maréchal d'Ancre, & qui épuisa les finances pour enrichir sa maison, & quelques petits parens qui lui venoient du côté d'Avignon, mourut avant son bonheur, ayant donné au Duc de Mayenne le gouvernement de Guyenne en échange de celui de l'Isle de France, dont il gratifia le Duc de Montbazon son beau-pere; & au Duc de Longueville, celui de Normandie en échange de celui de Picardie qu'il retint pour soi. Ce favori eut pour successeur aux bonnes graces du Roi, M. de Puisieux Secretaire d'Etat, fils du Chancelier de Sillery. Celui-ci préférant son profit à celui du Roi son maître, s'appuya de la faveur du Pape, & tâcha d'acquerir la bienveillance du Roi d'Espagne. Pour cet effet, il envoya le Commandeur de Silleri son Oncle en Ambassade à Rome, & fit accorder au Roi d'Espagne, ce qu'il désiroit sur le sujet de la Valteline. Mais peu après, le Marquis de la Vieuville qui avoit été avancé à la charge de Surintendant des finances par le Chancelier, s'insinua dans les bonnes graces du Roi, & lui représenta que le Chancelier son bienfaiteur, & Puisieux son fils servoient mal Sa Majesté, qu'ils préféroient l'utilité de Rome & de l'Espagne à celle de la France, & obtint du Roi qu'il donnât les Sceaux à M. d'Aligre, & la charge de Secretaire d'Etat, à un ami de la Vieuville. Ce nouveau favori fit changer toutes les Ambassades, pour y loger de ses créatures. Il fit aussi désavouer le traité fait au sujet de la Valteline, en fit faire d'autres avantageux à la France, & porta le Roi à vouloir prendre la protection de ses amis. Mais les envieux de la Vieuville qui ne dormoient pas, lui susciterent des ennemis, firent faire recherche des financiers, & principalement de M. de Beaux-Marchais beau-pere de la Vieuville, qui fut disgracié peu après par le moyen des libelles qu'on fit courir : & ces libelles sont ceux que M. Naudé appelle *le mot à l'oreille*, *& la voix publique*. Les autres qu'il appelle *Admonitio & Mysteria Politica*, sortirent du Pays-Bas, & visoient à persuader au monde que le Roi Henri le Grand avoit de trop vastes desseins, & que chacun devoit prendre soin d'être sur ses gardes, pour arrêter le cours des prospérités qu'il se promettoit. Enfin par tout & en tout tems, les plumes se sont opposées aux grands desseins, & en nos jours, elles ne sont pas moins industrieuses

dustrieuses qu'au tems de nos Peres. L'on peut néanmoins assurer, que tout ce que les envieux de la Vieuville firent injustement contre lui, ne fut pas capable de le ruiner, que ses enfans & neveux subsistent encore, & même que le chef de sa maison a été élevé à la dignité de Duc & Pair de France.

(58) *Pibrac & Montluc, celle de Charles IX. & de Henri III. contre les plus furieuses médisances de tous les Calvinistes.* Guy du Faur Seigneur de Pibrac, Juge Mage de Toulouse, & Jean de Montluc Evêque de Valence, furent en leur tems de grands personnages, & qui défendirent la cause du Roi Charles IX. & d'Henri III. contre les Huguenots. Le premier eut pourtant assez de connoissance des abus de l'Eglise Romaine, pour s'intéresser peu en ce qui la regardoit. Car étant à Trente au nom du Roi Très-Chrétien, avec M. de Lansac & du Ferrier, pour tâcher d'obtenir des Légats & des Peres du Concile, qu'on songeât sérieusement à la réformation des mœurs Ecclésiastiques, il trouva qu'il étoit impossible d'en rien obtenir. Quelques années après, il fut fait Chancelier du Duc d'Anjou, & l'accompagna en Pologne lorsqu'il y alla prendre possession de ce Royaume-là. Tellement que sa

charge l'obligeoit de tenir le parti de son Roi & de son maître, bien qu'il sçût que Sa Majesté avoit usé de trop de rigueur à l'endroit des Huguenots. Pour Jean de Montluc, nous avons déja dit ailleurs, qu'il fit à Valence & à Die où il étoit Evêque, beaucoup d'actions qui témoignerent clairement, que s'il avoit défendu le Roi Charles IX. contre les Huguenots, il avoit changé d'opinion sur la fin de ses jours. Car il prêcha avec beaucoup de zéle contre le Pape, & rejettant la doctrine de l'Eglise Romaine, & suivant celle de Calvin, il fit ôter les Images des Eglises principales de son Diocèse.

(59) *Mariana le plus fidele des historiens Espagnols.* Je n'oserois pas assurer, que le Pere Jean Mariana Jésuite Espagnol, ait écrit plus fidélement l'histoire de son pays qu'aucun autre. Il est néanmoins certain qu'il a montré son sçavoir, & son jugement en un ouvrage divisé en vingt livres qu'il a laissé à la postérité. Ce grand personnage, (qui a enseigné la Théologie au Collége de Navarre à Paris) commençant son histoire par Tubal cinquiéme fils de Japhet, le conduit en Espagne environ cent trente & un an après le déluge universel; & montrant que sa postérité s'y établit, rejette l'opinion de ceux qui veu-

sur les Coups d'Etat 179

lent, que Noé, Ibere, Idubeda, Brigas, Tagus & Bætus ayent régné en cette grande presqu'Isle. Mais il dit, que Gérion y vint de Chaldée, qu'Osiris le défit, & le tua en bataille; & laissant le Royaume aux jeunes Gérions, il retourna en Egypte. Ceux-ci firent tuer Osiris par son frere Tiphon, & peu après, ils furent défaits eux-mêmes par Hercules fils d'Osiris. Enfin il poursuit le fil de son histoire, fait régner en Espagne Hispal, Hercules, Hespérus, Atlas, Habides, & quelques autres grands hommes. Et après une sécheresse de plusieurs années qui avoit rendu l'Espagne presque du tout déserte, il y conduit les Celtes, les Rhodiens, les Assyriens, les Phéniciens, les Carthaginois, qui se mêlerent à ce peu d'Espagnols qui étoient restés de la sécheresse. Puis il parle des guerres que ces peuples firent hors de leur pays, & de celles que les étrangers leur firent dans leur Etat; & n'oublie rien de ce qui est essentiel à l'histoire touchant les expéditions des Espagnols & des Carthaginois qui passerent en Italie, ni de celles des Romains qui assujettirent l'Espagne. Mais mon but étant seulement de dire quelque chose des Princes de qui M. Naudé fait mention, je m'en approche.

Q ij

(60) *En parlant des premiers Gots qui occuperent les Espagnes.* Avant que les Gots songeassent à sortir de leur pays, l'Espagne eut dans son sein les Carthaginois, & les Romains; & ces derniers ayant régné presque sur toute cette grande Province, depuis l'an 548. de la fondation de Rome, jusqu'à l'an de Christ 410. (c'est-à-dire près de sept cens ans) sous divers Consuls, Légats & Préteurs, qui y furent envoyés par le Sénat, & par les Empereurs de Rome; enfin l'Empire fut mis en piéces, & plusieurs grands Etats s'éleverent de son débris, dont l'Espagne ne fut pas un des moindres. Cette presqu'Isle qui avoit été conquise avec beaucoup de peine, fut l'objet de la valeur des Vandales, des Alains, des Sueves, des Silingues peuples d'Allemagne; & enfin des Gots, qui y mirent le siége de leur Empire, & y régnerent glorieusement plus de trois cens ans. Ceux-ci sortirent de la grande Scandinavie péninsule septentrionale, qui contient aujourd'hui les Royaumes de Suéde, de Gottie & de Norvege, sous le commandement d'Athanaric, à qui peu après succéda Alaric qui prit Rome après un long siége. Ce vaillant Prince mourut en Italie, & eut pour successeur Ataulfe qui vaincu des caresses de

Galla Placidia sa femme qui étoit sœur de l'Empereur Honorius, donna la paix aux Romains, sortit d'Italie, & mit le siége de sa résidence à Narbonne l'an de Christ 415. Un an après, il entra en Espagne, & parce qu'il n'aimoit pas tant la guerre & les conquêtes, que ses soldats l'eussent désiré, il fut tué à Barcelone l'an 416. ayant régné près de cinq ans. Sigeric fut mis en la place d'Ataulfe par le commun suffrage de ses soldats ; & commença son régne par le meurtre qu'il fit faire des enfans de son Prédécesseur. Ce fut un Prince vaillant & de bonne mine. Mais n'ayant pas appris par l'exemple de son Prédécesseur, que ses officiers haïssoient le repos, il préféra la paix à la guerre, & pour cela, il fut tué le premier an de son régne. Vallia successeur de Sigéric fut plus heureux que lui, fit plusieurs guerres avec succès, & ayant ajouté à ses Etats l'Aquitaine, grande & riche Province de Gaule, il mourut à Toulouse l'an 429. Theodoret son parent, que d'autres nomment Theodoric lui succéda en ce qu'il tenoit de l'Espagne & de la Gaule, puis il fut tué aux Champs Catalauniques en la bataille que lui, Mérovée Roi de France, & Ætius Capitaine Romain donnerent à ce fleau de Dieu Attilla l'an 451. Ce Prince laissa six fils, sçavoir Thurismond, Theodoric, Fridéric, Euric, Recimer & Himéric. Les deux premiers se trouverent avec leur pere à la bataille dont nous venons de parler, & le premier fut reconnu Roi dans le camp. Mais parce qu'il régnoit avec plus d'orgueil & de rigueur, que n'en pouvoit supporter un peuple généreux, il fut assassiné par ordre de Theodoric & de Fridéric ses freres l'an 454. Le premier de ces deux freres régna après Thurismond, & assurément il auroit égalé les plus illustres Princes du monde, s'il n'eut été infecté de l'hérésie d'Arrius, & complice de la mort de son frere. Il régna douze ou treize ans, & mourut par la perfidie d'Euric, d'Ervigius, ou d'Eric son frere qui le traita de même qu'il avoit traité son aîné. Et pour récompense de son parricide, il fut successeur du Roi défunt sans aucune controverse l'an 467. Celui-ci ayant chassé les Romains qui possédoient encore quelque chose en Espagne, les Sueves qui tenoient la Lusitanie, & les Vandales qui avoient donné leur nom à la Bettique, se vit maître absolu de la plus grande partie de l'Espagne. Mais encore que quelques-uns de ces peuples fussent Catholiques, & les autres Arriens, & que même il y eut quelque reste de paganisme en Espagne, aucun

sur les Coups d'Etat. 179

Roi Got ne prit la Religion pour prétexte de ses guerres, jusqu'au tems du Roi Euric. Mais il avint que ce Prince ayant de beaucoup augmenté son Etat, & en Espagne & en France, il usa insolemment de ses victoires, & employa ses armes en faveur de l'impiété Arrienne ; & ayant mis le siége de son Empire à Arles, il commença d'exiler les Evêques Catholiques du pays de son obéïssance, & donna sujet à Sidonius Apollinaris Evêque de Clermont en Auvergne, d'écrire les maux qu'il fit à l'Eglise ; puis il mourut l'an 483. après en avoir régné 17. Alaric fils & successeur d'Euric eut moins de bonheur que son pere ; car Clovis Roi de France qui étoit devenu Chrétien, & qui le haïssoit à cause de sa Religion, ou par le désir qu'il avoit de s'agrandir de sa dépouille, lui fit la guerre, le tua en bataille, & lui ôta tout ce qu'il avoit en Gaule l'an 506. mais peu après, il reperdit une partie de ce qu'il avoit gagné. Nous venons à l'examen de ce que M. Naudé nous dit ensuite.

(61) *Josenand qui se fit assister des Bourguignons Arriens, pour chasser Suintilla.* Le Pere Mariana appelle Sisenand, le Roi de qui M. Naudé parle en cet endroit, & ayant dit au quatriéme Chapitre du sixiéme livre, que Suintilla avoit associé au

Q iv

Royaume & pris pour successeur Rechimer son fils, & qu'il se fioit peut-être trop aux victoires qu'il avoit obtenues sur les Romains, il assure que ce Prince attira sur soi l'inimitié de tout le peuple qui croyoit sa liberté lézée par les actions de son Roi. Pour cette cause, les Espagnols ne purent plus souffrir ni le pere ni le fils, & les chasserent tous deux du Royaume, l'an de Christ 631. sans faire mention de Sisenand. Mais au chapitre suivant où il parle de ce Prince, il dit que l'an de Christ 634. & le troisiéme de son régne, craignant que ces Rois n'eussent encore des partisans dans le Royaume, il tâcha d'acquerir l'amitié des Ecclésiastiques, convoqua un Concile à Tolede, où se trouverent 70. Prélats, lesquels il pria de pourvoir à la discipline ecclésiastique. Toutefois selon l'opinion de Mariana sa principale visée étoit d'obtenir des Peres du Concile, qu'ils réprouvassent les actions de Suintilla, & unissent leur volonté à la sienne. Et en cela, *optimum judicavit fore, Religionis prætextum popularibus obtendere.* En effet son élection fut confirmée, Suintilla, sa femme, & ses enfans, furent excommuniés; & pour empêcher qu'aucun Roi ne prit la liberté de choisir son successeur, ils ordonnerent que personne ne seroit reconnu Roi, s'il n'avoit le suffrage des Prélats. Enfin Sisenand obtint une grande partie de ce qu'il désiroit, mais il ne vêquit pas un an entier après ce Concile. Et peut-être s'il eut crû de régner si peu de tems, il n'auroit pas voulu demander à genoux, tête nuë, & avec une grande effusion de larmes, la faveur des Prélats de son Royaume. Car il ne régna en tout que trois ans onze mois & seize jours, & mourut l'an de Christ 635. Au reste, je ne trouve point que ce Roi ait mandié le secours des Bourguignons Arriens, pour chasser Suintilla. Au moins Mariana n'en dit pas un mot en l'exemplaire que j'ai lû qui fut imprimé à Tolede l'an 1592. & dédié au Roi Philippe II.

(62) *Et lorsqu'il est question de Chintilla, cum species Religionis obtenderetur.* Il me semble que M. Naudé n'use pas de bonne foi en cet endroit, puisqu'ayant entrepris de prouver que les anciens Rois Gots se servoient de la Religion, pour se chasser les uns les autres de leur Etat & pour régner, il apporte des exemples qui ne prouvent ni l'un ni l'autre. Chintilla fut élû selon le Décret du quatriéme Concile de Tolede, & craignant les Prélats, il les assembla pour faire confirmer son élection, & ils le firent, ajoutant au dé-

cret précédent, que les Etats prendroient la défense des enfans du Roi Chintilla même après sa mort, & que le droit d'élire les Rois demeurant au pouvoir du Peuple Espagnol, il seroit obligé d'élire un Seigneur de la race des Gots, & ce Seigneur ne seroit point couronné qu'il n'eut promis en termes exprès, qu'il ne souffriroit point de Juif dans son Royaume. Voire même, qu'il ne laisseroit vivre dans ses Etats aucun qui ne fut Chrétien. Au reste selon le sentiment du même Mariana, Chintilla fut plus considérable pour avoir fait tenir ce Concile, que pour aucune autre de ses actions. Car il ne fit point de guerre contre les étrangers ; & les désordres du pays *Regis diligentiâ, Patrum autoritate, cum species Religionis obtenderetur, comprimebantur.* D'où il me semble, qu'on peut juger que les Prélats avoient plus de soin de retenir le peuple dans son devoir sous prétexte de Religion, que le Roi qui en cela n'osoit faire que ce qu'il plaisoit aux Ecclésiastiques de son Royaume. Quant au septiéme Chapitre du sixiéme livre de Mariana, il ne contient pas un mot du Roi Ervigius ni de Wamba, ne parlant que de la vie & de la mort de Saint Isidore Evêque de Séville, lequel il compare aux quatre Docteurs de l'Eglise ancienne. Pour Chintilla il mourut l'an 638. & eut pour successeur Tulga qui fut élû comme lui, & en sa jeunesse il avoit une prudence qui le rendoit digne de régner.

(63) *Décrivant en quelle façon Ervigius avoit chassé le Roi Wamba, optimum visum est Religionis speciem obtendere.* Ce que M. Naudé nous dit ici étant trop obscur, il me semble nécessaire de l'éclaircir, & je le vais faire ensorte que tout le monde pourra voir comment Ervigius détrôna le Roi Wamba, le crime qu'il commit pour s'asseoir en sa place, & l'artifice dont il usa pour s'y maintenir. Wamba que la plûpart des Espagnols croyent avoir été un pauvre homme champêtre, étoit du sang des Rois Gots, & en grande estime à la Cour de Tolede lorsque le Roi Recesinthe mourut. Alors le bas âge des plus proches parens du Roi défunt, obligea les Gots à jetter les yeux sur un autre, & ils choisirent pour Roi Wamba vaillant & sage personnage. Ce Prince qui sçavoit que plusieurs lui envieroient sa grandeur, s'excusa sur son âge trop avancé, & à chaudes larmes, il pria ses amis de le laisser dans le repos d'une vie privée. Mais enfin il fut contraint de prendre le sceptre, & fut sacré contre sa

volonté, par Quiric Archevêque de Tolede le 29 de Septembre l'an 672. A peine avoit-il reçu cet honneur, qu'il se vit obligé de remédier à diverses rebellions. Les Biscayens ne furent pas contents de son élection, & lui donnerent sujet de les remettre à leur devoir par la force des armes. Hilpéric Comte de Nismes refusa de reconnoître Wamba pour Roi, & attira toute la Gaule Gotique ou le Languedoc au parti des Rebelles. Alors ce Roi persuadé par des perfides, y envoya un certain Paul aussi grand traître que grand Capitaine. Car au lieu de servir son maître, il confirma les mal contents dans la rébellion, & se fit leur chef, croyant de pouvoir monter sur le trône par ce moyen violent. Il fut pourtant bien étonné de voir Wamba, qui sans lui donner le loisir d'attirer les étrangers à son parti, l'attaqua avec tant de vitesse, de vigueur & de fortune, qu'il remit tout le pays à l'obéissance, prit tous les chefs prisonniers, & les mena en Espagne, où ils furent traités plus doucement que leur crime ne le méritoit, car il ne fit que les tondre pour les dégrader de noblesse. Après cette guerre qui fut commencée & achevée dans moins d'un an, Wamba vécut quelque tems en paix, & pour remettre en ordre

sur les Coups d'Etat. 185

les affaires de l'Etat, & plus encore celles de l'Eglise, qui avoient été négligées dix-sept ans durant, il convoqua un Synode à Tolede, où sa dignité lui fut confirmée. Alors il fit environner de muraille les fauxbourgs de cette ville royale, pour la rendre plus belle & plus forte. Cependant Ervigius son ennemi lui tailla de la besogne, & fit armer toute l'Afrique qui envoya contre lui une flote de 270 Navires. Toutefois Wamba eut la victoire, & quelques-uns des Navires ennemis furent brûlés, & les autres mis en fuite. Ervigius donc qui vit que tandis que Wamba vivroit, il lui seroit impossible de le détrôner, & même de se mettre en sa place après sa mort, s'il n'usoit d'adresse, d'autant que Théodefrid frere du défunt Roi Recesuinte étoit devenu capable de porter le sceptre, il s'avisa de régner par un crime. Il fit donner du poison au Roi Wamba, qui en fut si malade, qu'on le crût mort, le 14. d'Octobre 680. Et selon la superstition de ce tems-là, il fut rasé à la sollicitation d'Ervigius, & mis dans un habit de Moine, afin qu'il entrât plus aisément au Ciel. Il avint pourtant que le lendemain il se trouva mieux, & peu après il recouvra la santé. Alors sçachant que les Grands qui le croyoient mort, avoient mis Ervigius en sa place, il crût qu'il seroit difficile, & peut-être impossible de remonter sur le Trône. Pour cette cause, ou parce qu'il estimoit la vie monastique plus convenable à son humeur, il se retira à Pampliega, où il véquit encore sept ans & trois mois. Ervigius donc qui avoit acquis la Couronne par un grand crime, craignit de la perdre & pour la conserver, il témoigna un zéle admirable envers la Religion, honora le Clergé, convoqua un Concile où les Peres qui n'osoient pas dire le contraire à cause qu'il étoit puissamment armé, le déclarerent Roi légitime, & délivrerent les Grands du serment qu'ils avoient fait au Roi Wamba, sous prétexte qu'il avoit renoncé au Royaume. Aussi Ervigius régna sept ans & vingt-cinq jours, & pour conserver la Couronne à sa postérité, il donna sa fille Cixilone, à Egica proche parent du Roi Wamba, qui vivoit encore. Ceux qui voudront sçavoir ces choses plus au long, les trouveront aux chapitres 12. 14. & 17. de Mariana.

(64) *Quand deux freres de la Maison d'Arragon, violento imperiosi Pontificis mandato, s'armerent l'un contre l'autre.* Presque tout le premier chapitre du 15e. livre de Mariana, parle des

malheurs de la guerre qui affligea l'Espagne après la mort de Sancie IV. & pendant la minorité de Ferdinand son fils. Et l'on y voit les oncles, & quelqu'autres parens de ce pauvre Prince qui tâchent de le ruiner par leurs armes & par leurs artifices. Puis à la fin du même chapitre, il dit, que Jacques d'Arragon étant à Rome, il y reçût du Pape, les Royaumes de Sardaigne & de Corse ; & que Constance sa mere, donna Yolante sa fille, à Robert Duc de Calabre, du consentement de Roger Amiral du Royaume, & de Jean Prochite, principal auteur du changement qui étoit avenu en Sicile, à condition (comme je crois) qu'elle lui apportoit ce Royaume en dot. Pour cette cause, Fridéric qui étoit en possession de la Sicile, se résolut de la conserver à la pointe de son épée. Tellement que ce mariage, qui se faisoit par ordre du Pape, mettoit les armes à la main d'un frere contre l'autre, & leur faisoit choquer les loix de la nature. *Sed tanti fides religioque fuere, imperiosi Pontificis mandato*. Mais je ne vois point, qu'on se serve en ce lieu ici de prétexte de Religion pour régner. Il semble plûtôt, qu'on ne se soucie pas de tenir ce qui avoit été promis au Pape. Au reste j'ai déja dit avec Mariana, que

Boniface VIII. étoit Espagnol d'origine, & favorisoit son pays, autant qu'il pouvoit.

(65) *Le même parlant de la Navarre, que Ferdinand, immensâ imperandi ambitione, ôta à sa propre niéce, sed species Religionis, &c.* Ferdinand Roi d'Arragon, qui, par son mariage avec Isabelle de Castille, unit ces deux grands Etats, & jetta le fondement de la prodigieuse grandeur, où l'Espagne s'est élevée depuis, n'oublia aucun moyen d'aggrandir son Empire. Il conquit le Royaume de Grenade sur les Maures ; & cette acquisition lui donna tant d'appetit pour les conquêtes, qu'il ne fit de sa vie autre chose qu'amasser des Provinces. Naples, & la Navarre préchent hautement son ambition. Mais puisque M. Naudé parle particulierement de ce dernier Etat, nous allons voir quel sujet il eut de s'en saisir, & l'artifice dont il usa pour le conserver. La ligue qui fut conclue à Cambrai, entre les Ambassadeurs de l'Empereur, & du Roi de France, à laquelle se joignirent par après le Pape, & notre Ferdinand, contre les Vénitiens, fut cause que le Roi Louis XII. déplût à Jules II. Ce Pape ayant vû par l'effort que la France fit contre la République de Venise, qu'elle pourroit

un jour troubler son repos, s'il lui en prenoit envie, il desira de lui en ôter le moyen. Pour ce sujet, ou par une haine particuliere qu'il avoit pour le Roi & pour le peuple François, il se ligua avec tous les Princes d'Italie, qui agissant de concert, chasserent le Roi de France, de tout ce qu'il y possédoit, sans avoir égard à la justice de sa cause. Ce Roi qui avoit du cœur & du pouvoir, se voulut ressentir de cet affront; mais pour l'en empêcher, le Pape émût contre lui toutes les Puissances voisines, & son indignation passa si avant, qu'il l'excommunia, & donna ses Etats à qui l'en pourroit chasser. Jean d'Albret Roi de Navarre, qui étoit son parent, fut enveloppé dans le même malheur, & alors Ferdinand se saisit de son Etat, couvrant son ambition du manteau précieux de la Religion, & du commandement du Pape. Ceci avint l'an 1512. & peu après le Pape Jules mourut. Ferdinand donc qui avoit caché son ambition sous un mauvais prétexte, pour acquerir un Royaume, se servit d'un autre pour le conserver. Il eut peur que le Pape Leon X. ne fut d'une humeur moins belliqueuse que son devancier, & que Louis ne le fit repentir d'avoir osé attaquer son ami. Craignant donc ce voisin irrité, il lui fit demander en mariage Germaine sa niéce, à condition qu'il reconnoîtroit qu'elle lui apportoit la Navarre en dot, & qu'il la rendroit aux héritiers légitimes de Germaine, s'il n'en avoit point d'enfant. Cette ruse lui réussit, car il calma l'orage qui le menaçoit, & par ce que Louis mourut avant lui, bien que Germaine n'eut point d'enfant, il ne laissa pas de disposer de la Navarre comme de ses autres biens, en faveur de Charles d'Autriche son petit-fils, & fit voir que son mariage avec Germaine, n'avoit été fait que pour conserver un Etat, auquel il n'avoit point d'autres droits que celui de la bienséance. Tellement que ce Prince, qui se servoit si bien du prétexte de Religion quand il s'agissoit de faire des acquisitions, se mocquoit de la Religion de ses promesses, quand il falloit rendre ce qu'il avoit acquis avec peu de justice.

(66) *Passant à Charles V. je produirai contre lui, ce que disoit François I. en son Apologie.* Encore que François, Roi de France, & Charles Duc de Nevers, qui étoit alors Ambassadeur d'Henri le Grand à Rome, ayent pû être suspects, en ce qu'ils ont dit contre Charles V. je ne doute point que M. Naudé n'ait raison de dire, que ce grand Empe-

reur se servit du prétexte de Religion pour avancer ses affaires. Il ne faisoit rien que ses prédécesseurs n'eussent pratiqué auparavant, & que ses successeurs n'ayent très-religieusement imité jusqu'en nos jours. Ferdinand V. son ayeul maternel, couvroit toutes ses actions de ce manteau de brocar, & Philippe son fils, ordonna à ses descendans de s'en servir, comme du plus assuré moyen de parvenir à la Monarchie de l'Europe. Il n'y a rien qui donne tant de crédit aux Princes, que l'opinion que les peuples ont de leur zéle, envers les choses saintes, ni rien qui les rende plus désobéissans, que le mépris apparent ou véritable qu'ils font de la Religion. L'Empereur Charles V. ne pût point employer ce prétexte contre le Roi François, parce qu'il étoit Catholique ; mais lorsqu'il eut fait alliance avec le Turc Soliman, il fit valoir contre lui cet accord, & lui fit naître beaucoup d'ennemis. Il obligea aussi les Catholiques de contribuer à son ambition, lorsque faisant semblant d'en vouloir à la doctrine de Luther, il tâcha de soumettre les Principautés qui l'avoient embrassé. Il est vrai que ce dessein ne lui réussit pas, mais il ne l'est pas moins aussi qu'on ne peut point inventer de meilleur prétexte, pour infatuer le monde, que de témoigner du zéle pour la conservation des Autels.

(67) *Lorsque le Roi Jacques fut appellé à la couronne d'Angleterre, le Roi d'Espagne se hâta de nouer une étroite alliance avec lui, &c.* Elisabeth fille de Henri VIII. Roi d'Angleterre & d'Anne Marquise de Boulen, qui étoit née le 7 de Septembre 1533. succéda à la Couronne de son pere au mois de Novembre 1568. après la mort de Marie sa sœur. Et en mourant le 24 de Mars 1603. elle déclara, que Jacques Roi d'Ecosse lui devoit succeder. Ce Prince étoit fils de Marie Stuart, fille de Jacques V. petite fille de Jacques IV. & de Marguerite fille de Henri VII. Roi d'Angleterre, & pour cette cause, il devoit succeder à la Reine Elisabeth en qualité de son plus proche parent. Jacques ayant été reçû en Angleterre avec un applaudissement universel de tous ceux qui lui devoient obéir, tous les Princes voisins à l'envi les uns des autres, lui envoyerent les plus illustres ambassades qu'ils pûrent. Philippe III. Roi d'Espagne y dépêcha le Connétable de Castille, pour nouer une alliance avec lui, & lui offrir toutes les forces de l'Espagne, tant par mer, que par terre. M. Naudé dit, que Rovida Sénateur de Milan appelle cette

alliance, *une œuvre sainte ; & reconnoît le Roi d'Angleterre pour un très-saint Prince Chrétien. Et proteste même, que le Roi d'Espagne l'a faite par un avertissement divin, par la volonté divine, & par une grande grace de Dieu.* Sans mentir, ceux qui considérent ces paroles de Rovida, ont sujet de s'étonner que les Espagnols, qui tiennent les Anglois pour hérétiques, ayent permis à un Sénateur de Milan d'écrire si avantageusement de ce Prince. Pour moi, j'avoue que je n'en sçai point la cause, si ce que Pierre Mathieu nous a dit ne nous la manifeste. Ce célebre Ecrivain dit en la seconde partie de l'histoire de Henri IV. livre 6. narrat. 2. pag. 515. *Qu'on ne croyoit pas que ce Prince laissât la Religion en l'état qu'il l'avoit trouvée. Le Pape même en avoit une grande opinion, s'étoit éjoui de ce changement, & par lettres écrites de sa main au Roi de France, & au Roi d'Espagne, les avoit conjurés d'être amis de ce Prince, qu'il estimoit (je ne sçai sur quelle conjecture) devoir être aussi ami de l'Eglise Catholique, que la feüe Reine s'en étoit déclarée ennemie.* Tellement que Philippe III. lui offroit son amitié & ses forces, croyant qu'il les employeroit à remettre la Religion Romaine dans ses Etats, comme la Reine Elisabeth avoit employé les siennes pour s'en éloigner, mais il se trompa. *La plûpart des Princes traitent de la Religion en Charlatans.* Les plus grands Monarques sont hommes, & l'on en trouve qui commandant à de puissans Etats obéissent à leurs passions. L'on en a vû qui ont abusé de la sainteté de la Religion, & témoigné par toutes leurs actions, non seulement qu'ils ne croyoient pas en Dieu, mais aussi qu'ils ne croyoient pas qu'il y eut un Dieu. Je ne voudrois pourtant pas dire, que la plûpart des Princes traitent de la Religion en Charlatans. L'on en trouve plus de pieux que d'impies. Et si la foiblesse humaine, ou le désir de s'aggrandir les fait broncher, ils se relevent; & pour un qui abuse de son pouvoir, il y en a dix qui l'employent au bien & à l'utilité de leurs peuples.

(68) *On ne doit pas blâmer un politique, qui pour venir à bout d'une affaire d'importance, a recours à la même industrie.* Je ne sçai pas pourquoi M. Naudé fait ici une distinction entre les Princes & les politiques. Car il me semble, que ceux qui abusent de la Religion pour s'aggrandir, le font plus comme politiques, que comme Princes. Que s'il considere les

politiques en qualité de simples Ecrivains, rien d'impie ne leur doit être permis, puisque leurs écrits ne visent qu'à flatter les Grands, & à leur persuader que tout ce qui leur plaît, peut être mis en pratique. Mais puisqu'il dit qu'on ne doit pas blâmer un politique qui pour venir à bout d'une affaire importante, a recours à l'industrie dont les Princes se servent, j'estime qu'il parle des Ministres qui ont le pouvoir en main, & qui couvrent tous leurs crimes de la raison d'Etat. Il seroit aisé d'en produire des témoins, mais pour ne fâcher personne, je laisserai à mes Lecteurs le soin de les chercher dans l'histoire, où ils en trouveront en bon nombre.

(69) *Toutes ces maximes demeureroient sans lustre si elles n'étoient prises par le bon biais.* Jamais la prudence politique ne brille avec plus d'éclat, que quand on prend bien le tems & les occasions, & qu'on se sert des maximes convenables aux lieux & aux personnes. Mahomet n'auroit pas épandu le venin de son Alcoran par les plus belles contrées de l'Asie & de l'Afrique, s'il ne l'eut accommodé à l'humeur des peuples qu'il voulut assujettir. Jacob Almançor, c'est-à-dire Invincible, n'auroit pas ruiné le Royaume des

Gots en Espagne, par la vertu de Tarif son Lieutenant Général, s'il n'eut pris l'occasion que lui en présenterent Julien Comte de Septa, & Oppas Evêque de Séville, principaux Officiers de l'armée du Roi Rodrigue. Charles Martel Maire du Palais du Roi de France, & Prince des François, défit Abderame Roi des Sarasins qui étoient venus en Espagne, & lui tua trois cens soixante & quinze mille hommes, plus pour s'être bien servi d'Eude Duc de Guyenne, & de la Riviere de Loire, qui ôtoit le moyen aux siens de reculer, & aux ennemis de l'envelopper par leur multitude, que par la force de son armée. Jean Fridéric Electeur de Saxe fut battu, pris & dépouillé de ses Etats, par l'Empereur, pour n'avoir pas combattu Sa Majesté, lorsque le tems lui donnoit le moyen de le faire avec avantage. L'Amiral de Coligni fut défait à Loudun, pour n'avoir pas attaqué le Duc d'Anjou, avant que ses troupes fussent toutes ensemble, & le Roi de Navarre qui n'avoit que seize ou dix-sept ans y prit garde, & prédit le malheur qui lui arriva. Mais pour venir à ce qui regarde plus particulierement la prudence politique, il est certain, que tous les bons François avoient du déplaisir de voir que cette Couronne abandonnoit

donnoit ses alliés, & que le Conseil de France sembloit pensionnaire du Roi d'Espagne. Toutefois le Cardinal de Richelieu qui étoit le plus zélé aussi bien que le plus prudent Ministre de son tems, & qui contribua beaucoup à la ligue qui se fit l'an 1625. la rompit pourtant avant qu'elle fut bien cimentée. Ce parfait politique ne jugea pas raisonnable que le Roi son maître entreprit une guerre étrangere, que premierement il n'eut ôté aux Huguenots le moyen de troubler l'Etat, & retira de leurs mains deux cens places de sureté dont ils auroient pu abuser. Gustave le grand Roi de Suede fit des actions incroyables en Allemagne, parce qu'il y vint au tems que l'Empereur s'étoit affoibli, pour fortifier les Espagnols, que tous les Protestans étoient dans la crainte de perdre leurs biens & leur Religion, & que la France étoit en état de le seconder. Fridéric III. Roi de Dannemarc, sçachant que Corwitz Ulefed sollicitoit à sa ruine Charles Gustave Roi de Suede, dissimula le désir qu'il avoit de prévenir son malheur, jusqu'à ce que voyant ce Prince presque accablé en Pologne, il se résolut de se mettre hors de crainte. Alors il se ligua avec plusieurs grands Princes, déclara la guerre aux Suédois, & si la fortune fut contraire à son dessein, ce fut plutôt un effet de son caprice ordinaire, & du trop grand pouvoir de sa noblesse, que de la sage résolution que ce Prince avoit prise, après avoir bien disposé de tout ce qui dépendoit de lui. Cromwel mourut dans son lit craint & redouté de toute l'Angleterre, après l'avoir tyrannisée longtems, parce qu'il avoit bien pris l'avantage que le Roi Charles I. lui donna, souffrant ouvertement à sa Cour un Nonce du Pape, & parce qu'il eut toujours de fidéles ministres de son injustice, & de quoi payer les espions qui l'avertissoient des conspirations que l'on faisoit contre sa personne. Enfin les politiques qui usent de leur prudence avec la circonspection requise, portent les affaires à un haut point.

(70) *Les rusés & expérimentés Ministres se prévalent des occasions fortuites.* La politique ne seroit pas plus difficile que les autres disciplines, s'il ne faloit suivre que les régles générales de la prudence. Mais parce que souvent il faut se résoudre sur le champ, & faire la guerre à l'œil, l'on trouve peu de personnes qui puissent passer pour grands politiques, bien qu'on en trouve plusieurs qui se mêlent d'enseigner cette science des Rois. Il est

bien vrai, que tous les Etats ont des maximes qui doivent servir de boussole à celui qui en tient le timon. Mais on voit naître mille occasions, où les plus habiles perdent l'escrime, & ne sçavent de quel côté se tourner. La France qui a pris le contrepied des maximes qu'on observe en Espagne, doit persuader aux peuples protestans qu'elle s'intéresse à leur conservation, & que l'Espagne les veut détruire pour s'aggrandir de leur dépouille, sous prétexte qu'ils sont désobéïssans à l'Eglise. Cela noté, elle ne doit point donner de soupçon qu'elle en veuille à ceux qu'elle fait semblant de protéger. Il arrive pourtant, que les Huguenots de son pays diminuent son pouvoir, & l'intérêt d'Etat veut qu'elle les range à l'obéïssance. Que fera le Roi Louis XIII. qui ne veut point abandonner cette maxime, ni laisser les Réformés en la possession des forteresses qui les rendent peu respectueux aux ordres de Sa Majesté? Sans mentir, c'est être en peine, & il n'y a que lui & le Cardinal de Richelieu, qui s'en puissent délivrer. Ils continuent aux Protestans le secours qu'ils ont accoutumé de leur donner, & ne laissent pas d'attaquer leurs sujets de diverse Religion. Ils le font pourtant sous un plausible prétexte, ils les font passer pour des personnes qui ne veulent obéïr ni à Dieu ni aux Loix, leur font une guerre vigoureuse, & obtiennent des Protestans même, des vaisseaux qui contribuent à leur ruine, ainsi qu'on peut juger de ce qui s'est passé au siége de la Rochelle. L'Espagne n'a pas abandonné la maxime générale de son intérêt avec tant de succès. Elle a pour regle fondamentale de son aggrandissement, de défendre les Catholiques en toutes les rencontres, & de n'entreprendre aucune guerre, sinon sous le sacré prétexte de Religion. Il arrive néanmoins, que Charles de Gonzague Duc de Nevers, est appellé à l'héritage du Mantouan & du Montferrat. L'intérêt de l'Espagne est de ne point attaquer ce Prince, parce qu'il est Catholique ; mais d'un autre côté, il importe infiniment à cette Monarchie d'empêcher qu'aucun François ne régne en Italie, & prend les armes contre ce Duc, seulement parce qu'il est né en France. La Cour d'Espagne voit bien qu'elle pêche contre une maxime qui lui a plus servi que toutes ses armées ; elle ne laisse pourtant pas de passer outre, croyant qu'un seul acte ne sera pas capable d'en effacer une infinité de contraires. Si est-ce que cette action a été le commencement des malheurs qui l'accompagnent encore, & peut-être ne persuadera-t'elle jamais plus, qu'en toutes ses actions elle vise au bien & à l'avancement de l'Eglise Romaine & de la Religion Catholique, sans avoir égard à son intérêt.

(71) *Un autre moins avisé que Drusus auroit négligé cette occasion.* Nous avons déja vû ci-devant, que Drusus se servit de l'occasion d'une éclipse solaire, pour remettre les troupes Romaines à l'obéissance qu'elles refusoient de lui rendre. Que Colomb menaça quelques pauvres Américains de leur ôter la Lune, s'ils ne faisoient promptement ce qu'il leur demandoit, & que Pizarre feignit d'être le Viracoca pour conquérir le Pérou. Nous ne nous opposons point à la maxime que M. Naudé tire de l'usage de ces accidens imprévûs; & au contraire, nous disons avec lui, qu'il faut que chacun convertisse à son usage les choses que le cas fortuit lui présente. Nous ajoutons même à cela, qu'on ne peut point passer pour habile politique, si on n'a l'esprit si vif, si actif, & si prévoyant, que rien ne lui semble nouveau, que rien ne le retire de son assiéte, & qu'il ne sçache tourner les malheurs mêmes à son profit. L'on dit que pendant le ministere du Cardinal de Ri-

chelieu, ce grand politique voyant que la grande prospérité du Roi diminuoit le respect qu'on portoit à son Eminence, il obligea une de ses créatures de combattre contre raison & à son désavantage, afin que la perte d'une armée obligeât le Roi à recevoir ses conseils avec plus de soin, & à l'estimer davantage. Ce qui est véritablement sçavoir tourner toutes choses à son profit ; mais l'on ne peut pas dire, que ce soit bien servir son maître. Ceux-là ne le servent guéres mieux, qui commandant les armées, empêchent que les moindres Officiers ne battent l'ennemi, lorsque l'occasion de le faire sans danger, se présente. Le vieux Maréchal de Biron le fit pourtant, lorsqu'il dit à son fils qui lui proposoit un moyen infaillible d'obtenir une grande victoire. *Comment, Maraut, nous veux-tu renvoyer à Biron pour y planter des choux ?* C'est-à-dire, veux-tu que nous achevions la guerre, & que par ce moyen nous retournions à une vie particuliere & champêtre ?

(72) *Charles V. se servit de l'hérésie de Luther, pour diviser & affoiblir les Princes d'Allemagne.* Le subtil Boccalin est d'une opinion tout-à-fait contraire à celle de M. Naudé. Et je crois que l'Italien étoit pour le moins aussi bon politique que

le François, voire même, qu'il le surpassoit en cette matiere. Cet Italien dit, que Thomas Morus ayant demandé à Apellon, quand les hérésies qui assiégeoient la Chrétienté devoient cesser ? Il lui fut répondu, qu'elles cesseroient quand le Roi d'Espagne se contenteroit de la Castille, & l'Empereur du Comté de Habsbourg. Puis il s'explique & dit, que les hérétiques ont embrassé les nouvelles opinions qu'ils suivent si opiniâtrement en la religion, pour se liguer d'autant plus étroitement contre l'ambition de la Maison d'Autriche, & juge que la Religion sert d'obstacle à la puissance d'Espagne. D'où l'on peut conjecturer, que si Charles V. contribua à l'accroissement de la Doctrine de Luther, il pécha contre son intérêt, puisque les Protestans étoient & sont encore plus enclins à s'opposer à son aggrandissement, & plus capables de faire avorter ses desseins. En effet, ils sont plus puissamment unis par le lien de la Religion & de la liberté ensemble, que si celle-ci seule les lioit à son intérêt. Et de cela nous pouvons conclure, que le Sieur Naudé n'a pas toujours le droit de son côté.

(73) *Le même Empereur voyant que la fortune de Henri II. mettoit des bornes à la sienne.* Peu de Princes ont été si heu-

reux que l'Empereur Charles V. & sans faire aucune comparaison de lui & de Henri II. qui régna moins de tems, & mourut plus malheureusement, je dis, que la fortune de Charles nâquit avec lui, & l'accompagna jusqu'à la mort. Il fut fils de l'Archiduc Philippe, qui par son mariage avec Jeanne d'Espagne, lui acquit une grande partie du monde. Il vit ses plus redoutables ennemis en prison ou en fuite ; & ayant fait ce qu'aucun de ses prédécesseurs n'avoit osé entreprendre, il se lassa de régner pour vaincre ses appétits avec plus d'éclat, qu'il n'avoit vaincu ses ennemis. Ce grand Prince nâquit l'an 1500. prit devant Pavie le Roi François I. l'an 1525. obligea le Pape Clément VII. de lui payer rançon, pour sortir des mains du Prince d'Orange son Général l'an 1527. fut couronné Empereur de la main du même Pape l'an 1530. Il ôta à Jean Fridéric Electeur de Saxe, sa liberté & son Electorat l'an 1547. & peu après, il se vit sur les bras l'Allemagne & la France liguées ensemble. Il sortit pourtant de ce mauvais pas par adresse, & ayant rangé les Princes Allemans à la raison, il attaqua les François avec une extrême vigueur. Cette action témoigna plus de chaleur & de colere, que de prudence; & ce Héros ayant affiégé Metz au cœur de l'hiver, il fut contraint de lever le fiége le premier jour de Janvier l'an 1553. C'étoit une témérité, que d'affiéger une place bien fortifiée & gardée par le Duc de Guife, qui étoit un des plus grands hommes de fon fiécle, & qui avoit douze mille hommes de combat dans la ville. Auffi Metz arrêta-t'il fon *plus ultrà*, pour cette fois là; mais celui qui l'avoit fait échouer à Metz, ne le put point empêcher de ruiner Terouanne, & quelques autres places en Picardie, lefquelles il fit rafer, pour attiédir un peu fa colere. Ce ne fut pas auffi feulement contre les Chrétiens que ce grand Empereur tira fon épée. Il fit lever le fiége de Vienne, & paffa deux fois en Afrique contre les Mahométans. Après tout cela, il fongea plus férieufement à la conquête du Ciel, qu'il n'avoit fongé à celle de la terre, alors il fit bâtir un petit corps de logis en l'Abbaye de Saint Juft proche de Palencia, & s'y retira pour y paffer le peu de jours qui lui reftoient en la contemplation des biens céleftes, & y mourut le 21. de Septembre 1568.

(74) *Faire pénitence du péché fecret qu'il avoit commis en la naiffance d'un fils bâtard, qui lui étoit auffi neveu.* De

toutes les fautes que M. Naudé a commises en ce traité, je n'en trouve point de plus imprudente que celle qu'il commet ici. A quel propos parler d'un péché secret? & d'un péché de cette nature, en un Prince admirable par une infinité de vertus? S'il est vrai que ce grand Empereur soit tombé dans un inceste, il est vrai aussi que ses ennemis n'en ont rien dit, ou parce qu'ils n'en sçavoient rien, ou parce qu'ils trouvoient plus convenable d'en ensevelir la mémoire dans le silence, que de le divulguer. Le Sieur Naudé auroit plus d'honneur d'avoir fait de même, que d'en avoir parlé & médit d'une personne si auguste. Et si ce péché a été inventé par ses ennemis, comme il y a de l'apparence, & comme je le crois, celui qui l'ose écrire est encore plus digne de blâme. Tellement que je ne vois pas, comment les ennemis même de la gloire de Sa Majesté, pourront excuser l'auteur de nos considérations sur les coups d'Etat.

(75) *Philippe I. Roi de France augmenta beaucoup son Royaume, & le délivra de la tutelle des Maires du Palais.* Pendant le régne de Philippe I. Pierre l'Hermite disposa les Chrétiens à prendre les armes, pour recouvrer la Terre-Sainte. Et alors plusieurs Princes & Sei-

gneurs vendirent leurs terres pour fournir aux frais du voyage. Godefroi de Bouillon chef de cette redoutable armée, vendit à l'Evêque de Liége, la terre dont il portoit le nom. Et Philippe I. Roi de France n'oublia pas aussi son intérêt, & il acheta de Harpin le Comté de Berri. Il peut aussi avoir fait d'autres acquisitions. Mais je ne trouve point qu'il ait délivré la France de la tutelle des Maires du Palais. Ces Messieurs avoient si mal traité leurs maîtres, avant que Philippe fut au monde, qu'on croit que Hugues Capet le prévint, & que ce fut lui qui abolit cette charge. Pour moi je n'en doute point, & en effet, Capet auroit été blâmé d'imprudence, s'il eut laissé au monde un office capable de détrôner sa postérité. Au reste Philippe étoit ingrat & malicieux, & rendit mal la pareille à Baudouin Comte de Flandres, qui avoit été son Curateur pendant son enfance ; car il souffrit que Robert le Frison abusant de la minorité de ses neveux enfans de Baudouin, les dépouillât de leur héritage.

(76) *Philippe Auguste abandonna Richard Roi d'Angleterre en Orient, pour venir en France brouiller les affaires des Anglois.* Tout le monde sçait, qu'il y a eu de grands démêlés entre les François

& les Anglois, depuis que l'Angleterre a été unie à la Normandie. Et peut-être n'est-ce pas faire tort à Philippe II. surnommé Auguste, que de lui imputer le crime dont M. Naudé le noircit. Ce Prince, que l'histoire loue pour sa piété, justice & modestie, avoit une sœur nommée Marguerite, qui fut mariée à Henri II. Roi d'Angleterre, & mourut sans enfans l'an 1183. Philippe redemanda le Vexin qui lui avoit été donné en dot, & l'Anglois le refusa. Ils en vinrent aux mains, & Philippe obtint plusieurs victoires. Sur ces entrefaites Henri mourut, & Richard Duc de Guyenne son frere lui succéda à la Couronne, & fit la paix avec Philippe pour aller à la Terre Sainte, où les affaires des Chrétiens étoient en mauvais état. Le voyage que ces Princes firent ensemble les rendit trop familiers, & leur familiarité fit que l'un méprisa l'autre, & de ce mépris nâquit une haine immortelle, bien qu'ils eussent juré une amitié fraternelle & inviolable. Ceci advint l'an 1190. & ce voyage ne fut pas du tout inutile, puisque ces Rois prirent Acre. Mais la peste se mit dans leurs troupes, & Philippe désira de retourner en son Royaume, alléguant pour cela son indisposition. L'Anglois s'y opposa, craignant qu'il n'entreprit quelque chose sur les Etats qu'il avoit en France. Il y consentit pourtant, après que Philippe l'eut assuré avec serment, qu'il ne lui feroit aucun dommage. Cela nonobstant, Philippe qui se trouvoit lézé par la retention que l'Anglois faisoit de la dot de sa sœur Marguerite, & du mépris qu'il faisoit d'une autre sœur du même Philippe nommée Alix, mariée à Richard, il traita sous main avec Jean frere du Roi Anglois, qui régentoit en Angleterre pendant son absence, & lui surprit Gisors & quelques autres places du Vexin par intelligence. Les nouvelles de ce manquement de foi étant venues aux oreilles du Roi Richard, il ne songea plus qu'à venir défendre ses Etats, & pour cela il rendit à Saladin tout ce qu'il lui avoit pris pendant la guerre. Il revint donc en Angleterre par la Grece, la Hongrie & l'Allemagne, où Léopold Marquis d'Autriche l'arrêta prisonnier à Vienne, & n'en sortit point qu'il n'y eut demeuré vingt-deux mois & payé cent cinquante mille livres sterlins pour sa rançon. De sorte qu'il eut raison de vouloir venger sur Philippe le tort qu'il lui avoit fait : & M. Naudé n'en a pas moins de dire que Philippe l'abandonna pour venir brouiller les affaires des Anglois. L'on peut voir dans l'histoire les maux, que les animosités de ces Princes causerent à leurs Etats. Et je passe à la considération du cinquiéme & dernier chapitre du Traité de M. Naudé sur les coups d'Etat.

CHAPITRE V.

(1) *Quelles conditions sont requises au Ministre, avec qui l'on peut concerter les Coups d'Etat.*

L'On me pourra objecter ici, que je ne devrois traiter des conditions du Ministre, qu'après avoir parlé de celles du Prince, puisque (2) c'est lui qui donne le premier branle & mouvement à tout ce qui est fait dans son Conseil, comme le premier mobile entraîne tous les Cieux avec soi, & le Soleil communique sa lumiere à tous les astres & planetes. Mais à cela je puis répondre, que les Souverains nous sont donnés, ou par succession ou par élection; or de ces deux moyens le premier suit la nature à laquelle nous obéissons ponctuellement, sans restriction ou considération d'aucune circonstance voire même,

Dum pecudes auro, dum murice vestit asellos (a)

Et le second dépend des brigues, monopoles, & cabales de ceux qui se trouvent les plus riches, & les plus puissans d'amis, de faveurs & d'argent, pour satisfaire à leur ambition. De maniere que (3) ce seroit parler en vrai pédant, de proposer ou de penser seulement, que les considérations de la vertu & des mérites puissent avoir lieu parmi un tel désordre. Mais pour ce qui est des Ministres, (4) on en peut philosopher d'autre façon, parce qu'ils dépendent absolument du choix que le Prince en peut faire ; lui étant permis voire même bien-séant & honorable, de trier soigneusement d'entre

---

(*a*) Quand il revêt d'or les brebis, & les ânes de pourpre.

tous ses amis ou domestiques, celui qu'il jugera être le mieux conditionné pour le sérieux emploi où il le veut mettre (a) *Sapientissimum enim dicunt eum esse cui quod opus sit veniat in mentem, proximè accedere illum qui alterius bene inventis obtemperet.* J'ajoute encore, qu'outre l'honneur que le Prince reçoit d'une telle élection, il en retire une commodité tres-grande, & si considérable que s'il ne se veut négliger & abandonner lui-même, il est presque nécessité de procéder à cette élection : Velleius Paterculus ayant remarqué fort à propos, que (5) (b) *magna negotia magnis adjutoribus egent*, & Tacite que

---

(a) Car on appelle le plus sage celui à qui il vient en la pensée tout ce dont il a besoin, & que celui-là en approche de bien près qui obéit aux bonnes inventions qu'un autre a trouvées. *Cicero pro Cluentio.*

(b) Les grandes affaires ont besoin de grandes aides. *Libr.* 2.

(a) *gravissimi Principis labores queis orbem terræ capessit, egent adminiculis.* Joint que comme dit fort bien Euripides σοφὸς τύραννος τῶν σοφῶν συνυσίᾳ (b) *Princeps fit sapiens sapientium commercio.* Et en effet les Histoires nous apprennent, que (6) ceux-là ont toujours été estimés les plus sages entre les Princes qui n'ont rien fait de leurs têtes, ni sans l'avis de quelque fidéle & assuré Ministre; d'où vient qu'Alexandre (7) avoit toujours auprès de soi Clirus & Ephestion, qu'Auguste ne faisoit rien sans l'avis de Mécénas & d'Agrippa, que (8) Neron fut le meilleur des Empereurs pendant qu'il suivit le conseil de Burrus & de Séneque, & pour venir à ce qui est plus de notre connoissance, (9) Charles V. & Philippe II. ont eu

---

(a) La plus grande peine qu'un Prince puisse prendre à gouverner le monde, a besoin d'assistance. 12. *Annal.*

(b) Le Prince se rend sage par le commerce qu'il a avec les sages.

les Sieurs de Chevres & Ruy de Gomez pour confidens, tout ainsi que (10) les intimes Conseillers de Charles VII. furent en divers tems le Comte de Dunois, Louvet, Président de Provence, Tannegui du Chastel & un Comte de Dammartin. Pour ce qui est de son fils (11) Louis XI. comme il étoit d'un esprit défiant, variable, & toujours trouble, aussi changea-t'il plusieurs fois de serviteurs secrets & affidés, mais néanmoins il en avoit toujours quelqu'un à qui il se communiquoit plus librement qu'aux autres, témoins le Cardinal Ballue, Philippes de Comines, & son Médecin Cottier. (12) Charles VIII. en fit de même du Cardinal Brissonet, & son successeur Louis XII. du Cardinal d'Amboise qui le possédoit entiérement. Le Roi (13) François I. avoit plus de fiance à l'Amiral d'Annebaut qu'à nul autre, & Henri II. au Connétable de Montmorenci. Bref nous voyons dans la fuite de nos Annales (14) que les deux freres de Lorraine furent l'appui de François II. le Cardinal Birague de Charles IX. (15) M. d'Espernon d'Henri III. Meſſieurs de Sully, Villeroi, & Sillery d'Henri IV. & Monſeigneur (16) le Cardinal de Richelieu de notre Roi Louis le Juſte & le Triomphant.

Mais cette maxime étant établie comme très-certaine & véritable, que les Princes doivent avoir quelque Conſeiller ſecret & affidé, les politiques ſe trouvent bien en peine à ſe réſoudre, s'ils ſe doivent contenter d'un ſeul, ou en avoir pluſieurs en égal & pareil dégré de confidence. Car ſi l'on veut agir par raiſons & par exemples, Xénophon nous avertira d'un coté que πολλοὶ βασιλέως ὀφθαλμοὶ καὶ πολλὰ ὦτα, (a) *multi debent eſſe Regis*

(a) Le Roi doit avoir pluſieurs yeux & pluſieurs oreilles. *l.* 28. *pæd.*

oculi, & multæ aures, (17) & le Triumvirat qui a si heureusement gouverné la France sous Henri IV. fera foi de son dire, quand bien nous n'aurions pas l'exemple d'Auguste & des anciens. D'ailleurs aussi nous sçavons qu'entre plusieurs (a) *non voto vivitur uno*, (18) & qu'en matière d'affaires il n'y a rien de plus préjudiciable, ni de plus fâcheux que la diversité d'opinions, que la haine, l'ambition, la vaine gloire ou passions semblables font bien souvent proposer & autoriser, ce qui est directement contraire à la raison, & Tacite remarque fort à propos, que (b) *cæde Messalinæ convulsa est Principis domus, orto apud libertos certamine*: de sorte que tout ainsi que

―――――――――――――――

(a) On n'est pas toujours d'un même sentiment.

(b) Par la mort de Messalina, la maison du Prince fut toute bouleversée, à cause de la contestation qui survint entre ses affranchis.

le grand nombre de Médecins tue souvent les malades, (19) le trop grand nombre de Conseillers ruine aussi presque toujours les affaires. C'est pourquoi il me semble à propos, pour accorder ces deux opinions si différentes, d'user de quelque distinction, & de dire, que si le (20) Prince se juge assez fort, authorisé, judicieux, & capable pour être au-dessus de ses Conseillers & Confidens, il est bon d'en avoir trois ou quatre, parce qu'après qu'ils auront opiné sur quelqu'incident, il en pourra tirer diverses ouvertures ou moyens, & choisir celui qu'il estimera plus expédient d'exécuter : mais s'il est d'un esprit foible, peu entendu & incapable de choisir le meilleur avis & le faire suivre, il est sans doute plus expédient, qu'il ne se confie qu'à un seul qu'il choisira pour le plus judicieux & mieux conditionné de tous les autres ; parce que s'il se commet à plusieurs, il peut arriver que chacun d'eux aura ses intérêts particuliers différents, ses intentions diverses, ses desseins tout-à-fait dissemblables, sur quoi le Prince n'étant pas en état de les régler, & de leur servir de chef, les brigues & les partis se formeront dans son conseil, l'ambition s'y coulera, & la jalousie qui la suit d'aussi près comme elle fait l'amour. La raison n'y fera rien, & la passion y fera tout ; le secret en sera banni, & cependant le pauvre Prince sera inquietté d'une étrange façon, il ne sçaura à quoi se résoudre, ni de quel côté se tourner, (21) il servira de fable à son peuple, & de jouet à la passion de ses Ministres. C'est ce qui a été très-judicieusement remarqué par Tacite à propos de l'Empereur Galba, (a) *quippe hiantes in magnâ fortunâ ami-*

___

(a) Car la trop grande facilité de Galba, augmentoit la convoitise de ses amis, qui bail-

corum cupiditates ipsa Galbæ facilitas intendebat, cùm apud infirmum & credulum minori metu, & majori præmio peccaretur. (22) Autant en arriva-t'il à *l'Empereur Claudius*, & de notre tems à *Charles VIII.* en ce qui concernoit les affaires de Pise & Sienne. Guicciardin fait la même remarque de Clement VII. & les politiques Italiens ont pris sujet d'en former cet axiome, (*a*) *Ogni volta che un Principe sara in mano di, piu quando non habbia consiglio e prudenza da sè, sarà preda di tutti*, où au contraire s'il ne se fie qu'à un seul Ministre bien conditionné & entretenu suivant les devoirs reciproques de maître à ser-

---

ioient après une grande fortune; vû même que les fautes que l'on commettroit auprès d'un esprit foible & crédule comme le sien, étoient suivies de moins d'appréhension, & de plus de récompense. *Hist. lib.* 5

(*a*) Toutes les fois qu'un Prince se met entre les mains de plusieurs, s'il n'a du conseil & de la prudence de soi-même, il sera la proie de tous.

viteur,

viteur, toutes choses en iront beaucoup mieux pour le Prince, son crédit lui sera conservé, son autorité maintenue, sa personne aimée, ses commandemens exécutés, & tout (23) son Etat en recevra des fruits pareils à ceux que reçoit maintenant la France du sage gouvernement de Monseigneur le Cardinal de Richelieu.

Cela donc étant résolu, qu'un Prince doit avoir quelque Ministre ou Conseiller secret, fidéle & confident, il faut maintenant voir de quelle façon il le peut choisir, & quelles qualités il doit rechercher en sa personne; ou pour mieux dire, de quelle condition il le doit prendre, tant pour ce qui est du corps & des accidens qui le suivent, que de l'esprit. Après quoi nous ajouterons aussi ce que doit contribuer le Prince à la satisfaction de son Ministre & mettrons fin à ce présent discours.

Or pour ce qui est du premier

point qui nous doit principalement montrer de quelle qualité, office ou sorte de personnes on peut prendre un Ministre, je m'y trouve aussi empêché que l'étoit Vegece pour résoudre de quel lieu & de quelle condition de personnes on pouvoit choisir un bon soldat. Car comme toutes les affaires ne sont pas semblables, (24) aussi toutes sortes de personnes ne sont pas toujours bonnes à toutes sortes de négociations, non plus que tout bois n'étoit anciennement propre à faire la statue de Mercure. Je dirai néanmoins pour vuider ce différent, (25) qu'il faut distinguer entre le Ministre de conseil, & le Ministre d'exécution; car encore qu'on leur puisse donner à tous deux cet avertissement rapporté par Tite-Live, (a) *magis*

(*a*) Il t'importe plus qu'à aucun autre, Titus Osacilius, de ne te charger pas d'un fardeau dont tu puisses être accablé. *Lib.* 24.

nullius interest quàm tuâ, T. *Ofacili*, *non imponi cervicibus tuis onus sub quo concidas*; il faut néanmoins pour les considérer tous deux en particulier, y apporter aussi des conditions différentes, & dire, pour ce qui est du dernier, (26) qu'on ne peut manquer de le tirer d'entre les plus nobles & illustres familles, afin qu'il exerce la charge & le commandement qu'on lui donnera avec plus d'éclat, de grandeur & d'autorité. Il faut aussi prendre garde qu'il ait l'inclination & la suffisance proportionnée à l'emploi auquel il est destiné,

Nec enim loricam poscit Achillis Thersites. (a)

Et comme un Appius ne duisoit aucunement aux affaires populaires, Cleon n'entendoit pas la conduite d'une armée, (27) Philopœ-

---

(a) Car un Thersite ne demande pas la cuirasse d'Achilles.

V ij

men ne sçavoit nullement commander sur mer, Periclés n'étoit bon que pour gouverner, Diomedes que pour combattre, Ulysse que pour conseiller ; il faut de même tirer avantage de ces diverses inclinations, afin d'appeller à chaque vacation celui qui pour y avoir du naturel, la peut exercer avec honneur & satisfaction, autrement ce seroit faire tort à ceux qui sont nés pour commander, de les assujettir aux autres qui ne sont faits que pour obéir ; à ceux qui ne sont pas hardis & belliqueux, de leur donner la conduite d'une armée, (28) & d'employer aux ambassades ceux qui ne sçavent ni parler ni haranguer, étant beaucoup plus à propos, comme nous avertit un Ancien (a) *quemque cui que functioni pro indole suâ admovere:* mais pour ce qui est du choix d'un

―――――――――――――

(a) D'employer chacun à la fonction dont son génie est plus capable.

Ministre, je crois qu'on en peut discourir d'autre façon, & pour résoudre le doute proposé ci-dessus (29) si on le doit tirer d'entre les familles illustres de l'Etat, ou des personnes de médiocre condition. Il me semble qu'on le peut faire de toutes les deux sortes indifféremment, parce que (a) *dum nullum fastidiretur genus in quo eniteret virtus, crevit Imperium Romanum.* Il y a toutefois ces difficultés du côté des Nobles & grands Seigneurs, qu'ils sont enviés des autres, que (30) bien souvent au lieu d'obéir ils veulent commander ; qu'ils conseillent plutôt le Prince suivant leur intérêt particulier, (31) que le bien de l'Etat ; qu'ils veulent avancer leurs créatures, & (32) ruiner ceux qui sont con-

---

(a) L'Empire Romain s'est toujours augmenté, pendant qu'on n'a point dédaigné ceux où l'on voyoit éclater la vertu, de quelle condition qu'ils fussent. *T. Livius lib.* 4.

traires à leur cabale ; qu'ils (33) veulent bien souvent entreprendre sur l'autorité de leur Maître, comme firent les Maires du Palais en France ; qu'ils brouillent le Royaume pour se rendre nécessaires ; qu'ils ne sont jamais contens de ce qu'on leur donne, comme étant toujours au-dessous de ce qu'ils pensent avoir mérité, soit pour leurs services ou pour la grandeur de leur maison ; bref il me semble (34) qu'en cette occasion, où l'on n'a que faire de la noblesse & dignité des personnes, mais plutôt de leur avis, conseil, & jugement, (35) un Marquis, un Duc, un Prince, ne peuvent pas mieux rencontrer que les hommes de médiocre condition, & peuvent causer beaucoup plus de mal ; où au contraire ceux-ci peuvent faire autant de bien, ne coûtent pas tant, se rendent plus sujets, plus faciles & traitables, & sont beaucoup moins à craindre. Et à la vérité Séneque avoit raison de dire, (a) *nulli præclusa est virtus, ommes admittit, nec censum, nec sexum eligit.* A propos de quoi (36) Tacite remarque que les Allemands prenoient même conseil de leurs femmes, (b) *nec consilia earum aspernabantur, nec responsa negligebant.* Ce que Plutarque confirme aussi des Lacédémoniens, & beaucoup d'Historiens, des Empereurs Auguste & Justinien, & Cecilius disoit fort bien dans les Tusculanes de Ciceron, (c) *sæpe etiam sub sordido pallio latet sapientia.* Ce sont les occasions, l'emploi, & les affaires qui la découvrent, & qui la font briller & éclater.

(a) La vertu n'est inaccessible à personne; elle reçoit un chacun, & ne fait choix ni de condition ni de sexe. *In epistol.*

(b) Ils ne méprisoient pas leurs conseils, & ne négligeoient pas leurs réponses. *De morib. Germ.*

(c) La sagesse se trouve même souvent cachée sous un habit mal propre.

(37) Si l'on n'eut employé Matthieu Paumier Florentin, à l'ambassade de laquelle il s'acquitta si dignement envers le Roi Alphonse, on auroit toujours crû qu'il n'étoit bon qu'à battre le mortier pour faire des médecines & clistéres ; si le Cardinal d'Ossat ne se fut rencontré dans les affaires de la Cour de Rome, on se fut toujours persuadé qu'il n'étoit propre qu'à pédanter dans les Colléges de Paris, & à défendre Ramus contre Charpentier. Et le semblable peut-on dire encore des Cardinaux Balue, Ximénés, & du Perron, (*a*) *quorum nobilitas sola fuit atque unica virtus*. L'on dit que de toutes tailles bons levriers, & pourquoi non de toutes sortes de conditions de bons esprits : (38) Cardan étoit Médecin, Bodin Avocat, Charron Théologien,

―――――――――――

(*a*) Dont le mérite seul a fait la noblesse.

Montagne Gentilhomme, la Nouc Soldat, & le Pere Paul Moine : enfin

Sæpe etiam est olitor verba opportuna locutus. (a)

(39) C'est pourquoi je n'exclus personne de cette charge, non les étrangers, parce que Tibere (b) *subinde res suas quibusdam ignotis mandabat*, & que Charles V. se servit de Granvelle, François I. de Trivulce, Henri II. de Strozzi, & Charles IX. du Cardinal de Birague. (40) Non les jeunes, parce que (c) *cani indices ætatis non sapientiæ*, & que Ciceron nous avertit, (d) *ab eximiâ virtute progressum ætatis*

(a) Un Jardinier même a dit souvent de bonnes choses.
(b) Commettoit quelquefois l'administration de ses affaires à des gens inconnus. *Tacit.* 4. *Annal.*
(c) Les cheveux blancs sont les marques de l'âge, & non de la sagesse.
(d) Qu'il ne faut pas attendre le progrès de l'âge d'une extraordinaire vertu. *Philip.* 5.

expectari non oportere, témoin les exemples de Joseph, David, Ephestion, & Papyrius. Non les vieux, puisque Moyse, par le conseil de son beau-pere Jethro en choisit soixante-dix pour gouverner avec lui le peuple d'Israël, & que Louis XI. pensa être accablé par la guerre du bien public, pour n'avoir pas voulu croire aux vieux Conseillers que son pere lui avoit laissés. Non les ignorans, puisque comme dit Seneque, (a) *paucis ad bonam mentem opus est litteris*, & que suivant l'opinion de Thucydides les esprits grossiers sont plus propres à gouverner des peuples, que ceux qui sont plus subtils & épurés, les grands esprits ayant cela de propre, qu'ils sont plus portés à innover qu'à négocier, *novandis quàm gerendis rebus aptiora, Curt. l. 4.* à dépenser qu'à conserver, à pour-

---

(a) Un bon esprit n'a pas besoin de beaucoup de sciences.

suivre leur pointe avec obstination qu'à céder ou s'accommoder à la nécessité des affaires, & à traiter enfin avec des Anges ou Intelligences qu'avec des hommes, (a) *quod enim celeriter arripiunt id cum tarde percipi vident discruciantur.* (41) Non les lettrés, vû que (b) *Imperator Alexander consiliis togæ & militiæ litteratos adhibebat, & maxime eos qui Historiam norant*, joint que le Cardinal de Richelieu a été tiré du fond de sa bibliotheque, pour gouverner la France. Non les Philosophes, à cause de Xénophon, Seneque & Plutarque. Non les Médecins, puisqu'Oribase par ses bons conseils & avis éleva Julien à l'Empire, qu'Apollophanes étoit

---

(a) Car ils enragent de voir que l'on conçoit lentement ce qu'ils ont saisi avec précipitation. *Cic. pro Roscio.*

(b) L'Empereur Alexandre employoit aux conseils de la robe & de la guerre des hommes lettrés, & particulierement ceux qui sçavoient l'histoire. *Lamprid. in eo.*

chef du Conseil d'Antiochus, qu'Etienne fut envoyé par l'Empereur Justinien à Cosroës, que Jacques Cottier & Oliver le Dain furent des principaux Conseillers de Louis XI. le pere de M. le Chancelier de l'Hôpital de Charles de Bourbon, & M. Miron du Roi Henri III. Non les Moines à cause du Pere Paul de Venise, ni pour finir, telles autres sortes de personnes que ce soit, pourvû qu'elles ayent les conditions que nous expliquerons ci-après ; (a) *magna enim ingenia sæpe in occulto latent*, comme disoit Plaute, & la Prudence & Sagesse ne fait point choix de personne, elle habite aussi-bien dans le tonneau de Diogenes, aux écoles, sous un froc & sous des méchans haillons, que parmi les délices & somptuosités d'un Palais.

(a) Car il arrive souvent que les grands esprits demeurent cachés. *In cap.*

Tant s'en faut, *(a) nescio quomodo factum est, ut semper bonæ mentis soror sit paupertas.*

(42) Or les conditions que le Ministre doit apporter & contribuer du sien au service de son Prince, ne se peuvent expliquer qu'assez difficilement. (43) C'est ce qui a fait suer tant d'écrivains, ce qui a ouvert la carriere à tant de discours, & ce qui a produit tant de livres sur l'idée, l'exemple & la parfaite description du bon Conseiller, du fidéle Ministre, du prudent Politique, & de l'homme d'Etat, quoique tous ces Auteurs ayent plutôt ressemblé aux Archers de Diogenes, qui sembloient tirer au plus loin du but, qu'à Ciceron en son livre de l'Orateur, ou à Xénophon en son Prince. Pour moi qui n'ai pas entrepris comme

---

(a) Je ne sçai comment il est arrivé que la pauvreté est toujours la sœur & la compagne du bon esprit. *Petrone.*

eux de publier un gros livre de toutes les vertus, fous ombre de trois ou quatre qui font nécessaires à un Ministre, je dirai premierement : (44) que je le veux être tel en effet qu'il sera en prédicament, connu du Prince, & choisi de lui-même par la seule considération de ses mérites, sans autre recommandation que de sa propre vertu, (a) *virtute enim ambire oportet, non favitoribus.* Beaucoup qui viennent sur le théâtre du monde pour entrer aux honneurs & confidences, y paroissent bien souvent revêtus d'ornemens empruntés, de faveurs, d'amis, d'argent, de sollicitations & poursuites ambitieuses, ils s'y présentent comme la corneille d'Esope couverts des plumes d'autrui, & font parade de ce qui n'est pas à eux, pour obtenir ce qu'ils ne méritent pas, (45)

(*a*) Car il faut aspirer aux charges par la vertu & non pas par le moyen des fauteurs.

mais leur nudité paroît toujours à travers de ces habits, qu'ils n'ont que par emprunt, & qui les expose aussi-tôt à la honte sur le propre théâtre de la gloire. (46) Il faut donc qu'un homme qui se veut maintenir en crédit & en réputation jusqu'à la fin, entre & pénetre dans le crédit & la bonne opinion de son maître, orné comme l'étoit Hippias Eleus de vêtemens faits de sa main, de sçavoir, de prudence, de vertu, de mérite, de courage, bref de choses qui soient de son propre crû : il faut que comme le Soleil, il produise du dedans la lumiere qui l'éclaire au dehors, de peur qu'il ne ressemble à la Lune, qui n'ayant ce qui la fait luire que par emprunt, montre bien-tôt sa défaillance. Mais parce que ce n'est rien de parler des mérites en général, si l'on ne détermine en particulier quelles sont les vertus qui les composent ; je crois qu'on les peut toutes rapporter (47) à trois principales, sçavoir la Force, la Justice, & la Prudence. Sur lesquelles je me veux un peu étendre, pour les expliquer d'une façon moins triviale, & moins commune que celle des écoles.

Par la force, j'entends certaine trempe & disposition d'esprit toujours égale en soi, ferme, stable, héroïque, capable de tout voir, tout ouïr, & tout faire, sans se troubler, se perdre, s'étonner; (48) laquelle vertu se peut facilement acquérir en faisant des continuelles réflexions sur la condition de notre nature foible, débile, & sujette à toutes sortes de maladies & d'infirmités, sur la vanité des pompes & honneurs de ce monde; sur la foiblesse & imbécillité de notre esprit, sur les changemens & révolutions des affaires, sur les diverses faces & metaschematismes du Ciel & de la terre; sur la diversité des opinions, des sectes, des religions, sur le peu de durée de

toutes

sur les Coups d'Etat. 237
toutes choses ; (49) bref sur les grands avantages qu'il y a de fuir le vice, & de suivre la vertu. Aussi est-ce à peu près comme l'a décrite Juvénal par ces beaux vers de sa dixiéme Satyre.

Fortem posce animum, mortis terrore vacantem,
Qui spatium vitæ extremum inter munera ponat
Naturæ, qui ferre queat quoscunque dolores,
Nesciat irasci, cupiat nihil, & potiores
Herculis ærumnas ducat sævosque labores
Et Venere, & plumis, & cœnis Sardanapali. (a)

M. le Chancelier de l'Hôpital qui étoit pourvû de cette force d'esprit autant qu'aucun autre de ceux qui l'ont précédé ou suivi, la décrivoit encore plus briévement quoiqu'en

---

(*a*) Demandez un esprit qui soit guéri des craintes de la mort, qui mette au rang des présens de la nature le dernier terme de la vie, qui puisse endurer toutes sortes de fatigues, qui ne se fâche point, qui ne desire rien, & qui estime davantage les peines d'Hercule, & ses longs travaux, que les délices, les festins, & les plumes (*licts*) de Sardanapale.

termes beaucoup plus hardis, desquels même il avoit composé sa devise, (a) *si fractus illabatur orbis impavidum ferient ruinæ.* Arriere donc de ce ministere tant d'esprits foibles & efféminés, tant d'ames couardes & pusillanimes qui s'épouvantent des premieres difficultés, qui fuyent à la moindre résistance, & qui perdent l'esprit lorsqu'on leur parle de quelque grande résolution. (50) Je veux un esprit d'Epictete, de Socrates, d'Epicure, de Seneque, de Brutus, de Caton, & pour me servir d'exemples plus familiers, du pere Paul, du Cardinal d'Ossat, du Président Janin, de Votre Eminence, de Ferrier, & de quelques autres de pareille marque. Je veux qu'il ait les bonnes maximes de Philosophie dans la tête non pas sur les levres, qu'il connoisse la nature en son tout

---

(*a*) Si le monde se bouleversoit, ses ruines me frapperoient sans que j'en fusse épouventé.

& non pas en quelque partie, (51) qu'il vive dans le monde comme s'il en étoit dehors, & au-dessous du Ciel comme s'il étoit au-dessus, afin qu'il ne puisse pas seulement, comme les Gaulois appréhender la ruine de cette grande machine ; je veux qu'il s'imagine de bonne heure que (52) la Cour est le lieu du monde où il se dit & fait plus de sottises, où les amitiés sont plus capricieuses & intéressées, les hommes plus masqués, les maîtres moins affectionnés à leurs serviteurs, & la fortune plus folle & aveugle ; afin qu'il s'accoutume aussi de bonne heure à ne se point scandaliser de toutes ces extravances. Je veux enfin qu'il puisse regarder (*a*) *oculo irretorto* ceux qui seront plus riches, & moins dignes de l'être que lui, (53) qu'il se pique d'une pauvreté généreu-

_____

(*a*) D'un œil droit & non de travers.

se, d'une obstination au bien, d'une liberté philosophique mais pourtant civile, qu'il ne soit au monde que par accident, à la Cour que par emprunt, & au service d'un maître que pour s'en acquitter honnêtement. Or quiconque aura cette premiere, universelle, & générale disposition, qui conduit l'homme à une apathie, franchise & bonté naturelle, il aura par même moyen la fidélité (a) *optimum enim quemque fidelissimum puto*, disoit fort bien Pline en parlant à l'Empereur Trajan ; & cette fidélité ne sera pas commune, bridée de certaines circonstances, & assujettie à diverses considérations de nos intérêts particuliers, des personnes, de la fin des affaires, & de mille autres, mais une fidélité telle que doit avoir un galand homme, pour (54) servir

___

(a) Car j'estime que le plus homme de bien est aussi le plus fidele. *Valer. Max. lib. 4. cap. 7.*

celui à qui il la promettra envers tous & contre tous, sans exception de lieu, de temps, ni de personnes. C'est ainsi que C. Blosius servoit son ami Tibérius Gracchus, & le pere (55) du Chancelier de l'Hôpital son maître Charles de Bourbon, duquel se trouvant Médecin & Confident lors de sa disgrace & persécution, il ne l'abandonna jamais, le suivant en habit déguisé, participant à toutes ses infortunes, le secondant en tous ses desseins contre le Roi, contre l'Empereur & contre Rome, les Cardinaux & le Pape même. Action que son fils ce grand Chancelier de France a tellement estimée, qu'il l'a bien voulu placer comme la plus remarquable de sa famille, en tête de son testament. Il faut donc qu'un affectionné Ministre soit premierement & principalement garni de fidélité, & que lorsqu'il sera besoin de la témoigner, il dise librement,

*Huic ego nec rerum metas nec tempora pono,
Obsequium sine fine dedi.* [a]

(56) Il faut aussi qu'il soit dégagé d'ambition, d'avarice, de convoitise & de tout autre désir, que de bien servir son maître dans l'état d'une fortune médiocre, honnête, & capable de le délivrer lui & ses plus proches parens d'envie & de nécessité. (57) Car s'il commence une fois à aller au plus à se vouloir avancer dans les charges & dignités, il ne se pourra pas faire qu'il ne préfere son bien propre à celui de son maître, & qu'il ne se serve premier que lui ; & cela étant c'est ouvrir la porte à l'infidélité, perfidie & trahison, (58) il n'y aura plus de secret qu'il ne découvre, plus de conseil qu'il n'évente, plus de résolution qu'il ne dé-

___

[a] Je ne mets point ici de bornes, & n'y limite point de temps, j'ai témoigné une obéissance sans fin.

clare, plus d'ennemi qu'il ne courtise, bref

Publica privatis poſtponet commoda rebus : (a)

S'il déſire la grandeur de ſon maître ce ne ſera que pour avancer la ſienne, à laquelle s'il ne peut parvenir en le ſervant avec fidélité, il ne fera point de doute de le déſervir, de le vendre & livrer à ſes ennemis, pour ſatisfaire à ſon ambition, ou à ſon avarice démeſurée.

Namque ubi avaritia eſt habitant ferme omnia
  ibidem
Flagitia, impietas, perjuria, furta, rapinæ,
Fraudes atque doli, inſidiæque & proditiones. (b)

C'eſt ce que pratiqua autrefois Sti-

―――――――――――――――

(a) Il préferera ſon profit particulier au bien public.

(b) Car là où eſt l'avarice, tous les autres vices y habitent auſſi, l'impièté, le parjure, le vol, la rapine, les fraudes & tromperies, les embûches & les trahiſons. *Valing. in Sagit.*

lico, quand (59) pour s'acquerir l'amitié d'Alaric Roi des Gots, & s'appuyer de son secours pour se saisir de l'Empire d'Orient, il fit une paix honteuse avec lui, & obligea l'Empereur de lui payer tribut sous le nom de pension ; (60) & Pierre des Vignes Chancelier de Fredéric II. fut à bon droit privé de la vûe, pour avoir noué une intelligence trop secrette avec le Pape Alexandre III. ennemi capital de son maître. Ce fut encore pour la même cause que (61) le Cardinal Balue demeura douze ans resserré dans la Tour de Loches sous le Régne de Louis XI. & que le Cardinal du Prat déchût de sa faveur, & fut long temps en prison pendant celui de François I. Cette même force & disposition d'esprit défend aussi à notre Ministre d'être trop crédule ou superstitieux, & bigot : car bien que (a) cre-

―――――

(a) La crédulité soit plutôt un erreur qu'une
dubitas

dulitas error sit magis quam culpa & quidem in optimi cujusque mentem facillime obrepat, (62) c'est toutefois le propre d'un homme judicieux & bien sensé, de ne rien croire (*a*) *nisi quod in oculos incurret*, au moins Palingenius est d'avis qu'il faut ainsi faire crainte d'être trompé, parce que

Qui facilis credit facilis quoque fallitur idem. (*b*)

Et comme nous avons dit ci-dessus, qu'il y avoit quatre ou cinq moyens d'attraper ou tromper les trop crédules & superstitieux, aussi faut-il que celui qui se mêle de les pratiquer, ne soit pas si sot que de s'y laisser prendre par d'autres qui s'en voudroient servir contre lui-

---

faute, & qu'elle s'empare facilement des meilleurs naturels. *Cic. l.* 1. *ep.* 23.

(*a*) Que ce qu'il voit de ses yeux. *Senec. de Ira.*

(*b*) Qui croit facilement se laisse aussi facilement tromper.

même. Joint qu'un Ministre qui aura l'esprit assez bas pour le ravaler & soumettre à la créance de tant de fables, impostures, faux miracles, tromperies, & charlataneries qui se font ordinairement, ne pourra pas donner grande espérance de bien réussir en beaucoup d'affaires, où il faut gaillardement enjamber par-dessus toutes ces folies. (63) Les souplesses d'Etat, les artifices des Courtisans, les menées & pratiques de quelques avisés politiques, trompent aisément un homme plongé dans des dévotions excessives & superstitieuses. (64) La prédiction d'un devin, le croassement d'un corbeau, la rencontre d'un maure, un faux bruit, quelque vaudeville, tromperie, ou supposition, lui feront perdre l'escrime, l'étonneront, & le réduiront à prendre quelque parti honteux & deshonête; à quoi s'il est tant soit peu porté de sa nature, la superstition sœur germaine de cette grande crédulité, l'y plongera tout-à-fait, & lui ôtera si peu de jugement qui lui pouvoit rester. (a) *Occentus soricis auditus Fabio Maximo dictaturam, C. Flaminio magisterium equitum deponendi causam præbuit.* Elle lui ravira le repos du corps, & la fermeté, constance, & résolution de l'esprit (b) *superstitione enim qui est imbutus quiescere nunquam potest*: elle l'assujettira à mille terreurs paniques, & lui fera craindre & redouter.

Nihilo metuenda magis, quàm Quæ pueri in tenebris pavitant, finguntque futura. (c)

(a) Le cri d'une souris fut cause que Fabius Maximus se démit de la Dictature, & Caïus Flaminus, de la charge de Colonel de la Cavalerie. *Val. Max. l. 1. cap. 10.*

(b) Car quiconque est imbu de superstition, il lui est impossible de reposer. *Cicero de fin. l. 1.*

(c) Des choses qui ne sont non plus à craindre que celles dont les enfans ont peur dans les ténébres, & qu'ils s'imaginent devoir arriver.

Elle lui fera commettre plus de péchés qu'il n'en est défendu aux dix Commandemens, & se frottant les yeux avec de l'eau-benîte, ou touchant la chape d'un Prêtre, il pensera effacer toutes les mauvaises actions de sa vie (a) *sic errore quodam mentis famulatur impietati*; elle lui fera trouver des scrupules où il n'y en a point (65) & auparavant que de conclure une affaire, il en voudra parler cent fois à un Confesseur. Il lui révélera le conseil de son Prince, le soumettra à sa censure, l'examinera suivant toutes les regles des casuistes, & à la fin (b) *ea quæ Dei sunt audacter excludet, ut sua tantum admittat*; bref elle le rendra sot, impertinent, stupide, méchant, incapable de rien voir, de rien fai-

---

(a) Et ainsi par l'erreur de l'entendement on se rend esclave de l'impiété. *Paschas, de virtut.*
(b) Il rejettera hardiment les choses qui sont de Dieu pour admettre les siennes propres.

re, de rien juger ou examiner à propos, & capable seulement de causer la perte & la ruine totale de quiconque se servira de lui, & la sienne propre, puisque (*a*) *superstitione quisquis illaqueatus est, non potest effugere proximas miserias, ipsa sibi superstitio supplicium est, dum quæ non sunt mala hæc fingit esse talia, & quæ sunt mediocria mala, hæc maxima facit ac lethalia.* (66) Il ne faut point tant de mystères & de cérémonies pour être homme de bien, (67) Lycurgue fut estimé tel quoiqu'il eut retranché beaucoup de choses superflues & inutiles à la Religion. Le vieux Caton passoit pour le plus vertueux de Rome, encore qu'il se fut mocqué de celui qui prenoit pour mauvais augure que

___

(*a*) Quiconque est enlassé dans la superstition, il ne peut pas éviter les miseres qui lui panchent sur la tête ; sa superstition lui est un supplice, lorsqu'il s'imagine mauvaises des choses qui ne le sont pas ; & qu'il fait grands & mortels les maux qui ne sont que médiocres.

les souris eussent rongé ses chausses, & qu'il lui eut dit (a) *non esse illud monstrum quod arrosæ sint à soricibus caligæ, sed verè monstrum habendum fuisse si sorices à caligis roderentur.* Luculle ne fut estimé impie pour avoir combattu Tigranes un jour que le Calendrier Romain marquoit pour malheureux, ni Claudius pour avoir méprisé les auspices des poulets, non plus que Lucius Æmilius Paulus pour avoir le premier commencé d'abattre & ruiner les Temples d'Isis & de Sérapis. D'où l'on peut conjecturer que la superstition est le vrai caractere d'une ame foible, rampante, efféminée, populaire, & de laquelle tout esprit fort, tout homme résolu, tout bon Ministre doit dire, comme faisoit Varron de

___

(*a*) Que ce n'étoit pas un prodige que les souris eussent rongé des chausses, mais que c'en seroit véritablement un si des chausses rongeoient des souris. *D. August. de Doct. Christian.*

quelqu'autre chose qui ne valoit pas mieux,

Apage in directum à domo nostra istam insanitatem. (a)

(68) La seconde vertu qui doit servir de base & de fondement aux mérites & à la bonne renommée de notre Conseiller, c'est la Justice, de laquelle si nous voulions expliquer toutes les parties, il la faudroit comparer à une grosse tige qui (69) produit trois branches, dont l'une monte à Dieu, l'autre s'étend vers soi-même, & la tierce vers le prochain ; & chacune desdites branches produit encore divers petits rameaux que je n'expliquerai point en particulier, m'étant assez de prendre les choses en gros & non en détail. C'est pourquoi je mettrai le principal fondement de cette justice à être

---

(a) Chassons de notre maison cette folie. *in Eumenidib.*

homme de bien, à vivre suivant les loix de Dieu & de la Nature, noblement, philosophiquement, avec une intégrité sans fard, une vertu sans art, une religion sans crainte, sans scrupule, & une ferme résolution de bien faire, sans autre respect & considération que de ce qu'il faut ainsi vivre, pour vivre en homme de bien & d'honneur,

Oderunt peccare boni virtutis amore. (a)

(70) Mais d'autant que cette justice naturelle, universelle, noble & philosophique est quelquefois hors d'usage & incommode dans la pratique du monde, où (b) *veri juris germanæque justitiæ solidam & expressam effigiem nullam tenemus, umbris & imagini-*

(a) Les gens de bien haïssent le vice pour l'amour de la vertu.

(b) Nous n'avons aucune solide & expresse effigie du vrai droit, & de la véritable justice, nous nous servons seulement de leurs ombres.

bus utimur. Il faudra bien souvent se servir de l'artificielle, particuliere, politique, faite & rapportée au besoin & à la nécessité des Polices & Etats, puisqu'elle est assez lâche & assez molle pour s'accommoder comme la Regle Lesbienne à la foiblesse humaine & populaire, & aux divers tems, personnes, affaires & accidens. Toutes lesquelles considérations nous obligent bien souvent à plusieurs choses que la justice naturelle rejetteroit & condamneroit absolument. Mais quoi, il faut vivre comme les autres, & parmi tant de corruptions, celui qui en a le moins doit passer pour le meilleur, (a) *beatus qui minimis urgetur* ; (71) entre tant de vices, on en peut bien quelquefois légitimer un, & parmi tant de bonnes actions en déguiser quelqu'une. C'est donc

---

(a) Bienheureux est celui qui est travaillé des plus petites.

une maxime, que comme entre les lances celles-là sont estimées les meilleures qui sont les plus souples, aussi entre les Ministres, (72) on doit priser davantage ceux qui sçavent le mieux ployer, & s'accommoder aux diverses occurrences, pour venir à bout de leurs desseins, imitant ainsi le Dieu Vertumnus, qui disoit dans Properce :

Opportuna mea est cunctis natura figuris,
In quamcunque voles verte, decorus ero. (a)

(73) Qu'il se souvienne seulement d'observer toujours ces deux préceptes, le premier de conjoindre & assembler autant qu'il lui sera possible l'utilité & l'honnêteté, l'envisageant toujours & la côtoyant le plus près qu'il lui sera possible : l'autre de ne servir jamais

---

(*a*) Ma nature est propre à prendre toutes sortes de figures, donnez-moi celle que vous voudrez, je serai beau sous chacune.

d'instrument à la passion de son maître, & de ne rien proposer ni conclure, qu'il ne juge lui-même être nécessaire pour la conservation de l'Etat, le bien du peuple, ou le salut du Prince, demeurant à couvert pour ce qui sera du reste, sous ce bon avis de Plutarque, (74) Que bien souvent pour faire la justice il ne faut pas faire tout ce qui est juste. *Livre de la Curiosité.*

(75) Enfin la troisiéme & derniere partie qui doit composer & perfectionner notre Ministre, est la prudence, vertu si nécessaire à un homme de cette qualité, qu'il ne peut en aucune façon s'en passer, vû que comme nous enseigne Aristote, (a) *prudentia & scientia civilis iidem sunt animi habitus*, & qu'au reste elle est si puissante qu'elle seule domine & gouverne les trois

---

(a) La prudence & la science civile sont les mêmes habitudes d'un esprit. *l. 6. Eth. c.* 8.

tems de notre vie, (a) *dum præsentia ordinat, futura prævidet, præterrita recordatur :* si universelle qu'elle comprend sous soi toutes les autres vertus, circonstances, & observations que nous pouvons faire ici de la science, modestie, expérience, conduite, retenue, discretion, & particulierement de ce que les Italiens appellent *Segretezza* par un terme qui leur est propre. Juvénal ayant fort bien dit que

Nullum numen abest si sit prudentia : (b)

(76) Néanmoins comme plusieurs choses sont requises pour former l'or, qui est le Roi des métaux, la préparation de la matiere, la disposition de la Terre, la chaleur du Soleil, la longueur du tems,

---

(a) Lorsqu'elle ordonne pour le présent, prévoit l'avenir, & se souvient du passé.
(b) La fortune ne manque jamais là où il y a de la prudence. *Sat.* 10.

aussi pour former cette prudence, la Reine des vertus politiques, l'or des Royaumes, le trésor des Etats, il faut de grandes aides, & des avantages très-heureux ; la force de l'esprit, la solidité du jugement, la pointe de la raison, la docilité pour apprendre, l'instruction reçue des grands personnages, l'étude des sciences, la connoissance de l'histoire, l'heureuse mémoire des choses passées, sont les dispositions pour y parvenir : la saine consultation, la connoissance & considération des circonstances, la prévoyance des effets, la précaution contre les empêchemens, la prompte expédition, sont les belles actions qu'elle produit ; & enfin le repos des peuples, le salut des Etats, le bien commun des hommes, sont les fruits divins que l'on en recueille. Mais encore n'est-ce rien dire, si nous n'ajoutons quels sont les signes par lesquels on peut juger du progrès que quelqu'un aura fait en l'acquisition de ce tréfor, & s'il est véritablement affez fage & prudent pour feconder un Prince en l'adminiftration de fon Etat. (77) Or entre plufieurs que l'on en peut donner, je propoferai ceux-ci comme les plus ordinaires & communs, fçavoir tenir fecret ce qu'il n'eft pas à propos de dire, & parler par néceffité plutôt que par ambition, (78) ne croire trop promptement ni à toutes fortes de perfonnes, (79) être plus prompt à donner ce qui eft à foi qu'à demander ce qui appartient à autrui, examiner bien les chofes auparavant que d'en juger, ne médire de perfonne, excufer les fautes, & défendre la renommée d'un chacun, (80) ne méprifer perfonne, non pas même les moindres. Honorer les hommes felon leurs mérites & qualités, donner plus de louanges à fes compagnons qu'à foi-même, fervir & entretenir fes amis, demeurer ferme & conftant

sur les Coups d'Etat. 259

parmi leurs adversités, ne changer de dessein & de résolution sans quelque grand sujet, délibérer à loisir, & exécuter gaiement & avec diligence, (81) ne s'émerveiller de ce qui est extraordinaire, ne se mocquer de personne, mais surtout épargner les pauvres & ses amis, n'envier la louange à ceux qui la méritent, non pas même à ses ennemis, ne parler sans sçavoir, (82) ne donner conseil qu'à ceux qui le demandent, ne faire l'entendu en ce qui n'est pas de sa profession, & ne parler de ce qui en est qu'avec modestie, & sans jactance & affectation, comme faisoit Piso, duquel Velleius Paterculus a dit, (a) *quæ agenda sunt agit sine ullâ ostentatione agendi;* avoir (83) plus d'effets que de paroles, plus de patience que de vio-

---

(a) Il fait ce qu'il faut faire sans aucune ostentation de ses actions.

lence, (84) désirer plutôt le bien que le mal à ses ennemis, plutôt perdre que plaider, (85) n'être cause d'aucun trouble ni remuement, finalement aimer Dieu, servir son prochain, (86) & ne souhaiter la mort ni la craindre. Or ce qui m'a fait recueillir tous ces signes si particulierement, c'est parce que le choix d'un Ministre est de si grande importance que les Princes ont grand intérêt de ne s'y pas tromper, & encore qu'il ne faille pas espérer de les pouvoir tous rencontrer en un homme, (87) on ne peut toutefois manquer de préférer celui qui en aura le plus. Et quand le Prince l'aura trouvé, ce sera à faire à lui de le bien maintenir & choier comme un précieux trésor, parce que si sa naissance ne lui a donné des couronnes, les couronnes toutefois ne se peuvent passer de lui, si la fortune ne l'a fait Roi, sa suffisance le rend l'oracle des Rois, & tout ce ce qu'il pronocera seront des Arrêts, ce qu'il dira des loix, ses simples paroles passeront pour raisons, ses actions pour exemples, & toute sa vie pour miracle.

Après avoir expliqué ce qui est du devoir du Ministre envers le Prince, il nous reste à considérer, comme en passant néanmoins, ce que le Prince doit contribuer de son côté pour bien traiter avec son Ministre, & parce qu'en matiere de regles & préceptes j'ai toujours estimé avec Horace que les plus courts sont les meilleurs,

Quicquid præcipies esto brevis. (a)

Je réduirai tous ceux qui me semblent les plus nécessaires en cette occasion à trois principaux, dont le premier sera de le traiter en ami non pas en serviteur, de parler & conférer avec lui à cœur ouvert, de ne lui rien céler de

---
(a) Sois succinct dans tous les préceptes que tu donneras.

tout ce qu'il sçaura, de lui ouvrir une entiere confidence, & de traiter avec lui comme il feroit avec soi-même, sans avoir honte de lui déclarer sa foiblesse, ignorance, imbécillité, ou tel autre défaut qu'il pourra avoir; ni aussi son dépit, ses fâcheries, coleres, mécontentemens, & semblables passions qui le pourront tourmenter. Et si je n'ai assez d'autorité pour établir cette maxime, qu'on défere au moins quelque chose à l'avis de Seneque, (a) *Cogita*, dit-il, *an tibi in amicitiam aliquis recipiendus sit, cum placuerit id fieri, toto illum pectore admitte, tam audacter cum illo loquere quàm tecum.* C'est ce qu'il avoit encore dit auparavant en beaucoup moins de paroles, (b) *tu omnia cum amico delibe-*

(a) Pense s'il te faut recevoir quelqu'un en ton amitié, & quand tu l'auras voulu faire, admets-l'y de tout ton cœur, & lui parle aussi hardiment qu'à toi-même.
(b) Délibere de toutes choses avec ton ami;

sur les Coups d'État. 263

ra, *sed de illo priùs*. Que si l'autorité d'un si grand homme a besoin d'être appuyée, & soûtenue par quelques raisons, Tite Live nous en fournira une très-puissante & valable, (a) *vult sibi quisque credi, & habita fides ipsam fidem obligat*: les plus expérimentés Chimistes tiennent que pour faire de l'or on ne se doit servir que de l'or même,

Nec aliunde quæras auri primordia, in auro Semina sunt auri, quamvis abstrusa recedant Longius, & multo nobis quærenda labore. (b)

Les Lapidaires éprouvent tous les jours qu'il se faut servir du diamant pour en tailler & préparer un

---

mais délibere premierement d'en avoir un tel qu'il faut.

(*a*) Un chacun veut qu'on se fie à lui, & la confiance que nous avons en quelqu'un l'oblige à se confier en nous & à nous être fidele.

(*b*) Ne cherche point ailleurs l'origine de l'or, l'or contient les semences de l'or, quoiqu'elles nous soient fort cachées, ce qui fait que nous sommes obligés à travailler beaucoup pour les chercher. *Augurel.*

Z ij

autre ; les Oiseleurs que pour faire bonne chasse il se faut servir de ces oiseaux que Varro appelle *(a) illices & traditores generis sui* ; les Philosophes moraux, que l'amour ne se peut acquérir que par une amitié & affection réciproque.

Veux-tu, mon fils, que t'apprenne en peu d'heure
Le beau secret du breuvage amoureux ;
Aime les tiens, tu seras aimé d'eux ;
Il n'y a point de recepte meilleure.

Comment donc un Prince pourra-t'il trouver de la confidence en quelque ami, s'il ne lui en communique auparavant de son côté, s'il ne lui montre ce qui sera de son devoir en s'acquittant du sien propre : *(b) Si vis me flere*, disoit Horace, *dolendum est prius tibi*. *(c) Cur te habebo ut Consulem, si*

_____

(*a*) Traitres de ceux de leur espece, & servant à les faire prendre.
(*b*) Si tu veux que je pleure, il faut que tu t'affliges auparavant.
(*c*) Pourquoi te traiterai-je comme un Con-

me non habeas ut Senatorem, repliquoit un autre ? Il faut tout ou rien, & jouir d'une entiere confidence ou n'en avoir point ; déclarer aujourd'hui une affaire, en taire demain une autre, en entamer quelqu'une & ne la pas achever, garder toujours quelque (*a*) *retentum*, & ne pas tout dire, font des marques de défiance, d'inquiétude & d'irrésolution, qui font perdre au Ministre la visée pour ce qui est du conseil, & l'affection pour ce qui concerne le service.

La seconde chose que le Prince doit observer envers son Ministre, est qu'il le tienne comme ami, & non pas comme flatteur, qu'il lui permette d'opiner & de parler librement, d'expliquer & fortifier son opinion, sans le contraindre ou lui sçavoir mauvais gré de ne

---

sal, si tu ne me traites pas comme un Sénateur.

(*a*) Chose de retenu.

point condescendre à la sienne; (*a*) *meliora enim vulnera diligentis, quàm oscula blandientis*, & puis comme disoit un brave conseiller à son maître, (*b*) *non potes me simul amico & adulatore uti.* Si un Prince veut être flatté, il a assez de Gentilshommes & Courtisans qui ne cherchent que l'occasion de le faire, sans y employer celui qui doit être sa bouche de vérité. Et celui-là ne peut jamais bien réussir, (*c*) *cujus aures ita formatæ sunt, ut aspera quæ utilia, & nihil nisi jucundum non læsurum accipiant.*

Finalement comme ceux qui demeurent quelque tems au Soleil sont échauffés par sa chaleur, (89) aussi faut-il que celui qu'un Prin-

---

(*a*) Car les blessures d'un ami sont meilleures que les baisers d'un flateur.

(*b*) Tu ne peux pas te servir de moi comme ami & flateur tout ensemble.

(*c*) Dont les oreilles sont formées à trouver rudes les choses qui sont utiles, & à se blesser de tout ce qui n'est pas agréable. *Tacit.* 3. *hist.*

ce ou Souverain approche de sa personne ressente les effets de son pouvoir, & de l'amitié qu'il lui porte par la récompense due à ses services, & quoique la plus honorable & glorieuse qu'il lui puisse donner soit de les agréer, de s'en déclarer satisfait, (a) *beneficium siquidem est reddere bonitatis verba*, & suivant même l'opinion commune,

Principibus placuisse viris non ultima laus est. (b)

Il faut néanmoins passer outre, & pratiquer à son occasion cette belle vertu de la liberalité, en lui subministrant les choses nécessaires (90) pour vivre honnêtement dans un état médiocre, & autant éloigné de l'ambition que de la

___

(a) Vû que c'est un bienfait, ou une récompense, que de parler en bons termes des services qu'on a reçus. *Senec.*

(b) On ne remporte pas peu de louange d'avoir plu aux Princes.

nécessité. (91) Philippes II. disoit à Ruy Gomes son confident serviteur, faites mes affaires & je ferai les vôtres. Il faut que tous les Princes en disent autant à leurs Ministres, s'ils en veulent être servis avec affection & fidélité (a) *liberalitas enim commune quoddam vinculum est, quo beneficus & beneficio devinctus astringuntur.* Et (92) j'estime qu'il seroit encore meilleur de les mettre promptement en repos de ce côté là, afin que n'ayant plus à la tête cet horrible monstre de pauvreté, ils apportent un esprit entierement libre & dégagé de toutes passions au maniement des affaires, qui seroit le premier fruit de cette libéralité, comme le second d'acquérir beaucoup d'honneur & de recommandation à celui qui l'auroit pratiquée d'autant

---

(*a*) Car la libéralité est un certain lien qui lie le bienfaiteur & celui qui reçoit le bienfait.

que selon la remarque d'Aristote, entre tous les Princes vertueux, (a) *ii fere diliguntur maximè, qui famâ & laude valent liberalitatis*; & le dernier de rendre les personnes entierement liées au service de ceux qui leur font du bien, vû que suivant le dire d'un Ancien qui a le premier inventé les bienfaits, il a voulu forger des seps & des menottes, pour enchaîner les hommes, les captiver, & traîner après soi.

Voilà, MONSEIGNEUR, tout ce que j'avois à dire en cette matiere, de laquelle je n'eusse jamais voulu entreprendre de traiter, si Votre Eminence ne me l'eut commandé, & que sa grande bonté & facilité ne m'eussent fait espérer une excuse favorable de toutes les fautes que je puis y avoir commi-

---

(a) On aime particulierement ceux qui ont le renom & la louange d'être les plus libéraux.

ses. Je sçai qu'elle désiroit d'autres forces que les miennes, une plume plus diserte & éloquente, une érudition plus grande, un jugement plus fort, un esprit plus universel: mais nous aurions peu de statues de Jupiter, s'il n'eut été permis qu'à Phidias de les faire, & Rome seroit maintenant sans peintures & tableaux, si d'autres n'y avoient travaillé que Michel-Ange, & Raphael d'Urbin: les bons ouvriers ne se rencontrent pas si souvent que l'on se puisse passer des mauvais, ni les grands politiques, que l'on ne se divertisse quelquefois dans les écrits des moindres, sous le titre desquels, s'il plaît à Votre Eminence de recevoir le présent discours, elle m'obligera de songer à quelqu'autre de plus longue haleine; & j'ose bien me promettre sous la continuation de votre faveur & bienveillance, que

*Illa dies olim veniet (modo stamina nobis
Longa trahat Lachesis) quum te & tua facta ca-
 nemus
Uberius, nomenque tuum Gangetica tellus,
Et Tartessiaci resonabunt littora ponti.
Ibit Hyperboreas passim tua fama per urbes,
Et per me extremis Lybiæ nosceris in oris.
Tunc ego majori Musarum percitus æstro,
Omnibus ostendam, quanto tenearis amore
Justitiæ, sit quanta tibi pietasque fidesque,
Quantum consilio valeas & fortibus ausis,
Quàm sis munificus, quàm clemens, denique
 per me
Ingenium, moresque tuos mirabitur orbis.
At nunc ista tibi quæ tradimus accipe læto
Interea vultu, & præsentibus annue cœptis.* (a)

(a) Le temps viendra un jour (pourvû que la Parque nous ourdisse une longue trame) que nous publierons plus amplement les belles actions de votre personne ; & que votre nom retentira dans la terre du Gange, & sur les côtes de la mer d'Espagne. Votre nom ira jusqu'aux villes du Nord, & je vous ferai connoitre dans les extrémités de la Libye. Alors poussé d'une plus grande verve poëtique, je ferai voir à tout le monde combien vous êtes amateur de la justice, combien grande est la foi & la piété dont vous êtes orné ; combien vous êtes puissant en conseil & en courageuses entreprises ; combien vous êtes libéral & clément, & enfin je ferai que toute la terre admirera votre esprit & vos mœurs. Mais cependant recevez ce que je vous offre maintenant, & daignez prendre en bonne part & favoriser la présente entreprise.

REFLEXIONS

Sur le cinquiéme & dernier Chapitre des Considérations Politiques sur les Coups d'Etat.

(1) *Où M. Naudé parle des conditions requises aux Ministres, avec qui on les peut concerter.*

J'Ai déja dit ci-devant que les deux derniers Chapitres de l'ouvrage de M. Naudé, me fournissent moins de sujet d'écrire que les précédens, parce que ce grand personnage semble se surpasser soi-même en cet endroit. Mais afin de ne laisser aucune chose difficile, sans l'avoir un peu éclaircie, je vais considérer ce qui reste, sans m'y arrêter par trop.

(2) *Le Prince donne le premier branle & mouvement à tout ce qui est fait dans son Conseil.* Encore que M. Naudé ne veuille point parler des qualités requises au Prince, qui veut pratiquer *les coups d'Etat*, présupposant que le premier Ministre les lui doit inspirer, il me semble

nécessaire de dire un mot des Souverains, sans avoir égard aux actions extraordinaires qu'ils sont obligés de faire, quand la nécessité le requiert pour le bien de leur personne. Je dis donc, que le Prince soit qu'il parvienne à la Couronne par succession, soit qu'elle soit donnée à son mérite ou à sa fortune, soit qu'elle soit acquise par son adresse ou par ses profusions, il a besoin de conseil, quand même sa Principauté est fort petite & peu considérable. Or il y a deux sortes de Souverains. Les uns qui présument tant de leur sçavoir, qu'ils ne veulent prendre conseil que de leur tête. Les autres sont ceux qui ne font aucune chose d'importance, sans avoir appris quel est le sentiment de leurs plus habiles serviteurs. Les premiers, quoique très-habiles hommes, se trompent souvent, comme Louis XI. Roi de France, qui s'étant imprudemment mis entre les mains de Charles le Brave Duc de Bourgogne, fut en danger de perdre la vie, & perdit en effet sa liberté pour quelques mois. Les autres sont de trois sortes. Car les uns peuvent prendre conseil de leur propre expérience, & toutefois ils ne le font point pour jouer au plus sûr. Les autres ne peuvent tirer, sinon peu de conseils de leur propre prudence; mais ils ont le jugement naturel excellent, & sçavent choisir de deux bons conseils le meilleur, & de deux mauvais rejetter le pire, & même en former un passable. Et les troisiémes ont reçû si peu de graces de la nature, qu'ils ont de la peine à discerner le bien du mal, en des matieres difficiles comme le sont presque toutes celles qui regardent le gouvernement des peuples. L'on peut loger en la premiere classe, tous les grands Princes tant anciens que modernes, de qui je donnerois un catalogue, si je ne craignois de choquer la modestie de ceux qui vivent aujourd'hui. La seconde est la plus grande des trois, parce qu'encore que les Souverains n'ayent pas beaucoup d'étude, l'on en trouve quantité qui ont beaucoup d'expérience, & outre cela ils ont tous plus de graces de Dieu que les autres hommes. En la troisiéme classe, l'on ne voit que les fainéans, qui oubliant leur devoir, semblent avoir été oubliés de Dieu & de la nature. Tous ces Princes, excepté ceux de la derniere classe, sont capables de choisir les Ministres de qui ils se veulent servir aux affaires de la plus haute importance, & ils y réussissent, bien que les hommes soyent difficiles à connoître, & qu'il avienne par fois que les nouveaux honneurs effacent de leur mémoire ce qu'ils étoient auparavant.   A a iv

(3) Ce seroit être pédant, que de penser seulement que les considérations de la vertu puissent avoir lieu parmi le désordre des élections. Ceux qui considéreront ce que notre auteur nous dit ici, verront aisément qu'il croit, que les élections des grands Etats se font toutes avec désordre. L'on voit pourtant de sçavans personnages qui les préferent à la succession ; & bien que je ne sois pas de ce sentiment, j'oserois assurer qu'on voit des élections bien ordonnées. Je ne parle point de celles du Pape & des Prélats de l'Eglise Romaine, qui doivent être le moins briguées ; ni de celle des Rois de Pologne, qui peut difficilement être sans désordre, à cause du nombre presque innombrable d'Electeurs. Je ne veux parler ici, que de l'élection de nos Empereurs. Il ne se peut que celle ici ne soit très-bien ordonnée, parce qu'elle a en un souverain dégré, tout ce qui peut servir à sa perfection. Car premierement les Electeurs sont d'une condition si relevée, qu'on ne sçauroit sans une extrême insolence tâcher de les corrompre par argent, & si quelqu'un l'entreprenoit, leur générosité rendroit son dessein inutile. En second lieu, leur nombre a toujours été le plus propre qu'on pouvoit souhaiter en ces actions. Et bien que

la création du huitiéme Electorat semble y apporter du désordre ; il est certain qu'on y peut facilement remédier par la création d'un neuviéme, au cas qu'il naisse des difficultés par l'égalité des voix. En troisiéme lieu, ceux qui ont le pouvoir de mettre l'Empereur sur le trône, sont plus obligés qu'aucun autre membre de l'Empire, à la conservation de la Dignité Impériale, & au repos de la patrie. En quatriéme lieu, les Loix ou la coûtume excluant de l'élection tous les étrangers, elles diminuent les brigues, & facilitent le moyen d'élire un Prince qui veuille & puisse bien régner, & dont la vertu brille par toute l'Allemagne. En cinquiéme lieu, l'on éleve en la place du défunt Empereur son plus proche parent, s'il n'en est totalement indigne. Et en sixiéme lieu, tous les Princes de la Maison du défunt Empereur tâchent d'acquerir les qualités requises à un Souverain, de peur d'être exclus du rang où ils aspirent, & dont ils sont comme assurés, si leurs vices ne les en rendent indignes. De sorte qu'en Allemagne l'Empereur est élu sans *brigues*, *monopoles* & *cabales*, & l'on ne requiert de lui, sinon qu'il ait les reins assez forts, pour soutenir à ses dépens cette dignité qui est la premiere &

la plus éminente de la Chrétienté.

(4) *On peut philosopher autrement des Ministres, parce qu'ils dépendent absolument du choix que le Prince en peut faire.* Les Electeurs qui mettent un Prince sur le trône, ayant plus d'intérêt de le choisir digne de régner, que le Prince n'en a de choisir un ou plusieurs Ministres capables de l'aider à faire sa charge, l'on avouera difficilement, qu'on puisse philosopher plus avantageusement de l'élection des Ministres, que de celle des Princes. Au moins est-il malaisé de croire, qu'un Prince soit plus capable de choisir seul un Ministre, ou qu'il y employe plus de soin, que le College Electoral à choisir un Empereur. Les raisons que j'ai de tenir ce parti sont très-évidentes. Car en premier lieu, les Electeurs élisent un chef qui doit être leur supérieur, & le Prince ne choisit qu'un bras, qui est & qui doit être son inférieur. En second lieu, le Prince qui a été élû, proclamé & couronné, ne peut être rejetté que par des crimes énormes, & le Ministre peut être cassé par le moindre soupçon d'infidélité ou de félonie. Troisiémement, de l'élection d'un bon Prince dépend la gloire, la conservation & l'accroissement de tout un Empire; & de celle d'un Ministre dépend seulement,

l'honneur d'une Principauté particuliere & médiocre. Quatriémement, s'il est vrai que plusieurs grands personnages ont plus de lumiere qu'un seul, l'on ne doit point douter, que sept Electeurs ne puissent mieux choisir un Prince, qu'un Prince ne peut choisir un Ministre. Et en cinquiéme lieu, ceux qui choisissent un maître pour toute sa vie, sont obligés d'y employer plus de soin, plus de peine & plus de circonspection, que ceux qui élisent un serviteur qui ne peut & ne doit prétendre d'être dans l'emploi, si non autant qu'il sert bien, & autant qu'il plaît à celui qui l'a élû. De sorte qu'en ce lieu ici, j'ai sujet d'être d'une opinion contraire à celle de M. Naudé.

(5) *Magna negotia magnis adjutoribus egent.* S'il est vrai qu'il faille des Hercules pour dompter les monstres, & des Atlas pour soutenir le ciel; il n'y a point de doute, qu'un grand Prince n'ait besoin d'un excellent serviteur pour le seconder. Il n'y a rien de plus difficile, que de tenir dans l'obéissance une infinité d'esprits inquiets, qui ne pouvant point demeurer en repos ne songent qu'à plonger les autres dans l'inquiétude. Deux habiles Princes, sçavoir est Louis XI. Roi de France, & Philippe II. Roi d'Espagne,

disoient autrefois, que la vie d'un Souverain est semblable à celle d'un Tisseran. Celui-ci travaille des pieds, des mains & de la tête, & n'a pas plutôt renoué un fil ici, qu'il s'en rompt un autre là. De même en est-il des grands Princes. Ils ont tant à faire pour rendre leur régne parfait, qu'ils ne peuvent vacquer à autre chose; & ont tant à travailler du corps & de l'ame, de la tête & des mains, qu'ils succomberoient, si dans la continuation & dans les difficultés de leur ouvrage, ils n'avoient des Ministres capables de les soulager.

(6) *Ceux-là ont été estimés les plus sages entre les Princes, qui n'ont rien fait de leurs têtes.* Encore que selon le sentiment de M. de Péréfixe Archevêque de Paris, le Prince se doive estimer autant ou plus capable de bien régner, qu'aucun de ses Ministres de le bien conseiller, il est toutefois très-assuré, que les plus sages ont consulté leurs Ministres sur les matieres de grande importance, avant que de commencer une affaire. Je ne voudrois pourtant point, que les Princes de notre tems imitassent ceux de qui Philippe de Comines fait mention, qui ne voulant pas mettre la main à l'œuvre, faisoient gloire de dire : *Je ne suis pas Clerc, je laisse faire à mes Conseillers, je me fie à eux.*

Ces gens-là tenoient ce discours, parce qu'ils préféroient leur plaisir à leur devoir, & ou leur paresse ou leur ignorance les empêchoit d'agir. Pour moi j'estime, que le Souverain doit appeller ses Ministres à son conseil, sans négliger de son côté ce qui peut rendre son Etat florissant, sa personne glorieuse, & ses vertus éclatantes. Car il doit tenir lui-même le timon, écouter ses Ministres comme de fidéles amis & serviteurs, & non pas comme des maîtres qui lui donnent des leçons & des moyens de bien régner, comme s'ils étoient des novices ou des petits écoliers.

(7) *Alexandre avoit toujours auprès de soi Clitus & Ephestion. Auguste ne faisoit rien sans l'avis de Mécénas & d'Agrippa.* Il semble impossible qu'un Prince soit sans favori, qui par sa conversation diminue ses inquiétudes, & par sa prudence soulage ses occupations. Il y en a même, qui ont des serviteurs à qui ils font part de leur amitié, & d'autres à qui ils font part de leurs travaux, & de la peine qu'ils ont au gouvernement de leur Etat. C'est peut-être pour cette raison, que les historiens disent que Craterus étoit ami du Roi, & Ephestion l'étoit d'Alexandre. Ce dernier étoit si avant dans les bon-

nes graces de ce Conquérant, que sa mort le pensa faire mourir de tristesse; pour lui témoigner sa bienveillance après son trépas, il fit crucifier Glaucus son Médecin, lui ordonna des sacrifices comme à un demi Dieu, & employa dix mille talens, c'est-à-dire six millions d'or, à la pompe de ses funérailles, & à l'édification de son tombeau. Clitus ne fut pas si heureux qu'Ephestion, mais il n'eut guéres moins de part aux bonnes graces du grand Alexandre. Car ce Prince l'ayant tué, à cause de la trop grande liberté dont il usoit, tandis qu'ils étoient tous deux yvres, il fut tellement touché du déplaisir de cet homicide, qu'il se seroit tué soi-même, si les officiers de ses gardes ne l'en eussent empêché. Au reste, Alexandre avoit bien raison de l'aimer puisqu'il lui avoit sauvé la vie, & lorsqu'il lui ravit la sienne, il lui donnoit le conseil salutaire de ne point souffrir qu'on parlât mal de ceux qui l'avoient accompagné dans les dangers, pour servir d'instrument à sa gloire, & pour le rendre maître de l'Asie. Auguste fut un des plus prudens & des plus heureux Princes qui ayent jamais porté le sceptre, & toutefois il communiquoit ses desseins à ceux qu'il trouvoit dignes d'y avoir part. Mécénas qui jouissoit de l'honneur des bonnes graces d'Auguste, fut digne de la loüange que lui donnerent les sçavans; & sa libéralité mérite, qu'on appelle encore de son nom ceux qui protégent les Muses. Mais je ne crois pas que son maître n'ait rien fait sans en avoir eu son avis. Les grands hommes font souvent par honneur ce que les autres font par nécessité, & jamais ils ne se lient tellement les mains, que de ne rien faire sans avoir l'avis de leurs Ministres.

(8) *Neron fut le meilleur des Empereurs, pendant qu'il suivit le conseil de Burrus & de Seneque.* S'il est vrai que Burrus fut chéri de l'Empereur Neron par sa vertu, il ne l'est pas moins, qu'un autre Burrus moins honnête homme que celui-là, a été haï par ses vices en notre tems, & en plusieurs endroits de l'Europe. Rome le condamna au feu, & l'exécution auroit suivi la sentence du Pape Alexandre VII. si sa fortune & le malheur de plusieurs autres, ne lui eussent donné le moyen de fuir. Strasbourg le vit & l'admira, jusqu'à ce que l'expérience eut fait connoître à ceux qui le fréquentoient, qu'il étoit un imposteur. Alors Burrus qui vit sa malice découverte changea de séjour, vit la résidence de quelques Princes de l'Empire, & les trompa, puis il chercha un azile en

Hollande, où il demeura, jusqu'à ce que la connoissance qu'il avoit de la Chimie, lui eut donné moyen de duper quelques riches curieux. Cela fait, il craignit la corde, & pour l'éviter, il passa en Dannemarc avec une vîtesse incroyable. Là il abusa de la bonté du Roi Fridéric III. qui en fut trompé comme plusieurs autres. Et enfin Dieu ne voulant plus souffrir le faste, les supercheries, & la malice de cet archi-trompeur, il permit qu'il tombât entre les mains de l'Empereur qui le fit conduire à Rome, où il a été condamné à une prison perpétuelle. Punition trop légere pour les crimes énormes qu'il a commis, mais rendue telle par la clémence de Sa Majesté Imperiale, qui pria le Pape de ne point user envers lui de la rigueur de sa justice. Séneque est si connu par ses écrits, par ceux des autres sçavans, & par la cruauté de l'Empereur Neron, qu'il n'a pas besoin de ma plume.

(9) *Charles V. & Philippe II. ont eu les Sieurs de Chevres & Ruy Gomes pour confidens.* Antoine de Croy Seigneur de Chevres qui fut donné à Charles d'Autriche qui fut par après Empereur, pour Gouverneur de sa jeunesse, eut sans doute beaucoup de crédit près de cet Empereur, lequel il avoit parfaitement bien élevé;

vé : mais il mourut peu après que ce Prince fut parvenu à la dignité Impériale. D'autres lui succéderent en sa faveur, & je trouve que deux Granvelles pere & fils, eurent bonne part à la faveur & aux bonnes graces de Sa Majesté. Le premier fut Secretaire d'Etat, & le second qui étoit Ecclésiastique, fut premierement Evêque d'Arras & confident de son maître. Puis Charles ayant quitté ses Etats à Philippe son fils, il fut fait chef du Conseil des Pays-Bas à Bruxelles, & sa fortune égalant son mérite, il reçut du Pape le chapeau de Cardinal, & du Roi d'Espagne le titre de Vice-Roi de Naples & d'Arragon. Rui Gomes de Sylva reçût de grands biens & de grandes marques de bienveillance du Roi Philippe le Prudent. Mais on peut dire, qu'il étoit plutôt aux bonnes graces de Philippe, qu'en celles du Roi. Car il contribuoit plus à la satisfaction de sa personne, qu'à l'administration de ses Royaumes. Mais enfin il fut fait Prince d'Eboly, & eut sujet de se louer de la libéralité de son maître, & des faveurs que la fortune lui fit, peut-être pour l'amour de sa plus proche parente.

(10) *Les intimes conseillers de Charles VII. furent en divers tems le Comte de Dunois, Louvet Président de Provence,*

Taneguy du Chaſtel. L'hiſtoire nous aſſurant, que Charles VII. Roi de France avoit *un eſprit facile, ployable à tous vents, & fuyant la peine ; qu'il avoit faite d'autorité pour bien commander, & de jugement pour faire choix de ſes ſerviteurs.* Il faut néceſſairement que la fortune ait eu grande part aux victoires qu'il remporta ſur les Anglois, & que ſes amis ayent beaucoup contribué à ſon bonheur. Ceux qui s'attacherent plus étroitement à ſon ſervice, furent Charles Stuard, & Jacques du Glas Ecoſſois, qui parvinrent aux plus hautes charges de la milice, Charles de Bourbon Comte de Clermont, Jean de Bourbon Duc d'Alençon, Poton de Xintrailles, Etienne de Vignoles ſurnommé la Hire, les Comtes de Vantadour, d'Aumale & de Tonnerre, Louis de Culant Amiral, Renaud de Chartres Chancelier, Artus de Bretagne Comte de Richemont, qui fut Connétable de France après la mort de Charles Stuard Comte de Bukinghan. Mais parce que M. Naudé parle particulierement du Comte de Dunois, de Louvet & de Taneguy du Chaſtel, nous en dirons quelque choſe en ce lieu ici. Jean d'Orleans Comte de Dunois étoit fils naturel de Louis Duc d'Orleans, frere du Roi Charles VI. Ce Seigneur qui contribua autant, ou plus qu'aucun autre à l'expulsion des Anglois, ébloui de la faveur & des graces que le Roi Charles VII. faisoit à Jean Louvet Président de Provence, prit sa fille en mariage, & n'en eut point d'enfans. Puis il épousa Marie fille de Jacques de Harcourt Comte de Tancarville, & en eut François mari d'Agnès fille de Louis Duc de Savoye. Celui-ci fut pere de Louis Duc de Longueville qui acquit le Comté de Neufchastel en Suisse, par le mariage qu'il fit avec Jeanne fille de Philippe Marquis de Hochberg, dernier de sa branche. De ce mariage naquît Louis II. qui eut son frere François Marquis de Retel, pour successeur. François fut pere de Leonor Duc de Longueville, qui epousa Marie de Bourbon Comtesse de Saint Paul. Ce Prince eut entre autres enfans, Henri qui est mort depuis peu, & n'a laissé qu'une fille de son premier mariage, & deux fils du second. Les deux femmes du Duc Henri, ont été de la plus noble maison du monde; car Louise qui fut la premiere, étoit fille de Charles de Bourbon Comte de Soissons. Et la seconde, qui vit encore l'an 1673. est fille de Henri de Bourbon, Prince de Condé. L'aîné des fils de ce Duc, nommé Jean-Louis-Charles, avoit succédé à son pere en la possession de plusieurs belles terres qui apportent six cens mille livres de rente ; mais il a préféré la vie Ecclésiastique à ces richesses, & Charles-Paris son frere lui a succédé. Ce Prince étoit jeune, mais brave, & ayant montré sa bravoure en Candie & ailleurs, il a été tué au service de Sa Majesté à la guerre de Hollande, l'an 1672. Il étoit Duc de Longueville, & d'Estouteville, Comte de Dunois, Souverain de Neufchastel & Connétable héréditaire de Normandie ; & si les gazettes nous ont dit la vérité, le Roi a légitimé un fils naturel qu'il a laissé âgé de trois ans, qui hérite tous ses biens. Louvet fut chassé de la Cour à la requisition de Philippe le Bon, Duc de Bourgogne, parce qu'il avoit été le principal Conseiller de la mort du Duc Jean son pere ; & Tanneguy du Chastel, parce qu'il lui avoit donné le premier coup. Il y eut pourtant cette différence entre eux, que le départ du premier fut agréable à tout le monde, parce que Louvet étoit estimé la sangsue du peuple & le fleau des Grands, & Tanneguy fut regreté de tous, pour avoir toujours été bon serviteur du Roi, & personne de service, de mérite & de probité.

(11) *Louis XI. avoit toujours quelque*

serviteur affidé à qui il se communiquoit, témoin le Cardinal de Ballue, Philippe de Comines, & son Médecin Cottier. Jamais Prince ne fut plus jaloux de son autorité, que Louis XI. Roi de France ; aussi n'en a-t'on jamais point vû, qui ait pris tant de soin de ses affaires que lui. De sorte qu'on pourroit dire, qu'il n'eut jamais aucun Ministre si puissant, que ceux qui ont servi ses successeurs. Philippe de Comines écrit ses actions avec beaucoup d'exactitude, & dans les plus épineuses difficultés où il se trouve, ce grand historien le représente comme un Heros, qui prend conseil de soi-même. Aussi dit-il, que le Roi *connoissoit les gens d'autorité & de valeur, qui étoient en Angleterre, en Espagne, en Portugal, au Pays-Bas, & en Bretagne, aussi-bien que ceux qui vivoient dans ses États.* Il n'épargnoit rien, à ce que M. de Comines dit, *quand il s'agissoit de gagner un homme qui lui pouvoit nuire, ou qui le pouvoit servir. Il aimoit naturellement les gens de médiocre condition, & ne se fioit point aux Grands qui se pouvoient passer de lui.* L'on assure même, qu'il employa maître Olivier le Dain son Barbier, quand il s'agissoit d'acquerir la Princesse de Bourgogne, & ses Principautés. Et enfin je trouve dans l'histoire de sa vie peu d'apparence, qu'il ait eu des favoris. Le Baron d'Argenton dit bien, *qu'il lui faisoit voir quelques lettres, & qu'il parloit par fois assez familierement avec lui*. Mais je ne puis pas conjecturer de son discours, que le Roi eut une confiance en lui, ni que Sa Majesté lui donnât la direction de ses affaires, comme depuis ce tems-là plusieurs Potentats l'ont donnée à leurs Ministres, en Angleterre, en France, en Espagne, & même en ce pays.

(12) *Charles VIII. en fit de même au Cardinal Briçonet, & son successeur Louis XII. au Cardinal d'Amboise.* M. Naudé parle ici de deux Princes qui ont régné en France, l'un après l'autre, & de deux Cardinaux qui ont été leurs favoris. Mais tous ces personnages furent différens en tout, si non en ce que les uns furent Rois, & les autres Ministres d'Etat. Charles VIII. parvint à la Couronne en l'âge de treize ans, fut couronné en l'âge de quinze, & mourut âgé de vingt-huit. Il fut mal disposé en son enfance, mal instruit en sa jeunesse, & peu circonspect en son âge viril. Il acquit la Bretagne par son mariage, & par un double affront qu'il fit à Maximilien Archiduc d'Autriche, qui fut depuis Empereur des Romains. Il passa en Italie pour conquerir l'Etat de Naples, dont

Charles d'Anjou Duc du Maine, avoit laissé les prétentions à Louis XI. son pere, & pour entreprendre ce voyage, il rejetta le conseil de tous les sages & expérimentés de son Royaume, & suivit celui de trois ignorans. Le premier fut Etienne de Ners, natif de Languedoc, homme de bas lieu, qui jamais n'avoit vu ni entendu aucune chose au fait de la guerre. Le second fut nommé le Général Briçonnet, homme qui n'entendoit que les Finances, & qui depuis en ce voyage, obtint du Roi qu'il lui procurât le Chapeau de Cardinal, & qu'il lui donnât beaucoup de biens ecclésiastiques. Le troisiéme étoit déja riche pour avoir acquis de bons héritages, & pour avoir été pourvû des Offices de Sénéchal de Beaucaire & de Président en la chambre des Comptes, seulement parce qu'il avoit servi le Roi en qualité de Valet de Chambre. Ces trois personnes porterent Charles à une expédition difficile & dangéreuse, sans qu'il eut de l'argent, ni des Capitaines capables d'exécuter un si grand dessein. Aussi Naples fut-il aussitôt perdu par l'ignorance des conquérans, qu'il avoit été conquis par la lâcheté du peuple conquis. Louis avoit trente-six ans lorsqu'il parvint à la Couronne de France, & bien qu'il eut été bien élevé en sa jeunesse, & qu'en son âge viril étant Général d'armée, il eut témoigné une expérience, un sçavoir & une prudence extraordinaire, il ne faisoit pourtant aucune chose d'importance, sans en avoir l'avis des plus habiles de ses serviteurs. Aussi fit-il des ordonnances tant sur le fait de la justice, que de la guerre & des finances, par où il mérita le nom glorieux de Pere de son peuple. Il ne se faut donc pas étonner, qu'il y eut autant de différence entre le Cardinal d'Amboise, & le Cardinal Briçonnet, qu'il y en avoit entre les Rois leurs maîtres & leurs bienfaiteurs. Nous avons déja dit que Briçonnet n'étoit ni de condition ni d'expérience, & au contraire Charles d'Amboise étoit un homme accompli, sage, sçavant, libéral, magnifique, & d'une Maison illustre, si est-ce que Louis ne le souffroit pas au Conseil où il s'agissoit de choquer le Pape, sçachant que les Cardinaux, quoiqu'ils soient d'ailleurs bons serviteurs de leurs maîtres, favorisent plus les Papes que les Rois, & particulierement, quand ils aspirent au Papat, comme le Cardinal d'Amboise qui toutefois n'en eut que l'espérance, peut-être parce que le péché originel lui ferma la porte de cette dignité souveraine.

(13) *François I. avoit plus de fiance à l'Amiral d'Annebaut qu'à nul autre, & Henri II. au Connétable de Montmorenci.* J'ai appris de l'histoire, que François I. Roi de France, ayant eu pour gouverneur de son jeune âge Artus de Gouffier Seigneur de Boisy, il l'aima tendrement à cause des services qu'il lui avoit rendus, & à cause de ses mérites. Ce Roi le fit grand Maître de France, & l'employa lorsqu'il fit le célebre accord avec Charles premier de ce nom, Roi d'Espagne, touchant les Royaumes de Navarre & de Naples, après la mort de Ferdinand d'Arragon, & lorsqu'il brigua la faveur des Electeurs de l'Empire, après le trépas de l'Empereur Maximilien I. Quelque tems après, Artus étant mort, Guillaume Gouffier Seigneur de Bonivet Amiral de France, proche parent d'Artus, entra dans la confidence de ce Roi, & comme il fut le principal conseiller du funeste siége de Pavie où le Roi fut pris, il le fut aussi de celui de tenir la ville assiégée, & de combattre les troupes Impériales en même tems. Ce malheureux conseil qui fut cause de la prison de Sa Majesté, de la ruine de ses affaires, & de la désolation de la France, fut fatal à son auteur. Car il y périt avec plusieurs autres personnes de va-

Tome II.   C c

leur & de naissance. Alors Annebaut de qui M. Naudé fait mention en ce lieu ici, fut pris avec le Roi, & après sa délivrance, il continua de rendre service à son Prince. Il ne succéda pourtant pas à l'Amiral de Bonnivet ; mais bien Philippe de Chabot Comte de Busançois, qui fut Lieutenant Général du Roi en l'armée qu'il envoya en Italie l'an 1535. Et un an après, le même Amiral laissa Claude d'Annebaut à Thurin, pour avoir soin de conserver les conquêtes qu'il avoit faites en ce pays-là. Ce Seigneur servit parfaitement bien en cette rencontre, soutint un long siége dans Turin, & ayant étendu ses coudées par sa valeur, il fut retiré de Piémont, afin qu'il s'allât rafraîchir en France. Peu après, il reprit les armes, & fit si bien en plusieurs rencontres, lorsque le Roi attaqua en personne le Pays-Bas, qu'il mérita la charge de Général des Chevaux légers. Puis après la disgrace de l'Amiral Chabot qui fut privé de sa charge l'an 1540. & après le décès de l'Amiral de Biron, il fut élevé à cette charge, & accompagna le Dauphin quand il attaqua Perpignan. Mais en tout cela l'on ne voit point de faveur qui égale celle que les favoris des Rois ont eu depuis. Pour ce qui regarde le Connétable de Montmorenci, ce Seigneur avoit été honoré du bâton de Maréchal, & de la charge de grand Maître de France. Il avoit eu l'honneur d'être précepteur du Dauphin en l'art militaire, lorsqu'il commandoit l'armée contre l'Empereur qui avoit assiégé Marseille avec cinquante mille hommes, & par sa prudente valeur contraignit Sa Majesté Impériale à lever le siège. Quelque tems après il fut disgracié, parce qu'il conseilla au Roi son maître, de se fier à la parole de l'Empereur qui lui promettoit l'investiture du Duché de Milan, pour obtenir de lui la permission de passer assurément par la France, pour aller remédier aux désordres de la Flandre qui pressoient extrêmement. Mais le Roi François étant mort, son successeur remit en grace le Connétable, & se souvenant de ce qu'il lui avoit vû faire, il en fit son favori & son principal conseiller. Cette faveur dura autant que la vie du Roi son maître; mais elle fut amoindrie pendant le régne de François II. par l'honneur que le Duc de Guise avoit d'être allié de fort près à la Reine Marie Stuard. Et enfin il mourut âgé de quatre-vingts ans, celui de Christ 1567. des blessures qu'il reçût à la bataille de Saint Denis.

(14) *Les deux freres de Lorraine furent*

l'appui de François II. le Cardinal de Birague de Charles IX. &c. Ces deux Rois eurent grand besoin d'appui, parce qu'ils avoient une mere trop ambitieuse, & parce qu'ils parvinrent à la Couronne, & moururent avant qu'ils eussent appris la science de bien régner ; mais je ne sçaurois pas avouer que la Maison de Lorraine ait été l'appui du Roi François II. ni que le Chancelier de Birague l'ait été de Charles IX. Il est vrai que François Duc de Guise eut au tems du Roi François II. le gouvernement des armées, & le Cardinal son frere eut celui de l'Etat & des Finances de France. Mais les Princes du Sang, le Connétable de Montmorenci, & les autres Grands à qui la naissance & les charges donnoient ce que les favoris du Roi prenoient par violence, mirent l'Etat à deux doigts près de sa ruine. Enfin le régne de ce jeune Prince fut si troublé par le renversement des loix du Royaume, qu'on peut dire avec raison, que le crédit des Lorrains au lieu d'appuyer l'autorité du Roi, la mit en un extrême danger. Et si ce Prince eut vécu plus long-tems, l'on auroit vû du sang Royal répandu par la main du bourreau, & les Etrangers triompher des enfans de la maison. Au reste la faveur des Guises obligea les Princes du Sang à se faire chefs de parti, & de protéger une Religion, qui porta la France sur le bord du précipice. Pour le Roi Charles, je trouve que pendant sa minorité il eut plus de traverses qu'aucun de ses Prédécesseurs ; & que Catherine de Médicis sa mere, fut alors son unique conseil, ou plutôt la principale cause de ses infortunes. Depuis sa majorité, cette ambitieuse Princesse conserva le rang qu'elle avoit auparavant ; & pour obtenir la fin de ses desseins, elle usoit d'adresse & de malice, aimant mieux que le Royaume & le Roi son fils périssent, que de perdre tant soit peu de son autorité. Lorsque le Roi fut majeur, il se ligua avec Philippe II. Roi d'Espagne à l'instigation de la Reine sa mere, qui avoit alors le Cardinal de Guise pour principal Conseiller, & Anne de Montmorenci Connétable de France, pour chef de ses armées. Depuis cette ligue le Roi tâcha de ruiner les Huguenots, & n'ayant pas pû en venir à bout par la voye des armes, il tâcha de le faire par le massacre de la Saint Barthelemi. Ces deux actions furent toutes celles de grand éclat que ce Roi fit, & le Chancelier de Birague, que M. Naudé nomme Cardinal, n'ayant point eu de voix en chapitre, si ce n'est peut-être en particulier, & par la confidence qu'il pouvoit avoir de la Reine, il y a peu d'apparence qu'il ait été l'appui du Roi Charles IX.

(15) *M. d'Espernon de Henri III. Messieurs de Sully, Villeroi & Sillery de Henri IV.* Encore que Catherine de Médicis mere du Roi Henri III. lui eut ouvert le chemin de la Royauté ; & que ce fils bien-aimé semblât n'avoir de l'amour que pour elle, il ne laissoit pas toutefois d'avoir toujours un ou plusieurs favoris à qui il faisoit part de son amitié & de son autorité. Jean Louis de Nogaret, lequel il éleva à la dignité de Duc & Pair de France, & le Sieur de la Vallete son frere, eurent bonne part en ses bonnes graces, & aux largesses immenses qu'il fit. Mais ils ne furent ni mieux aimés, ni plus enrichis que le Duc de Joyeuse. Celui-ci eut l'honneur d'épouser la sœur de la Reine, & le Roi l'aimoit si passionnément, qu'il auroit volontiers partagé son Royaume avec lui. Mais enfin ce Duc & Saint Sauveur son frere furent tués en la journée de Coutras où Henri de Bourbon Prince de Navarre triompha d'eux, & leur ôta le moyen de posséder le Bearn, & les autres terres de ce Prince, dont le Pape leur avoit donné l'espérance. Enfin cette Maison passa dans celle des Guises, par le

mariage de Claude de Lorraine avec la fille unique du Comte de Bouchage, qui mourut Capucin sous le nom de Pere Ange de Joyeuse, après avoir fait une rude guerre aux Protestans. Pour M. d'Espernon, il survéquit le Roi son maître, & il avoit plus de quatre-vingts ans lorsqu'il mourut. Mais il n'y a plus de ses descendans qu'une fille, qui étant entrée en Religion pour ne pas voir la vie dissolue de Bernard de Nogaret son pere; elle s'y est si bien trouvée, que jamais elle n'a voulu en sortir. Au reste ce Courtisan parfait fut contraint d'abandonner son Roi, par la malice des Ligueux, qui tâcherent de le faire tuer dans le Château d'Angoulême, & il en échappa comme par miracle l'an 1588. Henri le Grand honora de sa bienveillance les Seigneurs de Sully, de Villeroy, & de Sillery. Mais sa prudence, sa valeur & sa fortune furent son plus grand appui. Maximilien de Béthune Marquis de Rosny, & puis Duc de Sully, Prince d'Anrichemont, Sur-Intendant des Finances, & grand Maître de l'Artillerie de France par le bienfait du Roi, fut très-fidele & très-utile serviteur de ce grand Prince; & après la mort de Sa Majesté, il fut l'objet de la haine de ceux qui l'avoient trouvé trop bon ménager des finances du Roi son maître. Toutefois sa Maison subsiste avec splendeur. Charles de Neuville, Seigneur de Villeroi, qui fut Secretaire & Ministre d'Etat pendant le régne de Henri III de Henri IV. & de Louis XIII. servit à souhait ces trois Princes, & son mérite ayant continué en ses successeurs, son petit-fils s'est vû Duc, Pair & Maréchal de France, Gouverneur du Roi, & très-digne des bonnes graces de Sa Majesté. Nicolas Brulart, Seigneur de Sillery, eut aussi fort bonne part en la confidence de ce grand Roi, parce qu'il le servit étant Ambassadeur à Rome & en Suisse, & parce qu'il fut le principal instrument de la paix qui fut conclue à Vervins entre Sa Majesté, & Philippe II. Roi d'Espagne, & à Lion entre la même Majesté, & Charles Emmanuel Duc de Savoye. Aussi fut-il fait Chancelier de France, le Sieur de Puisieux son fils Secretaire d'Etat, & le Commandeur de Sillery son frere Ambassadeur du Roi Louis XIII. à Rome.

(16) *Et le Cardinal de Richelieu de notre Roi Louis le Juste & le Triomphant.* Le feu Roi Louis XIII. étant parvenu à la Couronne en l'âge de neuf ans, eut bon besoin d'appui. Et le Parlement de Paris, ayant déclaré Marie de Médicis sa mere Régente de son Etat, pendant sa minori-

té, elle éleva à l'honneur de sa confidence Eleonor de Galigai Florentine, qui épousa Conchini son compatriote, & lui servit d'échelon pour monter à la charge de premier Ministre d'Etat, & de Maréchal de France, de Gouverneur de plusieurs places, de Marquis d'Ancre, & peu après de tyran du Roi & du Royaume. Mais enfin leur orgueuil, leur imprudence, leur tyrannie, ou leur malheur les ayant précipités du plus haut de la roue de la fortune, ils servirent de spectacle d'horreur aux Parisiens. Alors le Roi mit en la place de ce favori, Charles d'Albert Gentilhomme du Comté Venaissin, qui acquit plus de pouvoir & plus de bien, que son Prédécesseur. Celui-ci fut fait Connétable de France, & obtint pour ses deux freres aussi-bien que pour lui, la qualité de Duc & Pair. Aujourd'hui le fils de ce favori est Duc de Luines, & son petit-fils est Duc de Chevreuse, Pair & grand Fauconnier de France. Le Connétable de Luines mourut dans les bonnes graces du Roi; & le Cardinal de Richelieu, qui avoit plus de conduite qu'aucun de ses devanciers, eut aussi plus de pouvoir sur l'esprit du Roi son maître, lui rendit de plus signalés services, & porta l'honneur du Roi & du Royaume de France à un haut point de gloire. Cet illustre Prélat arracha des mains des Réformés, plus de deux cens places de sureté qu'ils avoient extorquées du malheur du tems, & de l'infortune des Rois, sous prétexte que leur vie n'étoit point assurée. Enfin ce Cardinal ôta aux Huguenots le moyen de troubler l'Etat, & d'appuyer la rebellion des Grands. Puis voyant que tout le Royaume obéissoit, il prit la défense de ses alliés, & rendit son maître un des plus glorieux Princes qui ayent jamais régné en France. Au reste, ce grand Ministre qui avoit eu des freres, plus âgés que lui, en survéquit un qui fut tué en duel, & parce que l'autre avoit été Chartreux, & étoit Prêtre & Cardinal comme lui, ils ne laisserent point d'enfans, & il fut contraint d'adopter les enfans de ses sœurs, & leur laissa de grands biens, & des charges très-considérables, sous le nom de Duc de Richelieu, & de Fronsac, d'Amiral, & de Général des Galeres de France.

(17) *Le Triumvirat a heureusement gouverné la France, sous Henri IV.* Il est fort aisé de conseiller un Roi, quand il est le plus habile homme de son Royaume ; & en ce cas encore qu'il soit nécessaire, qu'un Ministre soit extraordinairement vertueux, je ne pense pas qu'on puisse

dire qu'il gouverne l'Etat. Le Roi tient le timon, & ses Conseillers tirent à la rame. Il est le Général, & ses Ministres sont des bas Officiers. Tellement que je ne puis point avouer que le Triumvirat ait gouverné la France, sous Henri le Grand; mais bien qu'Henri gouvernant son Etat, a fait l'honneur à trois personnes bien choisies, de les préférer à une infinité d'autres pour aider à mener heureusement au port, le Navire dont il étoit le patron.

(18) *En matière d'affaires, il n'y a rien de plus préjudiciable que la diversité d'opinions.* Si la diversité d'opinions est préjudiciable aux affaires d'Etat, les Princes ne doivent prendre conseil que de leur tête. Car l'on trouve rarement deux personnes de même avis en toutes les circonstances d'une affaire. L'on a néanmoins toujours crû, & les politiques croyent encore que le Conseil des Princes conserve & agrandit leur Etat; ce n'est donc pas la diversité d'opinions, mais l'opiniâtreté que l'on doit éviter dans le Conseil des Grands. Il doit être permis aux moindres Conseillers, de proposer les difficultés qu'ils rencontrent aux affaires. On les doit écouter patiemment, & les examiner avec prudence. Et ayant bien considéré ce qui est le plus juste & le plus honorable à la Pa-

trie & au Prince ; les plus habiles qui seroient d'une opinion contraire doivent caler la voile, & dire, que plusieurs voyent plus clair qu'un seul, & n'avoir pas honte d'avouer qu'ils s'étoient trompés.

(19) *Le trop grand nombre de Conseillers ruine presque toujours les affaires.* Trop & trop peu gâtent le jeu. Et comme il n'est pas à propos de communiquer les choses de grande importance à un trop grand nombre de personnes ; aussi n'est-il pas assuré de les laisser à la disposition d'un seul. L'on a vû & l'on voit encore tous les jours des Ministres, qui étant trop jaloux de leur autorité, veulent tirer tous les conseils de leur tête ; & pour cela ils tombent au précipice des malheurs, ou mettent en danger les affaires de leur maître. En ceci, je pense qu'il faudroit se régler à la coutume du pays, ou imiter la République de Venise, le Pape & le Roi d'Espagne. Cette République voyant qu'il est impossible de résoudre les affaires d'Etat au Grand Conseil, pour être composé d'un trop grand nombre de Patriciens; elle a des conseils plus étroits, où les choses importantes sont décidées. Mais plus de vingt personnes ont entrée au Conseil de dix, & au College, qui sont les plus relevés & les plus secrets & sacrés tribunaux de

cette prudente Seigneurie. Le Pape ne fait rien d'important, qu'il n'assemble le College des Cardinaux, où l'on trouve ordinairement vingt-cinq ou trente bonnes têtes. Et le Roi d'Espagne admet à ses Conseils d'Etat & de guerre, autant de personnes qu'il juge être nécessaire à son service; mais il n'y a point de nombre certain, ni en l'un ni en l'autre. Et Dom Gaspar de Gusman, qu'on appelloit en Espagne le Comte-Duc, perdit la Catalogne & le Portugal, peut-être parce qu'il les avoit réduits à un petit nombre de ses créatures, qui ne faisoient & ne disoient que ce qu'il lui plaisoit. Pour cette perte, il eut ordre de se retirer, & le Roi son maître donna sa faveur & la conduite de ses affaires à un moins habile, & moins malheureux que le Comte-Duc. Au reste, en Espagne tous les Grands, & les Prélats s'intitulent Conseillers du Roi en ses Conseils d'Etat & privé, quoique personne n'y entre, que ceux qui y sont appellés par ordre de Sa Majesté. Ici l'on peut remarquer que ceux qui entrent au Conseil d'Etat, entrent aussi au Conseil de Guerre, & que le plus nouveau Conseiller du premier Tribunal précéde le plus ancien de l'autre.

(20) *Si le Prince se juge assez capable*

pour être au-dessus de ses confidens, il est bon d'en avoir trois ou quatre, &c. Mais s'il est d'un esprit foible, &c. il est plus expédient qu'il se confie à un seul. L'opinion de l'Archevêque de Paris en la vie d'Henri le Grand, semble plus raisonnable, que celle du Sieur Naudé, en cet endroit. Le premier veut que le Prince s'estime au-de là de tous ses serviteurs, & l'autre qu'il examine s'il est prudent & capable de choisir le meilleur conseil, ou foible d'esprit & incapable de juger de la capacité de ses serviteurs. Pour moi je crois qu'un Prince qui a été mal élevé & à qui la nature a été peu libérale de ses graces peut juger de sa foiblesse. Mais je ne crois pas qu'il puisse juger de la probité, suffisance & sçavoir de ceux qui entrent dans son Conseil pour en faire le choix & donner la direction de ses affaires au plus honnête homme. Pour faire ce choix, il faut avoir autant ou plus d'esprit, que pour discerner un mauvais Conseil d'un bon. Tellement que si un Prince qui n'est pas assez judicieux pour choisir le conseil le plus expédient, fait choix d'un Ministre capable de gouverner son Etat, c'est plûtôt par hazard que par prudence ; & par ainsi, tout ce que M. Naudé nous dit ici, semble inutile à ceux qui le pesent avec attention.

(21) *Le Prince servira de jouet à la passion de ses Ministres.* Le Potentat qui est incapable de gouverner un Etat, est en danger de servir de jouet à la passion de ses confidens ; s'il en a plusieurs par les raisons que M. Naudé apporte en ce lieu ici, & s'il n'en a qu'un, parce qu'il est son maître absolu, fait & défait tout ce qu'il veut, & régne sans contredit dans les Etats de son maître. Le Ministre qui est seul, dispose des biens de son Souverain, comme des siens propres, & attirant sur soi les respects de ses sujets, il rend son Roi un Idole vaine, & fait de sa dignité un nom imaginaire. L'on a vû quantité d'exemples de cette vérité ; & parcequ'ils sont odieux, il est juste de les passer sous silence, de peur d'offenser les vivans en parlant des morts. Je ne dirai donc rien ici sinon que le Prince, qui ne prend pas la peine de régner, quand il le sçait faire, & celui qui ne régne point, parce qu'il en est incapable, & tous ceux qui se laissent mener par le nez, pour être trop faciles, ou trop voluptueux, sont extrêmement malheureux, & leurs peuples ne le sont guere moins. Les uns & les autres servant de jouet à un ambitieux, & à un tyran qui les écorche pour enrichir ses parens.

(22) *Autant en arriva-t-il à l'Empereur Claudius, & de notre tems, à Charles VIII. en ce qui concernoit Pise, & Sienne.* Claudius fut le plus lourdaut de tous les Empereurs, & celui qui eut le moins de soin de cacher son ignorance. Suetone, qui a écrit une partie de ses actions, dit, qu'il prenoit la peine de rendre justice à ses sujets, & qu'il le faisoit avec tant d'imprudence, que les Avocats se mocquoient ouvertement de lui ; & bien qu'il voulut paroître habile Prince en public, il se laissoit gouverner par ses femmes, & par ses affranchis en toutes choses. Charles VIII. se soucioit moins d'Anne de Bretagne, que Claudius de Messaline, bien qu'il y eut une grande différence entre ces Princesses, puisque la premiere étoit très-vertueuse, & la seconde très-impudique. Mais l'âge & l'esprit du Roi Charles étant incapables de la guerre, qu'il entreprit pour la conquête de Naples, il s'en remettoit entierement à des serviteurs qui n'en sçavoient guere plus que lui. Pour l'affaire de Pise, & de Sienne, le Roi s'en rapporta à ce que le Comte de Ligni lui conseilla. En voici l'Histoire : lorsque le Roi Charles arriva sur les frontieres de Toscane, Pierre de Médicis, qui étoit alors Chef de la République,

publique, offrit au Roi les forteresses de Serezane, de Serezanelle, de Pietta Santa & de Pise, à condition que le Roi les rendroit après la conquête de Naples. Il avint donc que Sa Majesté étant à Pise, le peuple fut conseillé de la supplier de lui donner la liberté, & le Roi ne sçachant pas de quelle importance étoit cette demande, dit, qu'il en étoit content. Alors les Pisans ôterent les marques de leur sujettion, & mirent en leur place la statue du Roi Charles. Mais peu de jours après, le même Roi promit de remettre cette ville au pouvoir des Florentins, à condition qu'ils pardonneroient aux Pisans leur impertinente rebellion. En même tems, la ville de Sienne reçut les François qui y laisserent garnison. Quelques mois après, le Roi ayant fait à Naples ce qu'il souhaitoit, s'en retourna, & à son retour les Siennois offrirent au Comte de Ligni de le reconnoître pour leur Prince, & de lui fournir vingt mille écus par an. Les Pisans prierent à chaudes larmes les François qui étoient dans leur ville, de faire tous leurs efforts auprès de Sa Majesté, pour empêcher qu'ils ne tombassent sous le joug de leur ennemi. Enfin ou la pitié que le Roi eut de ces pauvres gens, ou le desir qu'il eut de complaire au Comte de Ligni son cousin, lui firent oublier le serment qu'il avoit fait sur l'Autel de Saint Jean à Florence, & méprifer le châtiment dont frere Jérome Savanarola le menaçoit de la part de Dieu, au cas qu'il manquât de tenir sa promesse.

(23) *Son Etat en recevra des fruits pareils à ceux que la France reçoit du Cardinal de Richelieu.* Plusieurs Ministres ont tâché d'aggrandir leurs maîtres, & peu l'ont fait avec tant de succès, que Jean Armand du Plessis Cardinal de Richelieu. Nous avons déja dit quelque chose de ce grand homme. Mais sa vertu nous oblige d'en dire davantage. Ce Prélat qui en l'âge de vingt-deux ans passoit pour bon Prédicateur, eut l'honneur d'être connu par ses prédications de Marie de Médicis mere du Roi Louis XIII. & cette connoissance l'avança à la charge de Sécretaire d'Etat. En ce même tems, le Maréchal d'Ancre fut tué en punition de son insolence, & tous ceux qui avoient quelque part à sa fortune, furent abbatus avec lui. Mais le mérite du grand Richelieu ne devoit point demeurer opprimé. Aussi se releva-t'il, & après la mort du Duc de Luines, il succéda à sa faveur. Ce fut alors que la France fit voir ce qu'elle pouvoit faire. Elle désarma les Huguenots, assiégea & prit la Rochelle, & toutes les autres places qui

fomentoient la rebellion, secourut le Duc de Mantoue, fit connoître aux Espagnols qu'ils pouvoient être vaincus. Et ayant rendu son Roi maître absolu de son Royaume, il prit le soin de ses alliés. Il se ligua avec les Protestans pour conserver leur liberté; & lorsqu'il songeoit à rendre le repos à l'Europe, il fut élevé au repos éternel en l'age de cinquante & un an, celui de Christ 1642. Le Roi son maître pleura la perte d'un si fidele & si utile serviteur, & la lie des François qui croyoient avoir acquis la liberté en sa mort, furent marris peu après qu'il n'eut pas achevé l'œuvre qu'il avoit si heureusement commencée. Le Roi pouvoit reposer à l'ombre de sa prudence, & du soin infatigable qu'il prenoit pour l'avancement de ses affaires. Et la France peut dire, que jamais Ministre n'avoit tant fait que lui. Il récompensoit libéralement les actions vertueuses des bons, punissoit sévérement les méchancetés des pervers, protégeoit l'innocence des malheureux, & les sçavans avoient en lui un Mécénas plus libéral, que celui qui fit autant d'honneur à Auguste, qu'il en reçut de graces & de faveurs. La postérité ne cessera jamais de louer le soin qu'il eut de rendre la France profondement sçavante & glorieuse, le Roi triomphant, la

Religion uniforme, & l'obéïssance universelle.

(24) *Toutes sortes de personnes ne sont pas bonnes à toutes sortes de negociations.* Encore que toutes les grandes affaires ayent besoin de personnes de grand jugement & de suffisance solide, il est certain que tous les grands jugemens, & toutes les grandes suffisances ne suffisent point à toutes sortes d'affaires. Ceux qui traitent avec les Espagnols & avec les Italiens, doivent marcher d'un pas plus lent & plus tardif, que ceux qui traitent avec des peuples moins graves, moins subtils, & plus crédules. Le Roi de France qui a des affaires à démêler avec ces nations, employe utilement des personnes d'âge mûr, & d'humeur moins bouillante que l'ordinaire de ses sujets. Et ceux qui ont cet emploi, se peuvent régler sur le modele de Messieurs de Bellievre & de Sillery, qui témoignerent à Messieurs le Président Richardot & Taxis au traité de Vervins, qu'ils n'avoient pas plus de hâte qu'eux, & obtinrent une paix utile à leur maître, & honorable à leur nation. Ceux qui traitent avec les Septentrionaux, doivent avoir plus de soin de montrer leur prudhomie, que leur subtilité. Les Allemans, les Suédois, les Danois & les Polonois,

font si persuadés que les peuples Méridionaux font trop subtils, qu'à peine croyent-ils les vérités qu'ils leur débitent. Il faut donc user d'une candeur qui les détrompe, & buvant avec eux, on leur doit témoigner une grande franchise. Car si on leur persuade que les paroles partent du cœur, on achevera les plus difficiles négociations avec peu de difficulté. Au reste l'évenement des choses a fait connoître en plusieurs rencontres, que les Espagnols & les Italiens obtenoient par adresse, ce que les François leur avoient ôté à la pointe de leurs épées. Les Anglois au contraire, perdoient par les traités, ce qu'ils avoient gagné sur les François à la guerre. Pour ce qui regarde un Ministre d'Etat, il faut avouer qu'on rencontre peu de personnes dignes de ce rang. Il doit sçavoir non seulement les forces & la foiblesse de l'Etat de son maître, l'inclination des peuples, le moyen de les tondre, & même de les écorcher, sans leur donner trop de sujet de se plaindre; & cent autres choses, que le papier ne peut & ne doit pas porter. Mais aussi il ne doit point ignorer l'Etat des amis, des voisins, des ennemis, des indifférens, & de ceux-mêmes qui sont fort éloignés de ses Etats, pour sçavoir, quel profit il peut recevoir de leur alliance,

& quel dommage de leur inimitié & de leur indifférence.

(25) *Il faut distinguer entre le Ministre de conseil, & le Ministre d'exécution.* Si l'on considere les Ministres en général, il n'y a point de doute, que l'on en trouve de conseil & d'exécution. Mais à la guerre, personne n'entre dans le conseil pour y opiner, qui ne doive être prêt à exécuter le conseil qu'il a donné. Car si un Général propose une expédition militaire à ses Officiers, celui qui trouve une chose faisable & appuye son opinion de raisons apparentes & plausibles, doit mettre en pratique ce qu'il a trouvé raisonnable. Et ordinairement c'est à celui qui a donné un conseil, à qui l'on en commande l'exécution. Mais M. Naudé entendant ici par le Ministre de conseil, les Ministres d'Etat, qui sans bouger de la Cour de leur maître, donnent le branle aux affaires de la plus haute importance que l'on exécute à la campagne. En ce sens, il est assuré, qu'il faut distinguer entre le Ministre de conseil & celui d'éxécution ; & alors bien qu'on ait vû des Ecclésiastiques commander des armées par mer & par terre, ordinairement c'est un séculier qui exécute les ordres militaires, & qui commande les troupes, & bien souvent un homme de

Robe tient le haut bout dans le conseil où l'on prend les résolutions.

(26) *On ne peut manquer de tirer le Ministre d'exécution des plus illustres familles.* Je ne crois pas, que ce que M. Naudé nous dit ici, puisse passer pour une maxime indubitable. Et il se peut trouver des lieux & des tems, où il seroit dangereux de mettre les forces d'un Etat, entre les mains d'un grand Prince. La République de Venise ayant donné le commandement absolu de ses armées à François de la Rovere Duc d'Urbin ; il fit connoître au Sénat qu'il y avoit du danger, & qu'il auroit pû troubler son repos. Le Sénat le remercia de ce bon avis, resolut d'empêcher que cela n'arrivât plus, & tant pour conserver la mémoire de ce conseil, que pour honorer celle du Duc, il lui fit dresser une statue de marbre dans la Cour du Palais de Saint Marc. A présent la Seigneurie se sert de personnes de médiocre condition, qui sont ordinairement étrangers, & contraints de recevoir les ordres du Généralissime qui est toujours noble Vénitien. Celui-ci venant d'obtenir des victoires, & de triompher des ennemis de la République, est obligé de quitter sa charge avant qu'il entre dans la ville, & se présenter au Sénat avec autant d'humi-

lité, que s'il venoit de perdre une bataille. Pendant la minorité d'un Roi enfant, il ne seroit pas aussi fort à propos, de donner le commandement de ses armées à un ambitieux qui eut des prétentions à la Couronne, parce que l'occasion pourroit éveiller en lui le désir de régner, & en ce cas, il mettroit le Roi & le Royaume en danger de se perdre. Les plus sages Potentats ont mieux aimé confier leurs armées à des personnes de médiocre naissance, qu'à leurs propres freres. Louis XI. Roi de France humilia tous ses parents. Philippe II. Roi d'Espagne se repentit de n'avoir pas obligé Dom Jean d'Autriche d'embrasser les Ordres Ecclésiastiques. Louis le Juste fut souvent inquietté par Gaston de France son frere ; & le Sénat de Suéde rejetta le Testament de Charles Gustave son Roi, parce qu'il avoit ordonné que son frere seroit Connétable pendant la minorité de son fils.

(27) *Philopœmen ne sçavoit nullement commander sur mer.* Les Princes donnent ordinairement les charges à ceux qui en sont dignes, & s'ils ne le font pas, ils ont sujet de s'en repentir ; mais il arrive souvent, qu'on trouve peu de personnes capables de grands emplois. C'est sans doute pour cette raison, que Louis Dieu donné

né XIV. de ce nom Roi Très-Chrétien de France & de Navarre, a établi dans ses navires une école, où deux cens Gentilshommes François apprennent l'art de naviger : & une autre dans ses Gardes, où plus de deux mille apprennent ce qu'il faut sçavoir pour commander à cheval & à pied. Par ce moyen, Sa Majesté ne manquera jamais d'Officiers pour ses armées, & se rendra redoutable à tous ses voisins, tant sur mer que sur terre. C'est ce que ses Prédécesseurs n'avoient jamais fait ; & ce que tous les autres Potentats doivent imiter, s'ils ont envie de lui résister avec succès. Car les Régimens de ses Gardes sont des pépinieres d'Officiers à le servir par terre ; & ses navires en sont d'autres, où il fait élever ceux dont il a besoin pour la conduite de ses flottes. Tellement qu'à l'avenir ce grand Roi ne sera contraint de donner aucune charge, si non à des personnes capables de s'en acquitter avec honneur.

(28) *D'employer aux Ambassades ceux qui ne sçavent ni parler ni haranguer.* L'éloquence est tellement nécessaire aux Ambassadeurs, qu'il semble impossible de se bien acquitter de cette charge, sans avoir le don de bien parler. Mais je ne crois pas que ce soit assez qu'un Ambas-

sadeur puisse bien exprimer ses sentimens en la langue de son pays. Il faut quelque chose de plus. La langue vulgaire du peuple avec qui ils ont des affaires, est entierement nécessaire à ceux qui ne veulent point être trompés, & plus encore à ceux qui veulent pénétrer dans les secrets d'Etat. Les espions ne sont pas ceux qui découvrent plus sincerement les mysteres qu'on veut sçavoir. Les simples gens qui ne sçavent que leur patoi, parlent plus naivement de ce qui peut informer les Ambassadeurs, & ceux qui ne les entendent point, sont privés de la connoissance qui leur étoit nécessaire. Je serois donc d'avis, que les gens de condition imitassent nos anciens Empereurs, qui outre l'Allemand & le Latin, apprenoient tous l'Italien & l'Esclavon. Quelques-uns passoient plus outre, & n'ignoroient ni le Grec ni le François. Et à présent le Très-Auguste Leopold sçait parfaitement, outre la langue de son pays, le Latin, l'Espagnol, l'Italien, & entend le François & quelques autres langues. Au reste les Ambassadeurs que Sa Majesté Impériale envoye vers les Princes étrangers, sçavent la langue vulgaire du pays où ils ont affaire. Et en cela, nos Allemans sont préférables à quelques autres peuples, qui semblent se contenter de la leur, ou d'apprendre seulement les plus aisées.

(29) *On peut tirer le Ministre d'Etat des familles illustres ou des médiocres indifféremment.* Si par les familles illustres, M. Naudé entend ici les Princes, je ne suis pas de son avis, parce que les Princes seront ou du sang de leur Roi, ou de quelque Maison souveraine; & ni les uns, ni les autres ne peuvent être reçûs en cet emploi, sans causer des troubles. On a vû la France en danger, pour avoir préféré les étrangers aux enfans de la maison, & ceux-ci souffrent plus aisément un homme de médiocre condition au timon des affaires, qu'une personne qui s'estime égale, ou peu éloignée de leur condition. J'estime que la raison qu'ils ont, procéde de ce qu'ils peuvent plus aisément empêcher qu'une personne de bas lieu ne se saisisse de la Couronne, qu'un Prince, qui par des fausses généalogies peut pallier ses prétentions. Pour ce qui regarde les Princes du Sang, leur naissance leur ouvre la porte du Conseil d'Etat, & y ayant entrée, ils peuvent tenir en bride le favori qui voudroit abuser de son autorité. Mais s'ils joignoient le pouvoir que leur naissance leur donne, à celui d'une faveur extraordinaire, ils pourroient faire repentir leur

maître de les avoir élevés si haut. Et pour cela je me persuade, qu'il vaut mieux tirer le Ministre d'Etat d'une famille médiocre, que d'une maison illustre, si ce n'est qu'on appelle illustres, celles qui ont fleuri long-tems dans l'Etat par les services qu'elles ont rendus au Prince, sous l'obéïssance des loix, sans avoir jamais tâché de les renverser.

(30) *Bien souvent au lieu d'obéïr, les grands Seigneurs veulent commander étant Ministres d'Etat.* L'on voit rarement un homme élevé en dignité par dessus les autres, qui ne veuille les tenir bas, & les obliger à de grandes déférences. J'estime pourtant, que ceux qui ont été élevés de la poussiere à ces hautes dignités, & ceux qui croyent être nés pour porter le sceptre, sont plus à craindre que tous les autres. Les premiers se voyant honorés au de-là de leur mérite, perdent entierement le souvenir de leur premiere fortune; & les seconds s'imaginent, que la couronne seroit plus éclatante sur leur tête, que sur celle qui la porte, & qui la doit porter. L'histoire parle de beaucoup de petits compagnons qui ont eu de trop hautes pensées. Elle nous apprend, que Pierre Landais, Mayon, Thomas Volsey, David Riz & George Martinucius, ayant goûté la

douceur qu'il y a de gouverner les peuples, en Bretagne, en Sicile, en Angleterre, en Écosse & en Transylvanie, ils prirent l'envie de se rendre Souverains. La même histoire parle avec assez d'étonnement de ceux qui ont eu plus de courage & plus de bonheur, que ces personnes de bas lieu. Elle nous représente Alphonse III. qui chassa son frere du Royaume de Portugal, pour se mettre en sa place. Elle nous assure, que Pepin le Bref enferma Childéric III. dans un Monastere, que Capet se fit Roi aux dépens de Charles de Lorraine, à qui la Couronne appartenoit, & que Henri Duc de Guise se voulut mettre à la place du Roi Henri III. De sorte que nous pouvons dire hardiment, que les Grands qui prennent la plus haute place dans le ministere d'un Etat, tâchent souvent de mettre la Couronne sur leur tête.

(31) *Ils conseillent le Prince plutôt selon leur intérêt, que selon l'intérêt de l'Etat.* Henri Duc de Guise qui avoit succédé à la puissance de son pere, sans avoir succédé à sa faveur, & à la part qu'il avoit au gouvernement de l'Etat, n'avoit pas moins d'ambition que lui, & n'eut pas moins de moyen de troubler la France. Ce Prince qui étoit extrêmement populaire, qui avoit le don de se faire aimer, qui coëffa telle-

ment les Parisiens de l'opinion de son mérite, qu'ils n'estimoient que lui, conçût le plus haut dessein qui puisse tomber en la pensée d'un homme né sujet d'un autre depuis 500. ans. Et il conduisit l'affaire si adroitement, que s'il n'eut manqué à l'exécution, la France étoit en un extrême danger de changer de maître. Il étoit d'une Maison qui avoit un extraordinaire crédit, il trouva le tems propre à brouiller, parce que le Roi aimoit trop ses plaisirs, parce qu'il épuisoit l'Etat pour enrichir ses favoris, parce que la doctrine de Calvin s'étendoit merveilleusement dans le Royaume, parce que le Roi étoit stérile, & parce qu'après la mort de son frere cadet, le plus proche héritier de la Couronne, étoit imbu d'une doctrine qui sembloit le rendre incapable de porter le sceptre. Toutes ces considérations lui persuaderent qu'il n'étoit pas impossible de monter sur le trône ; & pour faciliter le dessein qu'il en avoit, il témoigna un zéle sans pareil pour la Religion Catholique, persuada au peuple que le Roi étoit un fauteur d'hérétiques, & parce que Sa Majesté menoit une vie qui ressentoit plus le Moine que le Roi, il falut user d'adresse pour décrier sa piété. Il tâcha donc de l'obliger à prendre les armes contre les sujets de la Religion,

sur les Coups d'Etat. 323

croyant de le ruiner par ce moyen dans l'opinion de son peuple. Car s'il prenoit les armes, il étoit contraint de surcharger son Royaume, & alors il avoit moyen de blâmer sa conduite, de l'appeller tyran & oppresseur de son peuple. S'il ne les prenoit pas, il le décrioit comme fauteur d'hérétiques, & indigne de porter le titre de Très-Chrétien, & de fils aîné de l'Eglise, en disant que puisqu'il ne vouloit pas faire la guerre aux Huguenots, il étoit hypocrite, sa dévotion n'étoit que pure dissimulation, & sa piété étoit impie. Tellement que tout ce que ce Duc faisoit, visoit à faire mépriser le Roi, à se faire estimer soi-même, & à se frayer le chemin de la Royauté. L'on peut donc dire, sans crainte de mentir, que bien souvent les Princes qui ont voix au Conseil d'Etat, & ceux qui ont trop de soin d'acquerir l'amour du peuple, visent à leur intérêt particulier. Et que pour ce sujet, les Rois les doivent exclure du premier, & remédier au second par toutes sortes de moyens. Au moins quand ces Princes ont des prétentions sur le Royaume, comme ce Duc, lequel fit faire un livre de sa généalogie, qui le tiroit de Charles de Lorraine, & par conséquent de Charlemagne.

(32) *Ils veulent ruiner ceux qui sont*

E e iv

contraires à leur cabale. Sans sortir de France, & sans introduire aucune personne que le Duc de Guise, nous avons de quoi prouver ce que M. Naudé nous dit ici. Ce Prince désirant de monter sur le trône, voulut faire périr tous ceux qui l'en pouvoient empêcher, & pour cela il se servit de tous les artifices imaginables. Les Huguenots qui avoient déja pris de fortes racines en France, favorisoient les Princes de la branche Royale de Bourbon. Pour cette cause il fit mourir les plus apparens en la journée de Saint Barthelemi, & tâcha d'envelopper en ce malheur le Roi de Navarre & le Prince de Condé. Ce dessein ne lui réussit point, parce que le rang que ces Princes tenoient dans le Royaume, & l'alliance que le premier venoit de faire avec le Roi, les retirerent de ses griffes. Mais il ne perdit pas courage. Il obtint du Pape Sixte, qu'il les déclarât indignes de posséder de grands héritages, & particulierement la Couronne de France. Il leur fit déclarer la guerre, ne doutant point que leur courage ne les y fît périr, comme en effet le Prince de Condé y perdit la vie. Mais cela ne lui ayant pas succédé, en ce qui regardoit le Roi de Navarre, il se ligua avec le Pape & le Roi d'Espagne, pour opposer tant de forces à son droit, qu'il fut contraint de succomber. D'où l'on peut juger, que Dieu seul le conserva miraculeusement, pour la restauration de la France, & pour délivrer ce grand Royaume du joug étranger.

(33) *Ils veulent souvent entreprendre sur l'autorité de leurs maîtres, comme firent les Maires du Palais en France.* Les Maires du Palais dont il est ici fait mention, étoient du sang de leurs maîtres, & quand ils ne l'auroient pas été, il semble que la fainéantise de leurs Rois auroit donné sujet à ces grands Princes de se saisir du Royaume. Pepin le Bref, Charles Martel, & Pepin le Grand, ayant gouverné l'Etat près de cent ans, & montré en une infinité d'occasions, que leur tête étoit aussi digne d'une Couronne Royale, que celle de leurs maîtres l'étoit d'une Couronne Monacale. Enfin huit ou dix Rois qui n'en valurent pas un bon, contribuerent autant à leur malheur, que l'ambition de leurs Ministres. Autant de braves Princes seroient en danger de perdre leur Etat, s'ils en laissoient la conduite à trois grands hommes de pere en fils. Et les sages ne permettront jamais, que les charges de haute importance passent en héritage aux enfans de ceux qui les possedent, s'ils ne veulent courir risque

d'en perdre la propriété. Tous les gouverneurs des places fortes, & des Provinces de France qui les avoient reçues de leurs prédécesseurs, rendoient peu d'obéïssance au Roi, avant le tems de Louis XIV. Et l'on peut dire à sa louange, que son adresse seule lui a rendu l'autorité dont ses Ancêtres ne jouissoient qu'à demi.

(34) *En cette occasion, l'on n'a que faire de la noblesse & dignité des personnes.* La France prend moins garde à la noblesse des personnes en matiere de charges, qu'aucun autre des pays que je connois. La Suede n'éleve à la dignité de Sénateur du Royaume, si non des Gentilshommes d'ancienne famille ; & les cinq chefs de leurs Conseils sont illustres par leur naissance, aussi bien que par leur vertu & par leur sçavoir. Le Dannemarc a fait la même chose durant plusieurs siécles ; & en toutes les Cours de notre Allemagne, les Princes ont soin d'avoir en leurs Chancelleries, des gens de naissance & de probité. Pour moi je ne crois pas qu'il faille exclure des charges, ceux qui ont ajouté la doctrine, l'expérience & le zéle à leur fidélité, quand même la fortune leur auroit refusé l'honneur d'être nés Gentilshommes. Mais aussi crois je, que les plus austeres critiques m'avoue-

ront, que de deux concurrens également doctes, sages & vertueux, l'on doit préférer le noble à celui qui n'a pas cette qualité. Au reste, n'étant pas croyable, que la France qui est une pépiniere d'honnêtes gens, & un jardin qui produit plus de nobles plantes qu'aucun autre Royaume de l'Europe, soit si malheureuse que de ne pouvoir pas fournir huit ou dix Gentilshommes pour assister le Roi de leur conseil. J'estime que c'est disputer en vain, si le Roi doit, ou ne doit point employer de roturier. Il est vrai que les affaires faisant les hommes, & les affaires étant entre les mains des Officiers de judicature qui achetent leurs offices, & y sont avancés sans qu'on ait égard à leur naissance, l'on peut assurer qu'on trouve plus de gens de robe qui ne sont pas nés Gentilshommes, capables de servir Sa Majesté dans ses Conseils, que de gens d'épée sortis de maisons illustres. Mais je ne serai jamais d'avis, qu'on doive donner les charges éminentes à des personnes qui commencent leur noblesse, parce que les étrangers en parlent mal, & croyent que la France soit dépourvue d'honnêtes gens. Ce qui n'est pas, puisque le Cardinal de Richelieu se vantoit de pouvoir trouver cent personnes pour chaque office, qui s'en pourroient acquitter aussi dignement, que celui qui le possédoit en effet.

(35) *Un Marquis, un Duc, un Prince ne peuvent pas mieux rencontrer, qu'un homme de médiocre condition.* Les titres éminens n'exemptent pas les hommes de la loi générale qui les soumet à l'erreur & à l'ignorance. Le plus grand Monarque peut aussi bien se tromper en ses opinions, que le moindre de ses sujets ; mais tout cela ne me sçauroit pas persuader, que le Prince doive exclure de ses Conseils les personnes de haute naissance. Il semble très-utile de les mêler avec ceux de médiocre condition, afin que leur présence les tienne dans le sentiment qu'ils doivent avoir de procurer le bien public, & que les uns servant aux autres d'aiguillon, l'Etat en reçoive le repos qui lui est nécessaire. Et si les Grands qui entrent dans le Conseil peuvent causer du mal au Prince, je crois qu'ils peuvent être retenus en leur devoir par les autres Conseillers, & que de l'harmonie des Grands & des médiocres, le Prince peut retirer un bien incompréhensible. Peut-être est-ce aussi pour cela, que les Loix du Royaume de France donnent l'entrée du Conseil d'Etat aux Princes du Sang Royal, qui ayant plus d'intérêt au bien du Royaume que les au-

tres Ministres, les obligent à marcher droit, & à servir le Roi avec tout le soin & la fidélité possible.

(36) *Tacite remarque que les Allemans prenoient même conseil de leurs femmes.* Les Espagnols qui passent pour habiles hommes, & qui se piquent de surpasser plusieurs autres peuples en prudence, disent que (*a*) *El conseio de la muger es poco, pero quien no lo toma es loco.* Pour moi, je ne crois pas qu'il se faille tellement assujettir aux femmes, qu'on n'ose rien faire sans avoir pris leur avis. Mais je m'assure aussi, qu'on en trouve qui sont capables de donner, & de prendre de bons conseils, principalement quand elles ont été bien élevées. Je laisse aux curieux le soin de chercher ce qu'en disent les histoires anciennes, pour leur montrer que les modernes nous ont assez fait voir, qu'il y a des Dames excellentes en tout, & qui peuvent être comparées aux plus grands Heros. Isabelle de France Reine d'Espagne auroit rétablie les affaires du Roi Philippe IV. son mari, si l'impertinence d'un favo-

---

(*a*) Le conseil de la femme est peu de chose, mais qui ne le prend pas est un sol.

ri ne l'eut éloignée du Conseil d'Etat, en perfuadant à fon maître, que les femmes ne doivent être employées qu'à faire des enfans. Anne d'Autriche Reine de France, fauva le Royaume de fon fils par fa prudence, & par fa générofité, lorfque les plus vaillans & les plus grands de fes fujets, prirent les armes contre le premier Miniftre de fa Régence. Louife de Gufman Reine de Portugal, fit plus que le monde ne doit efpérer d'une femme, en l'expulfion des Caftillans pendant la vie de fon mari, & en la défenfe de l'Etat de fon fils, après la mort de Jean IV. Chriftine Reine de Suede n'a pas mérité moins de gloire que ces autres Héroïnes, par la prudence qu'elle a fait voir aux plus importantes affaires qu'on ait jamais vûës dans le Septentrion. Et Amelie Elifabeth Landgravine de Heffe, née Comteffe de Hanau, a furpaffé tout ce que les fiécles qui l'ont précédé ont eu de fage, de difcret & de magnanime, & ce que les tems à venir verront de plus capable de gouverner. Cette incomparable Princeffe perdit Guillaume V. fon mari l'an 1637. tandis que fon pays étoit en feu, & fa perfonne menacée d'une extrême ruine, fi elle n'acceptoit les conditions que fon ennemi lui

sur les Coups d'Etat. 331
faisoit offrir. Tout cela nonobstant, elle persista dans l'alliance que son mari avoit contractée, fit un nouvel accord, continua la guerre, & ne pouvant pas entretenir mille hommes du revenu de son pays qui avoit été défolé, elle en conquit d'autres, qui lui donnerent le moyen d'en entretenir dix mille dans son parti. Un de ses Lieutenans généraux, qui (à ce que son Alteffe m'en a dit) n'avoit ni bien ni honneur qu'il n'eut reçû de la libéralité de cette Zénobie, l'abandonna, & tourna ses armes contre elle. Mais parce qu'il n'y avoit rien d'impoffible à sa prudence, elle y remédia, choisit un autre Général, & acquit tant de renom & de victoires, qu'au traité de paix elle obtint une Principauté pour elle, pour son fils, & pour ses descendans à perpétuité, & six cens mille écus pour réparer le dommage qu'elle avoit souffert. D'où je conclus que les Allemans qui ne sont point efféminés, & qui cedent auffi peu en prudence qu'en valeur aux plus renommés peuples de l'Europe, peuvent prendre conseil de leurs femmes, & s'en glorifier quand elles reffemblent à feue Madame la Landgravine Princeffe Douairiere de Heffe.

(37) *Si l'on n'eut employé Mathieu Paumier Florentin en l'Ambaffade de la-*

quelle il s'acquitta si bien, &c. Encore qu'il puisse arriver qu'un homme de bas lieu sçache exposer en une Ambassade ce qui lui a été ordonné, & qu'on ait vû des Rois & des Républiques, qui employoient des Barbiers & des Apoticaires, où l'on employe ordinairement des personnes de haute naissance; il n'arrive jamais que les Princes à qui ils sont envoyés en soient du tout contents. Ils estiment tous que c'est une espece de mépris, & s'ils admirent l'esprit de l'envoyé, ils blâment en leur ame l'action de celui qui l'envoye. J'ai appris de la bouche d'un des principaux Comtes de l'Empire, qu'ayant été député vers l'Empereur pour des affaires d'importance, Sa Majesté lui dit, qu'il croyoit que le Prince qui l'avoit envoyé tiendroit sa promesse, puisqu'il avoit employé une personne de sa sorte. J'estime donc, qu'on peut adjoindre à un homme de condition, un homme de grande conduite & de jugement exquis. Mais qu'il y a du danger de l'envoyer seul, parce que sa condition choque la dignité de celui qui le doit recevoir. Et c'est peut-être pour cette cause, que nos Princes d'Allemagne dépêchent ordinairement un homme de robe avec un homme d'épée, pour ne déroger ni à leur condition, ni à celle de leurs amis.

sur les Coups d'Etat. 333

(38) *Cardan étoit Médecin, Bodin Avocat, Charron Théologien, Montagne Gentilhomme, la Noue Soldat.* Il n'y a point de doute qu'on ne puisse trouver en toutes les professions des honnêtes gens. Mais il ne s'ensuit pas de-là, que Cardan, Bodin, Charron & Montagne, ayent été capables de servir les Souverains aux affaires de grande importance. L'on voit peu de spéculatifs, même de ceux qui mettent de beaux ouvrages au jour, qui sçachent mettre en pratique ce qu'ils débitent dans leurs livres. Et il me semble, que M. Naudé a tort de parler de Cardan qui n'a été employé au conseil d'aucun Prince, & de Bodin qui ayant été très-excellent politique sur le papier, usa mal de sa science, lorsqu'il étoit Conseiller de François de France Duc d'Alençon. Pour Charron, il est certain qu'ayant enseigné la sagesse aux hommes dans un livre qu'il a fait, il auroit été bien en peine de donner un sage conseil à un Souverain, & peut-être encore plus de le prendre pour soi. Montagne étoit du bois de quoi l'on fait les hommes d'Etat ; mais n'ayant pas été dans l'emploi, l'on ne peut pas sçavoir s'il y auroit réussi. Pour la Noue, l'on peut dire qu'il étoit à la plume & au poil, & assurément il a été illustre par son sçavoir

Tome II F f

334 *Considérations Politiques*
& par sa valeur. Et je ne doute point qu'il n'eut été un homme extraordinaire s'il eut été employé au maniment de l'Etat, puisqu'il fit paroître sa conduite dans tous les exploits militaires où il se rencontra, tant aux Pays-Bas qu'en France. Pour le Pere Paul, l'on peut dire de lui qu'il a bien écrit; mais parce qu'il y a une grande différence, entre bien dire & bien faire, l'on ne peut pas juger de ses écrits, qu'il eût été capable d'une Ambassade, ni de conseiller un Roi en tems de paix & de guerre.

(39) *C'est pourquoi je n'exclus personne de cette charge.* C'est travailler en vain, que de chercher avec beaucoup de peine un homme qui ait les conditions requises à un Ministre d'Etat, pour n'exclure personne de cette charge qui est la plus importante, à quoi les Potentats puissent avancer leurs favoris. Pour moi je n'ai garde d'être de ce sentiment, & crois au contraire, qu'il faut des siécles à la nature, pour former un homme si parfait, qu'il puisse gouverner un Etat au contentement du Prince, & des plus raisonnables de ses sujets. Mais pour suivre le dénombrement que M. Naudé fait de ceux qu'il ne veut point exclurre de cette charge, je dis que les Etrangers dont il fait mention, ou ils

n'ont pas été Etrangers, ou ils n'ont pas gouverné l'Etat de leur maître. Tibere donnoit de l'emploi à des personnes inconnues, à ce que Tacite nous en dit au 4. de ses annales, mais c'étoit sans doute, pour des choses de peu d'importance, & un Prince rusé qui ne se fioit pas à ses confidens, n'avoit garde de se fier à des hommes de néant. Granvelle étant né sujet de l'Empereur Charles V. ne pouvoit point passer pour étranger à la Cour de ce Prince, non plus que M. de Luines en celle du Roi Louis le Juste, parce que ceux de Bezançon sont naturalisés Bourguignons, & ceux du Comté Vénaissin jouïssent du privilége de Citoyens François. Trivulce & Strozzi Seigneurs Italiens, ont servi les Rois de France, & ont eu séance au Conseil de guerre de François I. & de Henri II. mais ils n'ont eu aucune part au maniment des affaires d'Etat. Pour le Chancelier de Birague, nous avons déja dit qu'il eut part à la faveur de Catherine de Médicis ; mais cette Princesse qui ne vouloit pas souffrir que ses enfans (à qui le droit de régner appartenoit par leur naissance) eussent part au gouvernement, tenoit la bride fort courte à ce favori, & en lui permettant de l'assister de son conseil, elle lui défendoit de rien entreprendre à son

F f ij

inſçu. Et d'ailleurs je trouve tant de Biragues, qui ont utilement ſervi les Rois de France à la guerre, qu'à peine puis-je conſidérer ce Chancelier comme étranger bien qu'il ſoit né hors du Royaume de France.

(40) *Non les jeunes, non les vieux, non les ignorans.* Si M. Naudé n'entend ici par les jeunes des perſonnes d'un âge médiocre, aucun homme d'eſprit ne ſera de ſon opinion. Ce ſeroit pécher contre toutes les loix, que de mettre le timon de la République entre les mains des enfans. Les Rois à qui la naiſſance donne les Couronnes, & qui ne ſont au monde que pour gouverner, ſe ſoumettent au gouvernement d'autrui juſqu'à ce que le tems les ait rendus capables de régner. Et ſi la Loi de Charles le Sage met le ſceptre à la main du Roi de France avant qu'il ait appris à gouverner, c'eſt parce qu'elle préſume que les vieux l'adreſſeront au ſentier de la juſtice. Il n'eſt donc pas raiſonnable qu'on donne la charge de Miniſtre d'Etat à un qui n'exerceroit pas l'office de Roi, ſi ſa naiſſance l'avoit appellé à cette dignité. Or notre Auteur alléguant l'exemple de Papyrius, ſemble parler de cet âge, puiſque ce Romain étoit encore enfant quand il trompa ſa mere, pour ne pas révéler ce qu'il avoit entendu au Sénat. Les vieux

peuvent auſſi parvenir à un tel âge qu'ils radotent plutôt qu'ils ne raiſonnent, & craignant toutes choſes, ſont incapables de donner un conſeil vigoureux. J'aimerois donc mieux, qu'on choiſit des perſonnes d'un âge mûr, qui ne fuſſent ni beaucoup au-deſſous de quarante ans, ni beaucoup au-deſſus de ſoixante-dix. Pour ce qui regarde les ignorans, il eſt impoſſible à toute la Rhétorique de me perſuader qu'un Prince en puiſſe faire choix, ſans s'expoſer à la riſée de tous ſes ſujets, & au mépris de tout le monde. Au reſte je n'entens pas aſſurer, que ceux qui n'ont pas étudié à fond les Loix de Juſtinien, qui n'ont pas ſué pour développer les difficultés qui embrouillent la Phyſique d'Ariſtote, & qui n'entendent pas parfaitement les Elémens d'Euclide, ſoient ignorans. J'eſtime habiles au gouvernement des peuples & des Etats, ceux qui ont joint leur expérience propre à la lecture des hiſtoriens, à la généalogie des maiſons Souveraines, à la connoiſſance du droit public, à l'intérêt des Princes, & aux prétentions qu'ils ont les uns ſur les Etats des autres. Parce que ces matieres ſont celles qui cauſent les guerres, les ligues, les traités de paix & de treve, & tout ce qui occupe les politiques de notre tems. Mais je ne croirai jamais, que les esprits grossiers soient plus capables de gouverner les peuples que les subtils. Car si l'expérience nous enseigne que les ames toutes de feu sont plus capables d'innover que de négocier ; elle nous apprend aussi que les grands esprits qui ont plus de plomb que de mercure, comme les Vénitiens, sont capables de rendre les Etats immortels. Et ceux-là ne sont pas bêtes qui font de bonnes loix, & les font observer sans user de violence.

(41) *Non les Lettrés, non les Philosophes, non les Médecins, non les Moines.* M. Naudé ne veut point exclure en ce lieu ici les Philosophes & les Médecins du nombre des Lettrés, puisqu'il est impossible d'être ni Médecin ni Philosophe sans avoir mis le nez dans les livres. Mais la Philosophie a beaucoup de parties qui ne contribuent rien à l'essence d'un Ministre d'Etat. Et la Médecine n'enseigne rien de nécessaire au gouvernement des Royaumes & Principautés. Il n'est pourtant pas impossible qu'un Philosophe qui sçait régner sur ses passions, sçache régner sur les peuples qui sont sujets aux leurs. Je pense au contraire qu'encore que le Ministre d'Etat ne soit point Philosophe de nom, il le doit être en effet, & posséder toutes les vertus qui ont rendu

les anciens Philosophes recommandables. L'on peut dire la même chose des Médecins. Le Ministre d'Etat n'a besoin ni de la doctrine de Galien, ni de celle de Paracelse; mais un Médecin peut connoître les maladies du corps mystique, aussi bien qu'il connoît celles du corps naturel, & appliquer des remedes aussi bien à l'un qu'à l'autre. Toutefois s'il est permis de parler librement, je dirai qu'il est malséant de voir un Médecin, un Chirurgien & un Apoticaire donner la loi aux plus Grands d'un Etat. Pour les Moines je crois qu'ils doivent vacquer à la contemplation, & laisser le soin des affaires du monde aux séculiers. L'on a pourtant vû à la Cour de France le Pere Joseph Capucin, qui étoit la main droite du Cardinal de Richelieu, & allégeoit de beaucoup la peine de son Ministere. L'on croit même, qu'il a été employé en des secretes Ambassades, où il a parfaitement bien réussi, & a mis au jour des livres politiques sous le nom emprunté du Seigneur des Montagnes.

(42) *Les conditions que le Ministre apporte du sien au service du Prince ne se peuvent expliquer qu'assez difficilement.* Encore qu'il soit presque aussi difficile de trouver un parfait Ministre d'Etat, qu'un

Prince, un Orateur, un Capitaine & un Courtisan, avec les qualités que Xénophon, Cicéron, Onosandre & Castillon lui requierent, l'on doit avouer qu'on en a trouvé, & qu'on en trouve encore en nos jours qui avoient & qui ont des qualités admirables. Dom Gaspar de Gusman (selon le sentiment même du Roi son maître) auroit pû gouverner tout le monde par sa prudence; & si sa fortune eut égalé son sçavoir, l'Espagne auroit plus gagné aux dernieres guerres par ses bons avis, qu'elle ne perdit par l'admirable fortune de ses adversaires. Les Cardinaux de Richelieu & Mazarin avoient tant de vertus & si peu de vices, que rien ne leur auroit manqué, si le premier eut logé son ame généreuse en un corps un peu plus robuste, & si le second fut né aussi près du Louvre qu'il étoit né près du Vatican. Le Prince de Lobkovitz Duc de Sagan ne céde point en mérite à ceux que je viens de nommer, & les surpasse en bonheur. Son ame est si vaste, ses connoissances si étendues, & son sçavoir si universel, qu'on trouve peu de Princes qui ayent tant d'esprit, tant d'étude ni tant de souplesse. Depuis qu'il tient la premiere place dans le Conseil du très-auguste Léopold, il a découvert des pratiques qui sembloient impénétrables,

pénétrables, & puni des personnes qui sembloient pouvoir éluder la force des loix, aussi aisément que les frelons percent la toile des araignées. Au surplus ses actions semblent toutes des coups d'Etat ; mais elles ne sont ni sanglantes ni injustes, & lorsque l'éloignement des personnes a suffi à les empêcher de nuire à la personne & à l'Etat de son maître, il s'est contenté de leur défendre le feu & l'eau de la Cour. Ceux qui vivent dans le grand monde, m'entendent sans que je m'explique plus clairement, & si je voulois faire un parallele de lui & de quelques autres qui l'ont précédé, je choquerois sa modestie, ou bien je n'en dirois pas assez.

(43) *C'est ce qui a fait suer tant d'Ecrivains sur l'idée du prudent Politique, & de l'homme d'Etat.* Ce n'est pas merveille qu'on ait vû des Ecrivains suer en la recherche des perfections requises à un prudent Politique, & à un homme d'Etat. Mais c'est une impudence qui surpasse toutes les autres, que de vouloir assurer que Olivier Cromwel ait été le plus excellent de tous les politiques. C'est pourtant ce que l'on a vû en nos jours en un Traité intitulé *Politicus sine exemplo.* Les plumes devroient plutôt écrire, & toutes les langues chanter des injures à un Tyran infâme,

Tome II.   G g

qui ayant fait mourir son Roi, usurpa son autorité, & employa toutes ses forces & toute son industrie pour éteindre entiérement la famille Royale. Celui-là n'est pas politique, qui sans crainte ni de Dieu ni des hommes, abuse de tout ce qu'il y a de sacré pour satisfaire à ses passions ; mais bien celui qui use d'une louable industrie & d'une prudence singuliere, pour augmenter le bien de ses sujets en procurant le sien. C'est ce qu'a heureusement fait Charles Louis Electeur Palatin. Ce Prince ayant trouvé son héritage ruiné par les malheurs de la guerre, & accourci de plus de la moitié par la violence des ennemis du Roi son pere, il a tant fait par sa prévoyance que son pays est repeuplé, ses villes rebâties, ses campagnes labourées, ses vignobles cultivés, ses paysans à leur aise, & lui en état d'entretenir une Cour Royale à Charles Prince Electoral son fils, & à Guillemete-Ernestine Princesse de Dannemarc sa bruë ; & même de prêter le colet à ceux qui l'oseront provoquer. Enfin son Altesse Electorale montre par son exemple, que la sagesse du politique & de l'homme d'Etat, consiste à sçavoir faire de peu beaucoup, & de rien quelque chose. Elle paroît aussi fort clairement en la conduite du Sérénissime Eberhard Duc de

Wirtemberg, qui ayant été chassé de ses Etats pendant sa minorité y rentra par son adresse, & les ayant trouvés presque tous réduits en cendres, les a remis à un point si florissant, que toute l'Allemagne a sujet de louer son industrie, & tous ses sujets de bénir Dieu, de ce qu'il leur a donné un Prince capable de les relever après une chûte qui sembloit mortelle. Je puis dire la même chose de George Prince de Montbéliard, qui régnant dans un petit pays environné de gens de diverse créance, & mortels ennemis de sa Religion, se conserve toutefois d'une façon, que ceux qui le connoissent ont plus de sujet de lui porter envie que de le plaindre.

(44) *Je veux que le Ministre soit tel en effet qu'il est en prédicamment, connu du Prince & choisi de lui-même.* Les Princes qui ne sortent presque point de leur logis, & qui se communiquent à fort peu de personnes, peuvent difficilement connoître les habiles hommes de leur Etat, si ce n'est par la recommandation des Courtisans. De sorte que je ne me puis pas persuader, qu'il faille que celui qui doit être élevé à la dignité de premier Ministre, soit connu du Roi avant qu'il lui rende service. Il me semble plus raisonnable de croire, que la fortune d'un sujet capable de grandes

choses, dépend de la recommandation du favori qui l'avance à quelque petite charge qui lui donne moyen de se produire. Le Roi Louis XIII. n'auroit jamais connu Jules Cardinal Mazarin, si la familiarité que Son Eminence avoit eue avec François & Antoine Barberin lorsqu'ils étoient jeunes écoliers, ne l'eussent fait connoître au Pape Urbain VIII. leur oncle. Et si Sa Sainteté ne l'eut envoyé à Casal pour empêcher que les armées de France & d'Espagne ne vinssent aux mains, le Cardinal de Richelieu (qui fit par après sa fortune) n'en auroit peut-être jamais sçu le nom. Dom Gaspar de Gusman Comte d'Olivarès, n'auroit pas eu l'honneur d'élever le Roi Philippe IV. si son pere n'eut été Ambassadeur d'Espagne à Rome, où ce favori de la fortune náquit. Et s'il n'eut été gouverneur de Dom Philippe lorsqu'il étoit Prince d'Espagne, il n'auroit pas été son premier Ministre lorsqu'il fut Roi. Le Cardinal d'Ossat auroit été toute sa vie le protecteur de Ramus contre Charpentier, & par conséquent un petit pédant, s'il n'eut été copiste d'un Secretaire de l'Ambassadeur de France à Rome. Enfin l'on voit peu de personnes qui passent de l'école au Conseil d'Etat d'un plein saut, & point du tout qui s'élevent à la charge de Ministre d'Etat, sans avoir montré leur suffisance, leur fidélité, & leur sçavoir, en d'autres offices de moindre importance. Pour être Maître des Requêtes en France, il faut avoir eu séance en un Parlement durant quelques années, & cette charge étant de beaucoup inférieure à celle de premier Ministre, il est raisonnable que celui-ci fasse son apprentissage pour le moins aussi long-tems que celui-là. Pour ce qui regarde le choix de ces éminens personnages, je crois que le Prince le doit faire immédiatement, sans avoir égard à autre chose qu'à la vertu de celui qu'il choisit. Mais cela ne pouvant être, que le personnage qui doit être élû n'ait de grandes habitudes à la Cour, il faut nécessairement conclure, que pour être avancé à de grandes charges l'on doit passer par les médiocres.

(45) *Leur nudité paroît toujours à travers de ces habits qu'ils n'ont que par emprunt.* Les ignorans peuvent montrer leur sottise en toutes les conditions où ils se rencontrent; mais jamais avec tant d'éclat & de deshonneur pour eux, que lorsqu'ils sont élevés à un éminent dégré. L'on n'auroit jamais sçû qu'Adrian Florent natif d'Utrecht étoit plus capable de tirer à la rame, que de tenir le gouvernail de

l'Eglise, s'il n'eut été élevé à la dignité Papale; ni que Venceslas de Luxembourg étoit indigne de gouverner un grand Etat, s'il n'eut été élû Empereur. Plusieurs ont été mauvais Rois qui auroient été bons sujets, plusieurs autres ont déshonoré la pourpre qui auroient honoré le froc. Et plusieurs ont été siflés pour avoir été assis sur un Tribunal, qui auroient été respectés si au lieu de la balance de la justice, ils eussent tenus à la main l'aulne à mesurer du velours. Plus haut le vice est élevé, plus il paroît; & ceux qui recommandent des personnes indignes des charges qu'ils leur procurent, leur font plus de mal que de bien. Le Général d'armée qui a faute de cœur & de conduite, sert de jouet à ses soldats, & le Conseiller qui ne dit que des impertinences où le bon sens & le discours sérieux sont nécessaires, devroit souhaiter une autre sorte de vie. Mais ceux qui ont plus d'argent, plus d'amis & plus d'ambition, que de connnoissance de leur nudité, cherchent & obtiennent ce qu'ils devroient refuser, & fuyent ce qu'ils devroient chercher de toute leur force.

(46) *Il faut qu'un homme qui se veut maintenir en réputation, entre dans le crédit, orné de vêtemens faits de sa main.*

L'on dit que Hippias Eleüs (de qui M. Naudé fait mention en ce lieu ici) se glorifioit de n'ignorer rien en aucune science, & même de faire de sa main tout ce dont il avoit besoin pour défendre son corps des injures de l'air. Pour moi, je ne crois pas ce que ce superbe Philosophe assuroit de sa personne, & crois encore moins, qu'un Ministre d'Etat ait besoin d'un scavoir si étendu. Mais sans mentir, j'estime qu'il a besoin de plus de science que ce Philosophe n'en avoit, ou pour le moins d'un esprit plus prompt, plus vigilant, & plus capable de choses grandes. J'ai ouï dire que le Cardinal de Richelieu envoyant une armée en Campagne, songeoit tellement au bien qu'il pouvoit retirer de ses victoires, & au mal que sa perte lui pouvoit causer, que s'il avenoit qu'elle fut défaite, il envoyoit incontinent les ordres pour en arrêter la suite, avec tant de prudence, qu'à peine l'ennemi avoit-il pensé à poursuivre sa victoire, qu'il trouvoit d'autres forces qui s'opposoient à ses desseins. Le Cardinal Mazarin n'en faisoit pas moins ; car après la déroute du Maréchal de la Ferté Senneterre devant Valenciennes, il arrêta tout court l'armée victorieuse, & sa plus grande perte fut de n'avoir pas gagné. C'est d'une telle prévoyance, constance & générosité, que je souhaite qu'un Ministre d'Etat soit revêtu, & qu'il n'ait pas besoin de mendier le conseil d'autrui, ni d'amasser un secours bien éloigné, pour arrêter un mal qu'il doit avoir prévû auparavant.

(47) *Le Ministre d'Etat doit avoir trois vertus principales, sçavoir, la force, la justice, la prudence.* Je ne vois pas comment M. Naudé accordera ce qu'il nous dit ici, avec ce qu'il a dit cinq ou six pages auparavant, puisque là il n'exclut personne de la charge de Ministre d'Etat, & ici il lui requiert des qualités qui se trouvent fort rarement en une seule personne, & que les meilleurs siécles n'ont point vû en tous les individus de l'espece humaine. J'ose même assurer avec le sage & sçavant Pibrac, qu'on ne vît jamais prudence avec jeunesse; & que la force dont M. Naudé parle ici, se rencontre rarement aux vieillards. Les raisons que j'ai de tenir ce parti sont, que la prudence, qui est la Reine des vertus politiques, comme l'or est le Roi des métaux, a besoin de tant de tems, & de tant de dispositions pour se former en nos ames, qu'il est tout-à-fait impossible qu'elle & la jeunesse se trouvent ensemble en un même sujet. Pour la force, prise au sens auquel

notre Auteur la prend en cet endroit, elle se trouve peu souvent aux vieillards, parce que les forces du corps se diminuant, les organes de l'ame s'affoiblissent, & cette mâle vigueur qui fait admirer les personnes en un âge parfait, s'évanouit lorsqu'elles viennent à la décrépitude. Tellement que les personnes excessivement jeunes & vieilles doivent être exclues du Conseil d'Etat, ou du moins ne doivent-elles pas être seules, mais jointes à d'autres, dont l'âge rassis retienne la fougue des jeunes éventés, échauffe la froideur, & affermisse l'irrésolution des vieux décrépits, dont l'ame est ordinairement aussi foible que le corps.

(48) *Laquelle vertu se peut facilement acquerir.* Je pense qu'il est ou impossible, ou très-difficile d'acquerir une trempe & disposition d'esprit, toujours égale à soi, ferme, stable, héroïque, capable de tout voir, de tout ouïr & de tout faire sans se troubler. Et si l'acquisition de ces excellentes qualités n'est pas difficile, il est aisé de faire d'un homme un héros & un demi-Dieu. Mais l'on peut juger de la difficulté qu'il y a de se rendre si parfait, de ce qu'il y a peu ou point de personnes, qui possedent ces perfections en un dégré éminent. Le siécle passé nous fit voir Philippe

II. Roi d'Espagne inébranlable à la joye des bons succès, & à la douleur des pertes. Ce héros entendant le gain de la bataille de Lépante, dit sans émotion, *Dom Jean a beaucoup hazardé*, & lorsque le Duc de Medina-Cely lui voulut rendre compte du mauvais succès de la flotte qu'on avoit estimé invincible, il lui fit dire avec beaucoup de froideur, qu'il *s'allât reposer, qu'il sçavoit déja sa perte, & qu'il avoit envoyé sa flotte contre les hommes & non pas contre les vents & les vagues*. Le siécle présent nous a aussi fait voir une héroïne qui n'étoit pas moins inébranlable que ce héros. Ce fut Amélie Elisabeth Landgravine de Hesse, qui ayant fait assiéger Paderborne sur la fin de la guerre civile d'Allemagne, l'an 1647. elle apprit étant à table que son ennemi avoit battu ses troupes, & dit tout haut qu'elle avoit fait une grande perte, & continua son repas & le discours qu'elle faisoit à des hôtes d'importance qu'elle avoit, comme si cette affaire l'eut fort peu touchée. Ce fut montrer evidemment qu'elle ne succomboit à aucune affliction. Mais la nature ayant besoin d'un siécle pour former de tels personnages, je crois qu'il y a de la témérité d'assurer, que cette héroïque vertu s'acquiere facilement, & qu'il vaut mieux dire, que les héros ne se jettent point en moule, & que rarement l'on trouve des gens qui ayent les qualités requises à un Ministre d'Etat.

(49) *Bref sur les grands avantages qu'il y a de fuir le vice, & de suivre la vertu.* Tous les moyens d'acquerir les vertus héroïques que M. Naudé nous enseigne ici, semblent trop foibles pour produire de si grands effets. Ils nous peuvent rendre bons chrétiens, & non pas bons politiques. En considérant que la nature humaine est sujette à toutes sortes de maux & d'afflictions, nous apprenons à mourir sans regret, & méditant la vanité des honneurs de ce monde, notre ambition s'amoindrit, & en pensant à la révolution des affaires, nous jugeons que la médiocrité des personnes pieuses est préférable à la grandeur mal assurée des Courtisans. Enfin la diversité d'opinion en matiere de croyance, nous fait louer Dieu, & le remercier de ce qu'il nous a honorés de sa connoissance salutaire. Et les avantages qu'il y a de fuir le vice, nous tiennent éloignés de la Cour, plutôt qu'ils ne nous en approchent. De sorte que toutes ces choses nous donnent peu d'envie d'embrasser la vie tumultueuse des Courtisans, & moins de moyen d'apprendre à servir les Souverains

au maniement de leurs affaires.

(50) *Je veux un esprit d'Epictete, de Socrate, &c. & pour me servir d'exemples plus familiers, du Pere Paul.* Tous ces grands hommes ont été l'honneur de leurs siécles, & l'admiration de ceux qui les ont suivis ; Epictete, Socrate, Epicure & Séneque sont connus de tous les sçavans, par leur doctrine ; & Brutus & Caton, par le zéle qu'ils eurent pour la conservation de la liberté. Mais les actions de ces derniers, ne doivent, & ne peuvent pas toutes être imitées d'un politique chrétien. Brutus chassa les Tarquins de leur dignité, pour se faire chef de la République, & ruina la Royauté sous prétexte de venger l'injustice faite à Lucrece. Et Caton ayant rendu son nom glorieux par de belles actions, vit que Rome perdoit la liberté, & se retira à Utique, où il se tua de sa propre main. Les Philosophes me semblent plus dignes d'imitation, & quoique M. Naudé propose ces deux guerriers pour exemple de son Ministre d'État, je ne trouve point qu'ils ayent eu les perfections qu'il lui requiert, puisqu'il veut que *l'homme d'Etat soit capable de voir tout sans se troubler, se perdre, ou s'étonner.* Pour ce qui touche les modernes, nous avons déja parlé du Pere Paul & du Car-

dinal d'Ossat, & allons dire quelque chose des autres. Le Président Janin fut un des conservateurs de la France au tems de la ligue, & accommodant ses conseils au bien de l'Etat, sans choquer les rébelles, il rendit des services très-importants au Roi Henri le Grand. L'on peut voir les Mémoires qu'il a laissés à la postérité, & ce que M. l'Archevêque de Paris dit de lui en son histoire, pour juger de son mérite. L'Eminence de laquelle il parle ici, est le Cardinal de Bagni, à qui les considérations politiques sur les coups d'Etat ont été dédiées. Du Ferrier Président au Parlement de Paris, fut envoyé au Concile de Trente avec le Seigneur de Lansac, pour y assister au nom du Roi Très-Chrétien. Il y harangua deux ou trois fois, & fit connoître son éloquence, sa piété, son jugement, & la vivacité de son esprit en ses reparties; & particulierement, lorsque taxant les vices qui s'étoient glissés dans l'Eglise, un des Peres eut la hardiesse de dire. *Gallus cantat*, & il répondit sur le champ, *Utinam ad gallicinium Petrus resipiscat*. Cette sainte liberté lui acquit la haine du Pape, & la demande qu'il faisoit d'une bonne réforme des excès des Ecclésiastiques, émût tout le Clergé du Concile contre lui. Mais cela n'empêche point que je ne révere son nom, & la sincérité qu'il témoigna dans sa légation augmente le respect que j'ai pour la glorieuse mémoire. Ici l'on pourroit mettre plusieurs personnes que j'ai l'honneur de connoître, au nombre de ceux de pareille marque; mais j'ai de la peine à m'y résoudre, parce que j'apprehende de choquer la modestie des vivans. Entre ces grands personnages quelques uns ont administré de grands Etats avec beaucoup de gloire, & ceux qui n'ont pas eu le bonheur de gouverner de si grandes Principautés, n'en sont pas moins dignes de louange. Ceux qui sont morts, & ont été premiers Ministres de grands Princes, sont les Cardinaux Panzirolo, Richelieu & Mazarin, Dom Gaspard de Gusman, Dom Louis de Haro, le Prince de Porcia, Christosle Forstner Sieur de Dambenoi, &c. Ceux qui vivent, sont Venceslas Prince de Lobkovitz Duc de Sagan, Christosle de Manteufeld Seigneur d'Arnhausen, Georges Guillaume Bidembach de Trewenfels, Nicolas Myller d'Erembach, Guy Louis de Sekendorf, & plusieurs autres qui étant le cœur & la main droite de leurs Princes, les aident utilement à conduire le Navire de leurs Etats au port de la félicité. Ces derniers n'ont pas de grands Royaumes à gouverner, mais s'ils en avoient, ils feroient voir que leur génie en est aussi capable, qu'aucun de ceux de qui les histoires font honorable mention.

(51) *Je veux qu'il vive dans le monde comme s'il en étoit dehors, & au-dessous du Ciel, comme s'il étoit au-dessus.* C'est trop éxiger d'un Ministre d'Etat, que de vouloir qu'il vive dans le monde comme s'il en étoit dehors, & au-dessous du Ciel comme s'il étoit au-dessus. C'est à faire aux Moines que de ne penser point du tout à l'aggrandissement de leur famille. Les grands Ministres ont tous fait autrement sans en être blâmés. Il seroit véritablement à souhaiter, que leur ambition fut moindre qu'elle n'est ; mais on ne peut pas raisonnablement médire d'un homme qui servant un grand Prince, tâche de se tirer de la nécessité par des voyes justes & irrépréhensibles. Je ne vois pas aussi, pourquoi M. Naudé veut retirer du monde, une personne qui en doit prendre la conduite, ni le faire vivre comme un hermite, tandis qu'il a le gouvernement d'un Etat. Un grand Ministre doit penser au Ciel sans oublier ce qu'il doit à la terre, & ne point tant vacquer à ses dévotions, qu'il oublie de récompenser ceux qui lui font sçavoir ce qui se passe dans son pays

& dans ceux d'autrui. Sans mentir, celui-là seroit indigne de gouverner une Province, qui négligeroit le soin de la tenir en repos. L'on a même vû de prudens Monarques qui troubloient les autres pour vivre en paix, & d'autres qui ne reposoient point, pour empêcher que leurs mauvais sujets ne troublassent la tranquillité des bons.

(52) *La Cour est le lieu du monde où les amitiés sont plus capricieuses, les hommes plus masqués, les Maîtres moins affectionnés à leurs serviteurs & la fortune plus folle.* La Cour étant une partie du monde, elle n'est exempte ni de ses bonnes ni de ses mauvaises qualités. Et parce qu'elle donne le branle à tout le reste, elle a sans doute au souverain dégré, ce qui rend le monde aimable à ceux qui se plaisent à la vie tumultueuse, & haïssable à ceux qui cherchent le repos. Quelques-uns en ont dit du mal pour empêcher que les bons esprits ne s'y engagent, & d'autres l'ont estimée la pierre de touche des personnes veritablement vertueuses, pour obliger les grands hommes à y aller chercher les biens & les honneurs qui ne se trouvent point ailleurs. Mais M. Naudé, lui donne des imperfections qui doivent plutôt épouvanter les sages, que les inviter

viter à rendre service aux Potentats. Les personnes prudentes abhorrent les amitiés capricieuses, & les hommes qui pour tromper les plus sinceres, ont la bouche pleine de miel, & le cœur plein d'aconit. L'on ne sçauroit servir d'un cœur franc, rond, & loyal, le maître qui n'affectionne point un serviteur de grand mérite, & une ame qui ne respire que fidélité. Et si la fortune qui n'est presque jamais d'accord avec la vertu est plus folle à la Cour qu'en aucun autre lieu, les hommes de mérite la doivent plus craindre là, qu'en tout le reste du monde. Cela posé, il me semble, qu'il y a plus d'imprudence de s'embarquer sur cette mer orageuse, que de demeurer au port, & de vouloir apprendre son inconstance par ses propres malheurs que par ceux d'autrui. J'avouerai pourtant que celui qui s'est embarqué, & qui cingle sur la mer de la Cour, doit connoître les écueils des amitiés capricieuses des hommes masqués, du peu d'affection que les Princes ont pour leurs plus fidéles serviteurs, & de la folie de la fortune, pour les éviter autant qu'il est possible, & pour se consoler quand ils font naufrage.

(53) *Qu'il se pique d'une pauvreté généreuse, &c. qu'il ne soit au monde que par accident, à la Cour que par emprunt,*

&c. Sans mentir, il y a peu ou point d'apparence, que ceux qui se dévouent à la Cour, ayent l'ame pleine du mépris des richesses, & qu'ils se picquent de pauvreté. Ceux qui veulent être pauvres, peuvent obtenir l'effet de leur désir, sans se soumettre aux caprices de la fortune, à l'inconstance des faveurs humaines, & à la malice des courtisans. Les riches peuvent plus commodément mépriser leurs richesses dans une maison particuliere, que dans un Palais Royal; & les pauvres se peuvent mieux contenter du peu qu'ils ont dans une fortune privée, qu'étant revêtus de la gloire d'une dignité éminente. Les sages n'auroient pas dit qu'il faut sortir de la Cour pour être pieux, s'il n'étoit ou très-difficile, ou tout-à-fait impossible de s'opiniâtrer au bien, en étant plongé jusquaux oreilles dans la dissimulation, dans l'envie & dans les coups fourés qui sont inséparables de la Cour. Qu'on ne parle point de liberté philosophique, ni d'aucune autre tandis qu'on vit parmi les courtisans. Pibrac nous apprend qu'il est impossible *d'être à la Cour, & dire ce qu'on pense.* Et quoique ceux qui sont élevés à la dignité de premier Ministre, doivent user de plus de liberté en parlant à leurs maîtres, ils ne laissent pas de les tromper de peur de perdre leurs bonnes graces, ou de peur d'augmenter leurs afflictions. Dom Gaspard de Gusman ayant appris la révolte du Portugal laquelle il avoit long-tems appréhendée, dit au Roi Philippe IV. (*a*) *alviçaras Senor aora es verdaderamente Suyo el Reyno de Portugal.* Et le Roi demandant pourquoi ? il dit que c'étoit parce que jusqu'alors les Portugais avoient joüi de beaucoup de liberté, & qu'en punition de leur désobéissance, il leur ôteroit tous leurs priviléges. Mais jusqu'à présent ni lui ni aucun autre ne les a soumis, & ce Royaume n'a pu être remis sous le joug. Pour ce que M. Naudé nous dit ensuite, sçavoir est qu'il veut que le Ministre d'Etat ne soit au monde que par accident, il arrive par fois qu'en effet il y demeure peu, & que le travail l'accable & le met au tombeau devant le tems ; ou son maître craignant son génie, le fait ôter du monde par un coup d'Etat ; ou que les Grands ne le pouvant pas souffrir en la dignité qu'il possède, obligent son maître de l'en éloigner. Enfin il n'est à la Cour que par emprunt, & ceux qui feront diffi-

---

(*a*) A l'heure qu'il est, Sire, le Royaume de Portugal, est véritablement à vous.

culté de le croire, pourront voir l'histoire des plus illustres favoris, & trouveront que tous les pays & tous les siécles ont fourni d'illustres exemples de cette vérité.

(54) *Servir celui à qui il promettra fidélité envers tous & contre tous, sans exception de tems, de lieu, ni de personnes.* Tous ceux qui promettent doivent bien prendre garde à ce qu'ils font, & ayant promis une chose raisonnable, ne faire point de difficulté de la pousser jusqu'au bout. Tellement que la fidélité d'un honnête homme ne doit être limitée, ni du tems, ni du lieu, ni des personnes. C'est peut-être pour cela, que les Cardinaux qui servent les Potentats séculiers, prient les Protestans avec qui leurs maîtres ont des affaires, de n'avoir aucune défiance en eux, & de les considérer comme des personnes qui jouent un double personnage. L'on doit sçavoir, disent-ils, que la qualité de Prélat nous oblige à l'Eglise Romaine, & que la qualité de Ministre d'Etat nous lie à l'intérêt de notre maître. En effet les Cardinaux de Richelieu & Mazarin assisterent de leur conseil, & des forces du Roi Très-Chrétien les Princes d'Allemagne. Et quoique la Religion semblât attachée à l'intérêt de l'Etat, ils ne firent

sur les Coups d'Etat. 361

point de difficulté d'employer leur adresse à la conservation de celui-ci. Je sçai que les Catholiques du parti contraire les en ont blâmés, & que le Pape Alexandre VII. ne pouvoit pas dissimuler la haine qu'il portoit au dernier. Si est-ce toutefois que l'un & l'autre faisoient leur devoir, & qu'il faut quitter le service d'un maître, ou le servir selon son intérêt, sans avoir égard ni au Pape ni à aucun autre Prince quel qu'il puisse être. L'on trouve pourtant des bigots, qui espérant du Pape un Chapeau rouge portent ses intérêts, oublient le personnage qu'ils jouent, & font plus de tort à leur maître que les ennemis mêmes. Je sçai des exemples que je passe sous silence, parce qu'il ne faut pas dire tout ce que l'on sçait.

(55) *Le pere du Chancelier de l'Hôpital, servit ainsi Charles de Bourbon son maître.* Je pense qu'il est raisonnable qu'on loue la fidélité de ce Médecin, lequel voyant son maître résolu de changer de parti & d'abandonner ce qu'il avoit, prit une ferme résolution de faire la même chose, & de quitter ses biens, sa femme & ses enfans, pour suivre la fortune d'un Prince qui n'avoit plus que les promesses incertaines d'un autre. Ici l'on peut remarquer que Charles Duc de Bourbon, alors

premier Prince du Sang Royal & Connétable de France, étant fâché de ce que le Roi François lui avoit préféré le Duc d'Alençon en quelques expéditions militaires, & craignant la perte d'un procès qu'il avoit contre Louise de Savoye mere du Roi, fit traiter avec Charles V. Cet Empereur qui étoit ravi de priver son adversaire d'un tel Capitaine, le reçut à bras ouverts, & lui promit de le faire Roi d'Arles ou de Bourgogne sous de certaines conditions. Le Duc donc partit travesti avec son Médecin, & arriva en Italie, où il trouva les ordres de son nouveau maître, & le servit avec grande ardeur. Il contribua beaucoup à l'expulsion des François de l'Italie, assiégea Marseille, & la trouva si bien gardée qu'il fut contraint de l'abandonner & de retourner au Milanois pour le conserver. Le Roi y fut presque aussi-tôt que lui, se saisit de Milan & assiégea Pavie place fatale pour lui, & bien gardée par Antoine de Leva. Le siége dura les mois de Décembre Janvier & Février ; & le 24. de ce dernier mois, Bourbon & les autres Généraux de l'Empereur donnerent bataille au Roi, & le prirent prisonnier. Un an après le Roi sortit de prison, & recommença la guerre qui donna occasion à Bourbon d'attaquer

Rome, où il fut tué d'une arquebufade au mois de Mai 1527. Le corps de ce vaillant & malheureux Prince fut porté à Gaëte, où il eſt encore debout dans une caiſſe, vêtu d'une caſaque de velours verd chamarrée de galon d'or. Henri Duc de Guiſe qui l'a vu, dit que ſa mine & ſa taille montrent qu'il étoit Prince de grand cœur. Il y a de l'apparence que la fortune de ſon Médecin fut plus heureuſe que la ſienne, puiſque la maiſon du maître eſt éteinte, & le fils du ſerviteur a eu l'honneur d'être Chancelier, & en nos jours, il y a eu deux freres de ſa maiſon tous deux Maréchaux de France. Mais à dire vrai la fidélité de l'un, & l'infidélité de l'autre méritoient cette inégalité de fortune. Car un dépit ne doit pas porter un homme d'honneur à un tel déſeſpoir, qu'il veuille ruiner ſon Roi, ſa famille & ſa Patrie; & auſſi l'infortune d'un maître ne doit pas être ſuffiſante, de détourner un valet de la fidélité & du ſervice qu'il doit à ſon bienfaiteur.

(56) *Il faut que le Miniſtre d'Etat ſoit dégagé d'ambition, d'avarice & de tout autre déſir, que de bien ſervir ſon maître.* Il ſeroit à ſouhaiter qu'un homme put avoir ces belles qualités, mais il ſemble qu'à peine les demi-Dieux y peuvent aſpirer.

Il faut être plus divin qu'humain, pour voir les honneurs & les richesses sans les desirer, & en être si proche sans en être sensiblement touché. C'est peut-être pour cela, que tant de favoris font naufrage dans le Ministere; & ceux qui ont goûté la douceur qu'il y a d'être avancé en honneur & en richesse, deviennent hydropiques & insatiables de biens. Et parce que leurs charges leur donnent le moyen d'en acquerir, ils deviennent l'objet de l'envie des grands, & de la haine des petits. Les exemples en sont si fréquents, que je croirois faire tort à mon lecteur d'en apporter maintenant. Mais je l'avertirai de prendre garde à ce que M. Naudé dit ici, & à ce qu'il a dit ci-devant, afin qu'il voye qu'il est impossible de n'exclure personne du Ministere d'Etat, & de vouloir que le Ministre ait des qualités si éminentes & presque divines.

(57) *S'il commence à se vouloir avancer aux dignités, il préferera son bien à celui de son maître.* Quelques Ministres de ceux même qui sont morts aux bonnes graces de leurs maîtres, se sont avancés aux premieres dignités de l'Etat; d'autres y ont avancés leurs parens; & ceux qui en ont usé avec plus de modestie, ont fait donner des grandes charges à leurs créatures.

Le

Le Duc de Luines se fit Connétable de France & Gouverneur de Picardie, & donna au Duc de Montbazon son beau-pere, celui de l'Isle de France. Le Cardinal de Richelieu prit le titre auparavant inoui, de Chef & Sur-Intendant de la navigation & du commerce de France, & en mourant même, il donna la charge d'Amiral au Marquis de Brezé son neveu, & celle de Général des Galeres au Pont-de-Courlai. Outre ces belles charges, il laissa par son testament le Duché de Fronsac au premier, celui de Richelieu au fils du second, & celui d'Aiguillon à sa chere niéce qu'on appelloit auparavant Madame de Combalet. Le Cardinal Mazarin laissa un héritage qui auroit peu cedé à celui du riche Marcus; & la postérité croira difficilement qu'un Italien ait pû amasser en France, plus de millions qu'il n'avoit de pistoles vaillant lorsqu'il vint au monde. Il est néanmoins certain que le Roi son maitre fut toujours content de lui, & qu'encore aujourd'hui il protége ses héritiers, & croit d'en avoir été bien servi. Pour moi je le crois aussi, & ne rapporte ce que j'en dis, sinon pour faire voir qu'il n'est pas impossible de faire les affaires de son maitre sans oublier les siennes, & de chercher son avancement dans la grandeur de son Prince.

(58) *Il n'y aura plus de secret qu'il ne découvre, de conseil qu'il n'évente.* Encore qu'on ait vu des premiers Ministres, qui pour conserver leur autorité, se sont soumis à des Princes étrangers. Cela arrive si rarement, qu'il me semble nécessaire de faire ici une distinction entre les Conseillers du Prince. Pour moi je serai toujours dans la croyance, qu'il est presque impossible que le premier Ministre découvre le secret de son maître, ni qu'il évente ses conseils. La raison est qu'étant chef de toutes les assemblées, il représente le Prince, & même il a autant d'intérêt que lui que les affaires aillent bien. Son bonheur dépend de l'issue de ses entreprises, & celles-ci ne réussissent jamais, si le secret qui est l'ame des Conseils n'est gardé très-religieusement. C'est peut-être aussi pour ce sujet, que les Ministres communiquent les affaires à peu de personnes, & seulement à celles dont la prudence est connue, & qui ont témoigné en diverses rencontres que leur fidélité est à l'épreuve, & qu'elles sçavent se taire lorsqu'il est mal séant ou dommageable de parler.

(59) *Pour acquerir l'amitié d'Alaric Roi des Gots & se saisir de l'Empire, Stilico fit une paix honteuse avec lui.* Plusieurs personnes sçavent que Stilico étoit

ambitieux, qu'il ne pouvoit souffrir aucun compagnon, qu'il traita avec Alaric pour le faire entrer dans l'Empire, & qu'il l'affoiblit tellement, qu'il auroit pu s'en rendre maître d'une partie ; mais il n'est pas assuré qu'il l'ait voulu. Ce grand homme eut la charge de Gouverneur de l'Empire Oriental, & de l'Occidental sous Honorius & Arcadius. Il commanda vingt-trois ans entiers les armées de son maître sans faire aucune violence extraordinaire, & sans acquerir à son fils, sinon une charge assez médiocre à la Cour. Il fut pourtant tué & après sa mort Olimpius qui l'avoit fait mourir fit arrêter prisonniers les principaux amis & serviteurs de Stilico, exerça sur eux de grandes cruautés, pour tirer de leur bouche qu'il avoit eu dessein de se faire Empereur ; mais il lui fut impossible d'obtenir cette confession de la bouche de ces misérables. Tellement qu'on peut douter que Stilico eut des pensées si extraordinaires, bien qu'il l'eut fait craindre à son maître, ou que ses ennemis l'en eussent accusé.

(60) *Pierre des Vignes Chancelier de Friderie II. fut privé de la vue, pour avoir eu trop d'intelligence avec le Pape Alexandre III.* Tous ceux qui trahissent leurs maîtres, méritent cette punition où

une plus grande ; mais il me semble qu'il y a de l'erreur en la personne du Pape, ou en celle de l'Empereur. Ces deux Princes ne vécurent point en même tems, & Alexandre III. étoit peut-être mort avant la naissance de Frideric II. Car je trouve que ce Pape sortit du monde l'an 1181. Et cet Empereur mourut excommunié l'an 1250. Il faut donc assurer que ce fut Frideric Barberousse premier de ce nom, sur lequel le Pape Alexandre exerça beaucoup de rigueur, si ce que les Ecrivains en disent & ce que j'ai vû dans la salle du grand Conseil à Venise est véritable. Ou bien que ce fut un autre Pape. Et cette derniere opinion me semble plus vraisemblable, parce que Thomas Lansius en ses Consultations *Orat. pro Germania pag.* 922. dit, que Frideric II. ayant fait aveugler Pierre des Vignes son Secretaire, il s'en repentit & lui donna séance parmi ses Conseillers d'Etat. Alors des Vignes croyant avoir trouvé l'occasion de se venger de l'Empereur, lui conseilla de piller les Eglises & d'employer l'argent du pillage à la guerre contre le Pape. L'Empereur suivit ce conseil, & entre autres choses il prit à Pise une chaîne d'argent qui environnoit toute l'Eglise Cathédrale. Alors Pierre lui dit qu'il étoit bien vengé du tort que Sa Majesté Impériale lui avoit fait, parce que par son conseil il lui avoit persuadé un sacrilége qui le rendoit ennemi de Dieu, & qu'à l'avenir il n'auroit plus aucun bonheur. Pour moi je crois que le Pape qui avoit traité avec des Vignes étoit Honorius III. Car il mourut l'an de Christ 1227. & l'Empereur Frideric II. fut élu l'an 1210.

(61) *Le Cardinal de Balue demeura douze ans dans la tour de Loches sous le régne de Louis XI. & le Cardinal du Prat fut long-tems prisonnier pendant celui de François I.* Tout le monde sçait que les Princes séculiers ont du respect pour les Ecclésiastiques, & qu'ils ne les punissent pas sans y être contraints par de grands crimes. L'on a pourtant vû en nos jours le Cardinal Clesel rigoureusement traité par le plus grand Catholique qui véquit alors. Louis XI. qui étoit assez scrupuleux, punit de prison l'infidélité de Jean Balue. Ce Prélat avoit bien servi le Roi à la Cour de Rome l'an 1464. Mais quelque tems après, il oublia que la recommandation du Roi son maître avoit obtenu du Pape Paul II le Chapeau de Cardinal pour lui, & prit la liberté d'écrire à Charles Duc de Guyenne frere du Roi Louis XI. que l'échange qu'il venoit de faire de l'appanage

qu'il avoit obtenu peu auparavant de Champagne & de Brie pour la Guyenne, n'étoit que pour le tromper. En même tems il écrivit aussi à Charles Duc de Bourgogne, que la paix faite entre les deux frères n'étoit que pour surprendre le Bourguignon, & le pria de prendre les armes pour être le premier aggresseur. Ces lettres furent interceptées, & pour cela Balue qui étoit *turbulent, pernicieuse mouche d'Etat, double de cœur, & même Diable incarné* (selon le sentiment de Nicolas Giles) fut mis en prison, où il eut le loisir de pleurer ses péchés. Car le Roi qui étoit défiant au possible, ne pût être induit à le mettre en liberté, tandis qu'il eut assez de vigueur pour gouverner son Etat. Sa misere commença l'an 1468. & ne fut délivré, sinon par le scrupule qui commença de ronger la conscience du Roi, lorsque la maladie le rendit foible de corps & plus timide d'esprit l'an 1480. Pour ce qui regarde Antoine du Prat, je trouve que le Roi François étant parvenu à la Couronne l'an 1515. lui donna la charge de Chancelier de France. Celui-ci conseilla à Louise de Savoye mere du Roi, d'intenter procès à Charles Duc de Bourbon sur la plus grande partie de son bien, & la peur que ce premier Prince du Sang eut de perdre son procès, ou parce qu'il se défioit de son droit, ou parce qu'il craignoit avec raison le pouvoir de la Régente, il se rangea au parti de l'Empereur Charles V. l'an 1523. Quelques années après, le même du Prat croyant faire le profit du Roi, fit un peu altérer les écus d'or de quoi il devoit payer la rançon de ses fils; mais on les mit à l'épreuve, & la malice du Chancelier fut connue & reparée par quarante mille écus de surcroît à la somme accordée. Au reste, je ne trouve point qu'il ait été Cardinal. Mais trouvant en l'histoire, que le Roi employa le Chancelier Olivier en une ouverture de traité qui fut faite sur la fin de la vie du Roi François, je crois qu'il étoit mort, d'autant qu'en France le Roi n'ôte point au Chancelier sa dignité, si ce n'est avec la vie.

(62) *C'est le propre d'un homme judicieux & bien sensé de ne rien croire.* Il y a bien de la différence entre croire trop légerement, & ne vouloir rien croire. Pour moi j'estime qu'un sage Ministre doit éviter ces deux extrémités. Ce seroit être badin que de s'allarmer des moindres bruits, & opiniâtre que de ne vouloir pas croire ceux qui disent la vérité. Nos dernieres guerres nous ont appris, qu'après la mort du Maréchal de Guebriant l'armée Fran-

çoise fut entierement défaite à Rotwil, parce que Josias Comte de Rantzau ne voulut point croire que l'ennemi s'approchoit pour lui faire un affront. En effet, ayant méprisé cet avis, son armée vivoit avec autant d'assurance que si elle eut été au milieu de la France ; & les Bavarois qui ne dormoient point la surprirent sans peine, & tournerent son artillerie contre elle avant que le Général voulut croire qu'il y avoit des ennemis en campagne. Tellement qu'en matiere de desseins qu'un ennemi peut avoir l'un sur l'autre, il vaut mieux trop croire que trop peu, parce qu'il n'y a point de mal d'être toujours alerte, & il y en peut avoir beaucoup de négliger un avis. Au reste, à la guerre même, il faut que l'expérience & la prudence des Chefs jugent de la possibilité ou impossibilité des choses que les espions débitent, n'étant pas raisonnable d'entreprendre une chose dangereuse sur une simple relation.

(63) *Les souplesses d'Etat, les artifices des courtisans, les menées des politiques trompent aisément un homme plongé dans la dévotion.* Il faut vivre à la Cour autrement que dans un Cloître, mais par tout les excès sont vicieux. La dévotion doit être pure, sainte, cordiale, & sans mé-

lange de superstition. Et si cela n'est pas elle est plutôt un vice qu'une vertu. Le Duc de Guise voyant le Roi Henri III. trop adonné à une dévotion qui ressentoit le Cloître, crût de le pouvoir porter à devenir son partisan, & à le rendre par ce moyen, ou son égal, ou son inférieur. Les processions où ce Roi alloit à pied, ses pélerinages, ses confréries, & autres choses qui ne siéent pas bien à un Monarque lui donnerent ce courage. Et si Sa Majesté n'eut reconnu que cette façon d'agir étoit indigne d'elle, peut-être auroit-elle cessé de régner quelques années plutôt qu'elle ne cessa de vivre. Je souhaite donc qu'un Prince craigne Dieu, & qu'il témoigne par toutes ses actions, que la conservation du culte divin & celle de son Etat sont profondément enracinées dans son ame; sans qu'il s'amuse aux vaines prédictions astrologiques, ni aux fausses divinations des bateleurs. Car de quelque Religion que le Souverain soit, il doit avoir une piété sans fard, une dévotion mâle, & une vénération pour les choses divines, qui augmente la révérence de ses sujets envers lui sans donner sujet à personne de le mépriser.

(64) *La prédiction d'un devin, &c. lui feront perdre l'escrime.* Il y a des ames

si foibles que la moindre chose les ébranle, & d'autres qui n'appréhendent rien du tout. Un certain à qui l'on avoit prédit, qu'il mourroit de la chute d'une maison, se résolut de vivre aux champs, & de ne demeurer plus sous aucun toit. Mais il trouva que la fuite de sa destinée lui étoit impossible, & mourut de la chûte d'une tortue qu'un aigle laissa tomber sur sa tête. D'autres dont la vie étoit très-précieuse, se mocquerent des prédictions, & leur infortune fit connoître à la postérité qu'il ne les faut pas mépriser toutes. Le Grand Henri de Bourbon qui méritoit de vivre plus d'un siécle, avoit entendu dire dès sa jeunesse qu'il mourroit dans un carrosse. Et long-tems après, on lui fit dire que le 14. jour de Mai de l'an 1610. lui étoit fatal. Il sentoit lui-même de la répugnance à sortir du Louvre. La Reine son épouse le pria d'y demeurer, & la chûte d'un Mai qui étoit devant sa fenêtre, lui fit ouïr de ses oreilles que cette chûte étoit fatale, & tout cela nonobstant, il sortit dans son carrosse où il fut assassiné. Pour moi je ne crois pas qu'il faille scrupuleusement craindre les maux dont les devins nous menacent; mais aussi ne crois-je pas qu'il les faille tout-à-fait mépriser. Les vies aussi précieuses que celle d'un grand personnage, valent bien la peine que sans faire semblant de rien appréhender, il demeure au logis, & avec plus de circonspection qu'il ne feroit, si personne ne lui avoit prédit un malheur à venir.

(65) *Avant que de conclure une affaire, il en voudra parler cent fois à un Confesseur.* L'on dit que personne ne peut être trop homme de bien; & toutefois il est certain, qu'on peut être trop scrupuleux & trop timide, où il s'agit de la Religion & de l'Etat ensemble. Ceux qui en veulent aux séculiers, peuvent communiquer leurs desseins aux Ecclésiastiques, sans crainte d'être détournés des plus grands excès. Mais les autres se doivent cacher d'eux, comme de leurs plus mortels ennemis. Le Cardinal d'Ossat servit le Roi Henri le Grand, avec une fidélité extraordinaire, parce qu'il s'agissoit de sauver la France du Schisme qui la menaçoit, tandis que les Papes refusoient l'absolution à ce grand Prince. Au contraire les Cardinaux d'Amboise, de Tournon, de Volsey, & plusieurs autres ont été suspects à leurs maîtres, parce qu'ils avoient des démêlés avec les Papes. En nos jours l'on a crû que deux autres grands Princes ne faisoient rien sans l'avoir communiqué à leurs Confesseurs. Mais bien leur prit d'avoir tenu

un parti favorable aux Ecclésiastiques. Pour moi je ne serai jamais d'avis, que le Prince ni son premier Ministre de quelque Religion qu'ils soient, communiquent les affaires d'Etat aux Ecclésiastiques, parce qu'ils sont presque tous trop passionnés. J'ai vû des Ministres Luthériens qui osoient blâmer la Reine Christine de Suede, de ce qu'elle avoit consenti à la paix avant qu'on eut détruit l'Eglise Romaine. Et toutefois la guerre qu'elle voyoit achevée, n'avoit été faite que sous prétexte de conserver la liberté. Et si elle eut eu des pensées si éloignées de la raison, elle auroit été abandonnée de ses plus puissans confédérés en un moment. Enfin si quelqu'un doit avoir connoissance des desseins du Prince ou de son Ministre, ce sont seulement ceux qui ont l'esprit fort, & qui sçavent la différence qui est entre les affaires d'Etat & celles de Religion.

(66) *Il ne faut point tant de mysteres pour être homme de bien.* La bonté morale des hommes consiste à faire du bien quand ils peuvent, & à ne vouloir jamais faire du mal à leur prochain. Les Jurisconsultes trouvent, que celui qui vit honnêtement, qui n'injurie personne ni de fait, ni de parole, & qui rend à chacun le sien, est irrépréhensible au Tribunal Civil. La Théo-

logie n'exige gueres plus de nous, puisqu'elle ne nous demande, sinon un amour cordial envers Dieu, & une charité fraternelle envers le prochain. Ceux qui croyent qu'on ne satisfait jamais à Dieu selon la rigueur de sa justice, sont dans le bon chemin, pourvû qu'ils esperent tout de sa miséricorde ; & ceux qui étendent les bonnes œuvres jusqu'à faire du bien aux bêtes sauvages, sont trop superstitieux. La piété Chrétienne ne nous oblige point à ces excès, & se contente que d'un cœur franc, rond, & loyal, nous marchions au sentier des commandemens du Créateur, autant que la foiblesse humaine le peut permettre.

(67) *Licurgue fut estimé homme de bien quoiqu'il eut retranché beaucoup de choses inutiles à la Religion.* Ceux qui retranchent les choses superflues à la Religion, sont sans doute plus hommes de bien que ceux qui les introduisent. La superfluité n'étoit que pure superstition parmi les Payens ; & parmi les Chrétiens, c'est plutôt un obstacle qu'un avancement à la piété. C'est pour cela que tout le monde loue le Roi Louis-Dieu donné, qui ayant un extrême souci de faire fleurir son Royaume, ne prend pas moins de peine d'empêcher les abus en l'Eglise qu'en l'Etat. Ce

Prince voyant que le trop grand nombre de fêtes donnoit sujet aux artisans d'appauvrir leurs enfans, & de maltraiter leurs femmes, après avoir consumé en peu d'heures ce qu'ils avoient gagné en un jour, & même en une semaine, songea au moyen de remédier à ce mal. Il jugea donc, que plusieurs fêtes légeres donnoient au menu peuple, plus de sujet d'yvrogner que de prier Dieu, & il en retrancha tout d'un coup un assez bon nombre. Il seroit à souhaiter que les autres Princes en fissent de même, parce que les dévotions trop fréquentes amoindrissent le zéle des Chrétiens, & c'est offenser & non pas honorer Dieu, que de passer les jours entiers à ne rien faire, parce que cette fainéantise porte la populace au cabaret, ce qui arrive rarement sans quelque peu de scandale, & moins encore sans quelque détriment des pauvres familles.

(68) *La seconde vertu qui doit servir de base au mérite de notre Conseiller, c'est la justice.* Le principal but d'un Ministre d'Etat, doit être d'adresser les desirs & les actions de son maître, à ce qui est juste. Et par conséquent il doit avoir une parfaite connoissance de la justice, non pas pour en sçavoir discourir en philosophe; mais pour la faire servir de régle à tout ce qu'il

dit, & à tout ce qu'il fait. Je sçai bien qu'il est difficile d'adresser toutes les actions humaines à ce niveau. Il est toutefois assuré, que les Ministres & Conseillers des Grands, sont obligés d'avoir moins de vices qu'aucun autre, parce que leur charge est si haut élevée, qu'il n'y a personne qui ne les voye, & qui ne prenne la liberté de blâmer leurs actions, si elles ne sont exemplaires & éloignées des imperfections du vulgaire.

(69) *La justice produit trois branches dont l'une monte à Dieu, l'autre s'étend vers soi-même, & la troisiéme vers le prochain.* Les Hébreux qui demanderent un Roi à Samuel dirent que c'étoit pour les juger ; & les premiers Rois de Grece Œacus, Minos, & Rhadamante, n'avoient rien tant à cœur que de rendre justice à leurs sujets. Les Rois de France se font plus souvent représenter dans leur lit de justice, qu'à cheval l'épée à la main, bien que leur office soit de paître leur peuple & de le défendre des insultes de ses ennemis, aussi bien que de lui conserver son droit. Tellement qu'on ne doit point douter, que les Ministres & principaux Conseillers des Potentats ne doivent être justes, & sçavoir parfaitement ce que leurs Princes doivent à Dieu, ce qu'ils se doivent à eux-

mêmes, & ce qu'ils doivent à leurs peuples. Ce seroit entreprendre une chose de trop longue haleine, que de vouloir montrer tout ce que le Prince & son premier Ministre doivent à Dieu, à eux & à leurs sujets. Et parce que je serois obligé de passer bien loin au-delà des bornes que je me suis proposées; je dirai seulement que par la branche de la justice qui monte à Dieu, le Magistrat séculier doit employer son pouvoir, pour conserver le culte divin en la pureté, empêcher les blasphêmes & contenir les Prédicateurs dans les termes de leur devoir. Par la branche qui s'étend vers le Prince même, il est obligé de penser sérieusement pourquoi Dieu lui a donné le gouvernement du peuple, & se persuader, que comme les sujets lui doivent obéissance, il leur doit protection, & que puisqu'il tient à son peuple lieu de pere, il doit aimer tous ses sujets comme ses enfans. Cela étant profondément enraciné en la pensée du Souverain, il n'aura plus de peine à observer ce que la branche de justice qui regarde le prochain exige de lui. Les charges qu'il imposera seront médiocres, les riches n'opprimeront pas les pauvres, les Officiers seront obligés de se contenter des appointemens qu'ils reçoivent du Prince; ils écouteront les plaintes des misérables,

misérables, & leur donneront la satisfaction que les loix & l'équité requerront d'eux. Enfin le Prince, les Ministres & le peuple faisant leur devoir, les Principautés verront une telle harmonie entre le maître & les valets, les grands & les petits, les riches & les pauvres, que Dieu en sera beni, le Souverain glorifié, & tout le monde si heureux, qu'il ne lui restera rien à désirer, sinon que ces biens soyent perdurables.

(70) *Mais d'autant que cette justice naturelle est quelquefois hors d'usage, il faudra bien souvent se servir de l'artificielle politique, &c.* De même que la médecine applique des remédes ordinaires aux maladies qui arrivent ordinairement aux hommes, ainsi la politique se sert de la justice naturelle, aux maux qui affligent communément les Etats. Mais comme les Médecins font couper des bras & des jambes, quand la gangrene tâche de se saisir de tout le corps humain; de même aussi les Princes & leurs Ministres viennent aux *coups d'Etat*, quand le cours ordinaire de la justice n'est pas suffisant pour arrêter le mal qui menace la République. C'est de cette justice extraordinaire que nous avons parlé en ce Traité, en expliquant les pensées de M. Naudé, & ici j'avoue franche-

ment, qu'il n'est pas toujours au pouvoir des Souverains d'user de toutes les formalités de justice, & que les sages du monde louent leurs actions, quand pour empêcher un plus grand mal ils usent de violence à l'endroit de quelque particulier incorrigible, turbulent, malicieux, & incapable de bien faire.

(71) *Entre tant de vices, on peut bien quelquefois en légitimer un.* L'on ne trouve point d'homme qui soit tout-à-fait bon, ni tout-à-fait méchant. Il faudroit être Ange pour n'avoir point de vice, & diable pour n'avoir point de vertu. Les plus scélérats d'entre les hommes, ne lâchent point la bride à toutes leurs passions indifféremment; & Baillon même qui bûvoit l'iniquité comme l'eau, & qui étoit extrêmement impie (à ce que Machiavel nous en dit) s'étant rebellé contre le Pape Jules II. dans Perugia, dont il étoit Gouverneur, il ne le fit pas mourir, lorsqu'il se mit imprudemment entre ses mains, avec quelques Cardinaux de ses amis. Gonzale de Cordoa que les Espagnols honorent du titre de grand Capitaine, avoit autant de vertu qu'aucun Général de son siécle, mais il ne les avoit pas toutes. Il se soucioit peu de garder sa foi, lorsqu'il s'agissoit de faire les affaires du Roi son maître & les

siennes. Ferdinand même & Charles son petit-fils, faisoient peu de scrupule de manquer à leur parole quand ils voyoient un profit évident à ne la pas tenir. Le Roi Louis XI. haïssoit la perfidie en toutes sortes de personnes, & cela nonobstant, il se servit d'une lettre de la Princesse de Bourgogne, contre ceux qui la lui avoient envoyée, & cette lettre coûta la vie au Chancelier Hugonet, & au Seigneur d'Imbercourt, très-illustres personnages, & très-dignes d'une mort plus honorable. Enfin les plus grands hommes ont des défauts. Auguste étoit enclin à la paillardise, Alexandre le Grand au vin, Philippe II. Roi d'Espagne à la sévérité, bien qu'ils eussent peu d'égaux en toutes les vertus morales, politiques & militaires.

(72) *Entre les Ministres, l'on doit estimer davantage ceux qui sçavent le mieux ployer.* Ceux qui ont dit qu'il vaut mieux ployer que rompre, ont donné un précepte utile à tous, & entierement nécessaire aux Ministres d'Etat. Il n'est pourtant pas au pouvoir de tous les hommes, ni même de tous les Ministres de mettre toujours, & en toutes occasions, ce précepte en pratique. Quelquefois les attaques sont si violentes, que les sages même aiment mieux rompre que ployer. L'on dit que le Car-

dinal de Richelieu (lequel on peut prendre pour un exemplaire de prudence) voyant un jour que le Roi, la Reine sa mère, & la plus grande partie des Courtisans désiroient d'abbatre sa fortune, se résolut de céder à la violence de la persécution, & se retirer à Avignon. Alors le Cardinal de la Valette qui étoit son ami intime, le visita, & lui demanda ce qu'il vouloit faire. Ce grand Ministre lui raconta le désir qu'il avoit de se retirer ; & la Valette qui croyoit qu'un esprit comme celui du Cardinal de Richelieu pourroit venir à bout de tout, s'il prenoit une ferme résolution de gauchir ce coup en ployant ; lui dit, que qui quittoit la partie la perdoit, qu'il lui conseilloit de demeurer dans son poste, que le tems qui mûrit toutes choses le feroit triompher de tous ceux qui le vouloient ruiner, & que le Roi seroit bien aise de l'avoir conservé. En effet ce conseil fut suivi, & réussit tel que le Cardinal de la Valette l'avoit prédit & prévû. M. de Richelieu demeura à la Cour, rentra plus avant que jamais aux bonnes graces de son maître, ôta le moyen de lui nuire à ceux qui l'avoient persécuté, & mourut dans la faveur, après avoir fait mourir une partie de ses adversaires, exilé & emprisonné les autres. Tellement qu'il faut ployer quand la partie est trop forte. Mais je pense aussi, que la fortune & le tempéramment des personnes y contribuent autant que leur adresse.

(73) *Qu'il se souvienne d'assembler l'utilité & l'honnêteté, & de ne servir jamais à la passion de son maître.* Les préceptes que M. Naudé donne ici à son Conseiller d'Etat sont excellens, parce qu'il arrive souvent que les actions de plus grand éclat sont utiles sans être honnêtes, & que les plus grands Ministres servent à la passion de leurs maîtres, en satisfaisant à la leur. Deux exemples nous feront voir ceci fort clairement; & je prendrai le premier en Italie, & le second en Angleterre. L'an 1602. un certain se disant le Roi Sébastien de Portugal, se présenta à la République de Vénise, & lui découvrit son avanture avec tant de circonstances, que quelques Sénateurs crurent qu'il étoit le véritable Dom Sébastien, & les autres le tinrent pour magicien. Alors l'Ambassadeur d'Espagne, qui craignoit que ce misérable ne troublât le repos du Roi son maître, obtint du Sénat qu'il fut emprisonné, & peu après la Seigneurie ne voulant & peut-être ne pouvant pas le condamner à autre chose, lui ordonna de sortir de Venise. Il le fit habiller en Moine Jacobin,

mais étant sur les terres du grand Duc de Toscane, il fut connu & envoyé à Naples où ses ennemis le condamnerent aux Galeres. Je dis que cette action du grand Duc & de ses Conseillers fut utile, parce qu'elle délivra la Toscane de la crainte d'une armée Espagnole qui étoit prête à lui faire du mal ; mais elle ne fut point honnête, parce que ceux qui cherchent un asyle chez nous, méritent plutôt d'être protégés que d'être mis entre les mains de leurs ennemis. Et si nous manquons à ce devoir d'hospitalité, nous péchons contre les loix de la bienséance & de l'honnêteté. Le second exemple que je veux apporter ici, est du Cardinal Volsey, qui ayant été traité fort favorablement de l'Empereur Charles V. lorsque Sa Majesté avoit besoin de lui, ce grand Prince le méprisa quand il eut fait ce qu'il désiroit. Pour cette cause, ce premier Ministre du Roi d'Angleterre, qui sçavoit que son maître auroit volontiers changé une femme vieille & laide, pour une jeune & belle, seconda sa passion, & fut en partie cause que Henri VIII. répudia Catherine d'Espagne pour prendre Anne de Boulen, ce qui causa un merveilleux changement en Angleterre. Plusieurs autres ont fait la même chose, & l'on voit des Ministres si lâches, qu'ils disent fort peu de choses à leurs maîtres si ce n'est pour les flatter, & pour servir à leur passion, ce qui est indigne de personnes élevées en ce dégré.

(74) *Bien souvent pour faire justice, il ne faut pas faire tout ce qui est juste.* Le Législateur n'est pas tant attaché aux sillables de la loi, qu'il ne la puisse allonger & accourcir quand il le croit utile à son Etat ou à sa personne. Aussi voyons-nous que les Rois pardonnent des crimes, & qu'ils en punissent d'autres sans observer les formalités de la justice ordinaire. Le Maréchal de Biron ayant eu des intelligences avec les ennemis de Henri le Grand, & conspiré contre son Etat, voire même contre sa personne, méritoit la mort comme criminel de leze-Majesté. Il avint toutefois, que le Roi qui l'aimoit pour les services qu'il avoit rendus, & qu'il pouvoit encore rendre à son Etat, lui pardonna, & jamais il n'auroit été puni de ce crime, s'il n'eut repris son premier train. Cette action témoigne que ce grand Roi voulant faire justice, ne fit pas tout ce qui étoit juste. Car sans doute, il auroit été juste de faire mourir un Duc, Pair & Maréchal de France, qui promettoit de contribuer au renversement universel de l'Etat; & toutefois le Roi faisoit jus-

tice à foi & à fon Royaume, puifque confervant Biron, il confervoit une perfonne qui avoit répandu beaucoup de fon fang pour affermir la Couronne fur la tête de Sa Majefté, & pour rendre le repos à fon peuple. Pour ce qui concerne la punition des offenfes, fans obferver les formalités ordinaires; les exemples en font fi connus en l'hiftoire de notre tems, qu'il ne me femble pas néceffaire d'en apporter ici. La mort d'Albert de Walftein Duc de Fridlande, & la prifon de Philippe-Chriftophle de Soteren Electeur de Treves, font celles qui ont fait plus de bruit en Allemagne. Les autres pays en ont aufli eu leur bonne part, & je laiffe aux curieux le foin de les recueillir où ils les rencontreront.

(75) *La troifiéme & derniere partie qui doit perfectionner notre Miniftre eft la prudence.* Je ne doute point que la prudence qui eft l'ame de toutes les vertus morales, ne foit néceffaire au Miniftre d'Etat; mais j'ofe affurer que les actions les plus éclatantes des Souverains doivent fouvent plus à la fortune qu'à la prudence. Les exploits d'Alexandre le Grand qui ont fait le plus de bruit, ont fouvent été des témérités bien heureufes. Les Romains mêmes ont plus fouvent vaincus par leur fortune que

que par leur vertu. Et si quelqu'un doute de ce que je lui dis, il le pourra voir clairement au combat des Horaces & Curiaces, en la ruine d'Annibal, & en une infinité d'autres actions. Il en est de même des autres peuples. Jean Bentivoglio régna quarante ans à Bologne, & quoiqu'il n'eut ni beaucoup de valeur, ni beaucoup d'esprit, sa fortune le fit triompher de tout ce qui le pouvoit accabler. Enfin le nombre des heureux imprudens n'est pas petit, & celui des prudens malheureux n'est gueres moindre. Dom Gaspar de Gusman qui avoit assez de prudence pour gouverner tout le monde, avoit assez d'infortune pour le perdre s'il eut été à lui. Et en effet il perdit plus en dix ans, que la très-heureuse Maison d'Autriche n'avoit gagnée en cent. Le Comte Guillaume de Nassau étoit le plus prudent soldat du Pays-Bas, & toutefois il n'entreprenoit rien où il ne fut battu. L'Amiral de Châtillon, qui au dire de tous ceux qui ont parlé de lui, étoit un des plus grands hommes de France, perdit toutes les batailles qu'il donna. Mais pour mieux juger de ce que je dis, l'on peut remarquer que de deux personnes également prudentes qui entreprennent la même chose, l'un obtient ce qu'il désire, & l'autre périt dans l'entreprise, quoique les écrivains qui mesurent les conseils par les événemens nous veuillent dire, qu'il faut attribuer à la vertu ou au vice, le bonheur ou le malheur des hommes. Il ne faut pourtant pas conclure de ce que je viens de dire, que le Prince ne doive pas avoir égard à la prudence d'un Ministre, quand il l'élit. Je suis d'avis qu'il n'en prenne point qui n'ait donné des marques d'une sagesse extraordinaire. Mais s'il étoit possible, il seroit expédient qu'il choisît un homme de qui la prudence fût accompagnée de bonheur, comme elle le fut aux personnes des Cardinaux Mazarin, de Richelieu, d'Ossat, de Ximenès, & de Martinusius.

(76) *Comme plusieurs choses sont requises pour former l'or, aussi pour former la prudence, il faut de grandes aides.* La réflexion que M. Naudé fait ici, sur l'acquisition de la prudence est très-judicieuse. Mais s'il pose ce qu'il nous dit pour chose assurée, il aura bien de la peine à prouver, que les jeunes gens & les ignorans puissent être dignes de la charge éminente de Ministre d'Etat. Il me semble impossible, que *la force d'esprit, la solidité du jugement, l'industrie acquise par l'exemple des grands personnages, l'étude des sciences, la connoissance de l'histoi-*

re, & les autres belles parties requises à un Conseiller d'Etat, se trouvent avec la jeunesse & avec l'ignorance, puisqu'il faut du tems pour apprendre ces choses, & quand on les a apprises, on n'est plus ignorant ni jeune.

(77) *Les signes par où l'on peut juger du progrès que quelqu'un a fait en l'acquisition de la prudence, sont en grand nombre; les plus ordinaires sont, sçavoir tenir secret ce qu'il n'est pas à propos de dire, &c.* Il n'y a point de doute que ce ne soit une marque très-assurée de prudence, que de sçavoir tenir secret ce qui ne doit être sçû que du Prince, & de ceux qui ont l'honneur de le conseiller. C'est peut-être pour ce sujet que le Conseil des Souverains est souvent composé de peu de personnes, & jamais de jeunes éventés. Pour cette même raison, l'on s'étonne de voir qu'à Venise l'on tient plus secret ce qui a été communiqué à plusieurs personnes, qu'ailleurs ce que trois ou quatre Conseillers seuls ont trouvé raisonnable en la présence de leur Prince. Au reste le secret doit être gardé en plusieurs choses, parce qu'il est impossible qu'elles réussissent autrement. En plusieurs autres, parce qu'il n'est pas expédient que chacun sçache ce qui se traite au Conseil d'un Prince; &

en toutes les autres, parce que le silence est honorable en la bouche d'un homme d'Etat, & d'un Sénateur qui doit montrer sa gravité en toutes ses actions & en toutes ses paroles. Les expéditions militaires ne réussiroient jamais, ou très-rarement, si l'ennemi sçavoit le dessein de celui qui le veut attaquer. Les plus nécessaires *coups d'Etat* s'évanouiroient, si celui à qui le Prince en veut étoit averti du dessein qu'on fait sur sa personne : & le Souverain seroit haï ou méprisé, si tout le monde voyoit clair dans ses desseins.

(78) *Ne croire pas trop promptement, ni à toute sorte de personnes.* Les Princes & leurs Ministres d'Etat seroient aussi-tôt trompés que les moindres hommes, s'ils ajoutoient foi aux vaudevilles, aux vendeurs de ragaton, & à ceux qui prennent plaisir de tromper la populace par des nouvelles tirées de leur cerveau. Ceux qui sont riches & sages payent tant d'espions, qu'ils sçavent tout ce qu'on fait, & tout ce qu'on veut faire chez leurs ennemis aussi-bien que chez leurs alliés. Et afin qu'ils sçachent si un espion fait son devoir, ils en destinent plusieurs à une même chose, qui se méfient l'un de l'autre, & qui ne se connoissent point pour ce qu'ils font. L'on dit que le Cardinal de Richelieu se van-

toit que par tout où il y avoit trois personnes, il y en avoit une qui prenoit garde à l'intérêt de Son Eminence. Je ne crois pas que cela soit possible, mais assurément il avoit des espions par tout, puisqu'il sçût toujours ce que ses ennemis machinerent contre lui. Un exemple illustre le fera voir. Le Marquis de Cinq-Mars & quelques autres Seigneurs François, ayant conspiré la perte de ce Cardinal, ils envoyerent un Colonel nommé Fontrailles à la Cour d'Espagne ; & le Cardinal sçût qu'il y étoit & ce qu'il négocioit tout aussi-tôt après son arrivée à Madrid, & avant que ceux qui l'avoient envoyé eussent appris qu'il avoit été bien reçû. Enfin il n'ignora jamais rien de ce que ses ennemis brasserent contre lui, & eut le moyen de punir tous ceux qui oserent s'opposer à son crédit. Les Espagnols ne dépensent pas moins en espions, & l'on a vû de prudens Ambassadeurs en Angleterre, en Dannemarc & ailleurs, qui ne voulurent pas exposer la volonté de leurs maîtres en plein Sénat, disant que le Roi d'Espagne seroit tout aussi-tôt averti du sujet de leur Ambassade. Cromwel n'eut pas moins d'espions que les plus désireux de sçavoir les secrets des autres Princes, aussi sçût-il par leur moyen toutes les conspirations qui se firent contre lui. Mais tous ces personnages craignant d'être trompés, usoient d'une prudence admirable, & ne croyoient pas les choses qu'elles ne fussent extrêmement éclaircies, & mises hors de doute par le témoignage de plusieurs personnes dignes de foi.

(79) *Être plus prompt à donner ce qui est à soi, qu'à demander ce qui est à autrui.* Un premier Ministre avaricieux, fait difficilement les choses de grand éclat ; & celui qui est trop libéral, surcharge le peuple pour fournir à ses dépenses excessives. En ceci, une belle médiocrité est la plus assurée regle qu'ils puissent observer. Car on en voit peu qui donnent seulement ce qui est à eux, & encore moins qui ne s'enrichissent par la diminution des Finances du Prince. Le Cardinal de Richelieu faisoit des beaux présens, & donnoit des pensions très-honorables à ceux qui le méritoient, mais parce que ses bienfaits excédoient le revenu de sa maison & les appointemens qu'il recevoit de ses charges, il étoit obligé de retirer du peuple François, le moyen d'entretenir la réputation qu'il avoit de libéral & de bienfaiteur des honnêtes gens. Et cette profusion étant jointe aux frais à quoi la guerre qu'il faisoit continuellement l'obligeoit, les tailles & les autres impôts faisoient crier les

sujets du Roi. Son successeur fut moins libéral ; mais la soif inextinguible qu'il avoit de s'enrichir au-delà de tous les Ministres qui l'avoient précédé, lui fit mettre la main bien avant dans les Finances de son maître, & dans la bourse de ceux qui espéroient aux charges de l'Etat, & même aux bénéfices ecclésiastiques ; & la misere du peuple fut plus grande pendant son ministere, qu'elle ne l'avoit été du tems du Cardinal de Richelieu. De sorte que ni l'un ni l'autre n'observa parfaitement le précepte que M. Naudé donne ici à son Ministre d'Etat.

(80) *Ne mépriser personne, non pas même les moindres.* Il est difficile qu'un grand homme ne regarde les autres bien loin au-dessous de soi, & même qu'il ne se croye plus excellent que ceux qui ont la direction des affaires des Princes voisins. Quelques-uns ont remarqué qu'il y eut de grands différens entre les François & les Anglois, parce que le favori de Charles I. Roi de la Grande-Bretagne, crût avoir été méprisé de celui de Louis le Juste Roi de France. Cela pourroit bien être, parce que le Duc de Buckingam avoit quelques fois amours à la Cour de France, & parce que ces deux peuples ont ordinairement de l'aversion l'un pour l'autre. L'on

dit même que le Cardinal de Richelieu voulut traiter l'Anglois du haut en bas, & cela étant insupportable entre des personnes qui semblent égales, il l'est sans doute encore plus à une nation qui a de la peine de croire, qu'une autre l'égale ni en valeur, ni en sçavoir, ni en courtoisie, & qui ne parle des François, sinon avec quelque espece de mépris.

(81) *Ne s'émerveiller point de ce qui est extraordinaire, ne se mocquer de personne.* S'il suffisoit de ne se point émerveiller de ce qui est extraordinaire, pour être capable du Ministere d'Etat, les Espagnols pourroient tous aspirer à cette charge. Je ne vis jamais peuple qui estimât plus ses choses, ni qui prisât moins celles d'autrui. Je vins d'Italie en France avec un certain Sévillan l'an 1662. & nous fûmes à Paris, lorsque le Roi célébra le grand carrousel où Sa Majesté, le Duc d'Orléans son frere, le Prince de Condé, le Duc d'Anguien Princes de son Sang, & Henri Duc de Guise Prince Lorrain, firent voir une extrême magnificence. Mais je ne ne pus jamais obtenir de cet Espagnol, qu'il dit que cela étoit beau. Au contraire il dit, que les moindres qu'on faisoit en Espagne valoient bien celui-là. Il y eut toutefois des Princes Allemans qui me dirent, qu'il

n'y avoit qu'un Roi qui pût faire une telle dépense. Pour ce qui est de ne se mocquer de personne, l'on voit rarement un homme élevé en dignité, qui s'amuse à se mocquer des moindres. Et les Espagnols qui donnent des marques de leur aversion, quand ils voyent des François en Espagne, sont les moins sensés & les plus ignorans.

(82) *Ne donner conseil qu'à ceux qui le demandent.* Cette regle ne me semble pas générale. Pour moi j'estime, que comme ce seroit montrer trop de vanité, que de vouloir donner conseil indifféremment à ceux qui n'en veulent point ; aussi un homme prudent qui a de bons amis plus jeunes que lui, & peu expérimentés aux affaires du monde, peut sans encourir aucun blâme, & sans danger de passer pour indiscret, leur découvrir son cœur, & leur dire ce qu'il pense être utile à leur avancement. Je sçai bien qu'il y a de jeunes orgueilleux qui croyent de sçavoir tout, & ce n'est pas à ceux-là qu'un honnête homme doit donner conseil de son propre mouvement. Mais quand il a un parent ou un ami capable de bien faire, il ne peut, sans manquer à la charité chrétienne, tenir sa gravité, & lui refuser l'adresse qui lui est nécessaire sans qu'il la demande. L'on trou-

ve même des personnes, qui ou par timidité, ou par quelqu'autre vice naturel, croiroient acheter trop cher une faveur que de la demander, & alors un ami ne peut pas mal faire que de prévenir sa demande. Enfin en cet endroit, il faut user d'une extrême prudence, & sans doute il faut avoir appris par le naturel d'un ami, s'il prendra plaisir qu'on lui donne conseil avant que de s'avancer à le lui donner.

(83) *Avoir plus d'effets que de paroles*. L'on trouve beaucoup de gens qui promettent plus qu'ils n'ont envie de tenir, quand ils déployent toute leur rhétorique en faisant des complimens, & la Cour est un lieu où l'on donne plus d'eau-benîte qu'en tout le reste du monde. Il est pourtant vrai, qu'on y trouve des personnes qui ne promettent que ce qu'ils peuvent & veulent tenir, auſſi eſt-ce une marque de légéreté indigne d'un homme de bien, que de trancher du grand, & d'aſſurer un miſérable qu'on le veut & le peut aider, & cela nonobſtant le laisser croupir dans la miſere. Ceux-là ſont infiniment plus génereux qui font du bien ſans ſe vanter, & qui ſçachant le mérite d'un homme l'avancent à une charge ſans lui en avoir rien dit. Le Cardinal de Richelieu

voyant qu'en France il y avoit plus de prétendans que de charges, se cachoit à ceux qui avoient le moins de mérite ou le moins de fortune, & lorsqu'il permettoit à un prétendant de lui communiquer son dessein, il entérinoit sa requête, & ne souffroit point qu'il s'éloignât de lui qu'il ne l'eut acquis, & qu'il n'eut un pouvoir absolu sur son esprit.

(84) *Désirer plutôt le bien que le mal à ses ennemis.* Un Ministre d'Etat peut avoir deux sortes d'ennemis, mais il ne les peut point traiter également sans danger de se perdre. Quelques-uns veulent du mal au Ministre, parce qu'à leur avis il posséde une charge qui leur est dûe, & quelques-autres lui en veulent, parce qu'ils croyent qu'il ne les considere pas assez. Les premiers sont irréconciliables, parce qu'ils veulent tout, & à ceux-là il ne doit jamais donner que des refus, & les éloigner des bonnes graces du Prince autant qu'il lui est possible. Les autres peuvent devenir utiles à la conservation de sa fortune, & s'il peut il les doit approcher de soi & en faire des créatures. C'est comme cela que le Cardinal Mazarin en usa envers la Duchesse de Chevreuse, & voyant que ni ses soins ni son argent ne la pouvoient point acquerir, il la rendit

odieuse à la Reine, & ruina sa fortune. La raison que le Cardinal avoit de désirer la bienveillance de cette Princesse est évidente à ceux qui sçavent qu'elle avoit été éxilée à cause qu'elle avoit beaucoup d'esprit & beaucoup de pouvoir sur celui de la Reine. Et au reste, elle n'auroit jamais pû prendre la place du Cardinal à cause de son sexe, & auroit pû contribuer à la fermeté de sa fortune, parce qu'elle étoit femme d'intrigue, parce qu'elle avoit eu beaucoup de part aux bonnes graces de la Reine Régente, & parce que Sa Majesté ne l'en pouvoit pas priver légérement après qu'elle eut beaucoup souffert pour l'amour d'elle.

(85) *N'être cause d'aucun trouble ni remuement.* Il arrive souvent que le premier Ministre cause des troubles contre sa volonté, parce que les Grands de l'Etat voyent à regret son pouvoir s'élever par leur abbaissement. Le Marquis d'Ancre auroit bien voulu régenter en France pendant la minorité du Roi Louis XIII. sans être obligé de prendre les armes. Mais les Ducs de Mayenne, de Nevers, de Longueville, & leurs amis craignant d'être aussi maltraités que Henri Prince de Condé, prirent les armes, & cette conspiration fut cause de la ruine de ce favori.

Gaston de France Duc d'Orléans ne pouvant pas souffrir la grandeur du Cardinal de Richelieu, l'obligea à troubler le repos de Sa Majesté, pour conserver le poste où son mérite, sa fortune & les bonnes graces de son maître l'avoient élevé. Le Cardinal Mazarin eut aussi le déplaisir de se voir contraint d'user de violence pour conserver sa dignité. Et bien qu'il eut à faire aux plus éminens Princes du Royaume & aux Parlemens qui l'obligerent de sortir de la Cour & du Royaume, il mit tant de pieces en œuvre, qu'il y revint glorieusement. Et le Maréchal d'Hocquincourt qui avoit beaucoup contribué à son retour le voulant tyranniser, le mit dans la nécessité de lui refuser ses demandes, & ce refus le rangea au parti des ennemis de l'Etat. Enfin j'estime qu'il n'est pas au pouvoir des Ministres, de ne point causer de trouble ni de remuement. Leurs ennemis en font presque toujours le sujet de leur déplaisir, & des maux qu'ils causent à leur Patrie, à leur Roi & à eux-mêmes. Et ceux qui en douteront, pourront éclaircir leur doute s'ils prennent la peine de lire les histoires.

(86) *Ne souhaiter la mort ni la craindre.* Je ne pense pas qu'un homme qui se voit élevé aux plus hautes charges d'un

grand & puissant Royaume, pense si sérieusement à la misere de cette vie, & au bonheur éternel, qu'il désire de quitter les biens de la terre pour aller posséder ceux du Ciel. Tellement que je ne crois pas qu'un premier Ministre d'Etat souhaite la mort. Mais, à dire vrai, l'on en a vû plusieurs qui la craignoient, & qui par cette crainte marchoient environnés de gardes aussi bien que les Souverains. Il faut pourtant avouer que quelques-uns de ceux qui craignoient les armes de leurs ennemis, lorsqu'ils jouissoient d'une parfaite santé, ont montré une résolution héroïque lorsque Dieu les a retirés de ce monde. Témoin le Cardinal de Richelieu, qui ayant vécu en Roi, mourut en Philosophe, & ne donna aucune marque de crainte, lorsqu'il fallut partir pour aller rendre compte d'un million d'ames qui étoient péries de fer, de feu, ou de faim aux guerres dont il avoit été la cause principale.

(87) *On ne peut manquer de préférer celui qui en aura le plus.* M. Naudé ayant parlé au long des qualités nécessaires à un Ministre d'Etat, dit qu'il ne faut pas espérer de les pouvoir rencontrer toutes en un homme, & qu'on ne peut manquer de préférer celui qui en a le plus. Sur quoi

je n'ai à dire aucune chose, sinon qu'il seroit à souhaiter que les Princes eussent soin de chercher des aides dignes d'un si grand office, & que s'ils ne le font pas, ils en sont d'autant plus mal servis, & les peuples en patissent.

(88) *Le Prince qui a choisi un Ministre, le doit traiter en ami & non pas en serviteur, parler avec lui à cœur ouvert & ne lui rien celer.* Ce n'est pas sans sujet, que les politiques requierent beaucoup de belles qualités en un Ministre d'Etat, puisque le Prince qui en fait le choix s'oblige tacitement à lui découvrir toutes ses pensées, & à le traiter en camarade. Sans mentir un Souverain doit avoir de la peine de s'abbaisser jusqu'à ce point-là. Mais ne pouvant pas gouverner seul, il semble obligé de subir cette loi qui sera douce, si le Ministre se contient dans le respect qu'il doit à son maître. La plus grande partie le fait, & ils le feroient tous, si le maître ne se déchargeoit entierement de ses affaires sur son premier Ministre, par fois parce qu'il est enfant, & par fois parce qu'il aime trop ses plaisirs. Les plus grands & les plus habiles Monarques ont traité leurs Ministres comme leurs amis; mais jamais ils n'ont permis qu'ils sortissent du respect qui étoit dû à leur Ma-

jesté. Le Ministre doit avoir la permission de dire librement ce qu'il pense, & son maître lui doit découvrir ses pensées, afin que du concours de leurs opinions, ils puissent choisir un conseil salutaire à l'Etat. Mais parce que cette matiere surpasse mes forces, je n'ajouterai plus rien à ce que notre auteur en dit.

(89) *Il faut que celui qu'un Prince approche de soi, ressente les effets de son pouvoir.* Personne ne faisant rien sans espérer d'en être récompensé, & tout travail méritant quelque salaire, il est certain que ceux qui employent le meilleur de leur vie à l'avancement des affaires d'un Prince, doivent ressentir les effets de sa bienveillance. L'on doit pourtant observer quelque médiocrité, aussi bien en la largesse du Souverain qu'en toutes les autres choses. Il est honorable à la mer de se communiquer à la terre par les ruisseaux, & au Prince d'épandre ses bienfaits sur ceux qui le servent au cabinet & à la campagne, & même sur tous ses sujets. Mais comme la mer doit garder l'abîme de ses eaux pour se faire admirer, ainsi le Prince doit garder le plus considérable de ses trésors pour faire respecter sa Majesté. Ceux qui en ont usé autrement s'en sont repentis, parce que leur trop grande libéralité

ralité a donné sujet au peuple de les estimer moins, & à ceux qui avoient reçû d'eux de trop grandes graces, de les mépriser, & même de prendre leur place. Il faut que le bienfait du Roi échauffe son Ministre, & non pas qu'il le plonge dans le feu de l'ambition, d'où il ne sort plus qu'il n'ait été consumé comme un nouveau Phaëton. Le Prince donc fera ressentir à ses serviteurs l'effet de son amitié & de sa libéralité ; mais s'il les veut conserver dans le respect, il ne les enrichira point au-delà de leur mérite.

(90) *Le Ministre doit avoir de quoi vivre honnêtement dans un état médiocre, & autant éloigné de l'ambition que de la nécessité.* Il n'y a rien de plus juste que ce que M. Naudé nous dit ici. Celui qui sert les Princes en des affaires d'importance, ne doit avoir aucune pensée que celle de bien faire son devoir ; & celui qui est ou trop riche ou trop pauvre, songe continuellement à d'autres choses. Le Ministre qui se voit élevé au plus haut faîte des richesses, désire de monter au plus haut periode des honneurs du monde ; & si son ambition n'est retenue par la crainte, il ose songer à détrôner son maître. Celui au contraire qui n'a pas de quoi entretenir honorablement sa femme & ses enfans,

néglige le service de son maître, & pense aux moyens d'acquerir ce qui lui manque. Nous ne sommes plus au siécle d'or, où un Général d'armée après avoir triomphé des ennemis de sa patrie, dînoit d'une rave. La table & le train doivent être proportionnés à la dignité des hommes; & si le Souverain ne fait du bien à ses serviteurs, il se trouvera obligé de fermer la porte à la vertu, parce que bien souvent elle loge parmi la pauvreté. Il est donc juste que le Prince enrichisse ses serviteurs, mais il ne l'est pas moins qu'il observe en cela les regles de la médiocrité.

(91) *Philippe II. disoit à Ruy Gomes faites mes affaires, & je ferai les vôtres. Il faut que tous les autres Princes en disent autant à leurs Ministres.* Quand jamais un Prince ne diroit à ses Officiers, qu'ils fissent ses affaires & qu'il feroit les leurs, il n'y auroit aucune perte ni pour l'un ni pour les autres, pourvû qu'ils fissent en effet ce qu'ils n'auroient pas promis de faire. Tous les Potentats font du bien à leurs Ministres, & souvent ceux qui disent le moins, sont ceux qui les enrichissent plus excessivement. Nous ne lisons point, que le Roi Henri III. ait dit à Messieurs d'Espernon & de Joyeuse qu'il feroit leurs affaires, & toutefois il les fit

avec quelque prodigalité, & leur donna plus de bien que Philippe II. n'en donna à Ruy Gomes son favori. Henri le Grand ayant vû le Régiment de Nerestan en très-bon état, & appris de la bouche du Mestre de Camp, qu'il ne désiroit que l'honneur d'avoir bien servi. Sa Majesté lui dit, que c'étoit comme cela qu'elle vouloit être servie, & qu'elle auroit soin de le récompenser. Ce grand Roi l'auroit fait, & n'auroit pas été moins libéral envers ce brave Gentilhomme après l'avoir promis, qu'il l'avoit été envers plusieurs autres, sans en avoir rien dit & sans beaucoup de parade. Aussi crois-je, que les effets sont plus dignes d'un grand Prince, & agréent davantage aux braves Officiers que les paroles, & qu'il suffit au maître de tirer son serviteur de la nécessité soit qu'il lui en ait parlé ou qu'il ne lui en ait rien dit.

(92) *J'estime qu'il seroit bon de les mettre promptement en repos de ce côté-là.* Je ne sçai pas s'il est utile d'enrichir les Ministres d'abord qu'ils entrent au service de leurs maîtres. Mais je m'assure qu'il est dangereux de les élever trop haut tout d'un coup. Les ambitieux c'est-à-dire la plûpart des Courtisans, qui croyent que leur Prince ne leur peut plus faire de bien, perdent l'en-

vie de le servir, & se laissent emporter à des excès dangereux. Tous les favoris qui ont donné sujet à leurs maîtres d'employer des *coups d'Etat* pour s'en défaire, avoient été trop aggrandis, & peut-être plutôt qu'il n'étoit nécessaire. Biron qui fut fait Duc, Pair & Maréchal de France avant qu'il eut quarante ans, crût que son Roi ne le pouvoit pas élever plus haut, & ayant envie de faire mettre sa tête sur un quart d'écu, il la fit mettre sur un échafaut. Walstein qui de petit Baron fut fait Comte, puis Duc & Prince, s'imagina que l'Empereur se garderoit bien de le faire Roi, & tâcha de monter sur le trône au préjudice de son maître. Cent autres ont eu des pensées aussi superbes & aussi dommageables à leur Prince, & pour cela, j'ai de la peine à me ranger ici à l'opinion de M. Naudé. J'estime donc que le Souverain doit retirer ses Ministres de la nécessité, avant qu'ils ayent sujet de dire qu'ils ont mérité un meilleur traitement. Mais les richesses de grand éclat leur doivent être données peu à peu, afin que l'espérance qu'ils conservent d'aggrandir leur famille, les oblige à servir avec plus de zéle, & à ne jamais relâcher de la fidélité qu'ils doivent au Prince & à l'Etat. C'est ce que pratiquent ordinairement les plus sages, & c'est comme cela que le Roi Louis-Dieu-donné en use à l'endroit de ses Ministres, qui deviennent tous puissans, & se louent extrêmement de la libéralité de ce grand Monarque. Mais il ne donne pas tout à la fois, puisque le Cardinal Mazarin dit en son testament, que Sa Majesté lui donna trois ou quatre millions vaillant peu de tems avant son trépas. Voila ce que j'avois à remarquer sur les Considérations politiques que M. Naudé a faites *sur les coups d'Etat*. Je ne sçai pas si ce que j'ai écrit sera reçû favorablement. Mais je puis & veux assurer ceux qui le liront, que mon dessein n'a été que de donner moyen à la jeunesse de les lire avec plus d'utilité. Je la supplie de ne point expliquer autrement ce que je dis, & de croire qu'en tout ce que je fais, je me propose pour but l'avancement des jeunes gens, & particulierement de la noblesse; & je proteste ici, que je n'ai pas tant de vanité que de vouloir instruire les sçavans.

Fin du second & dernier Volume.

TABLE
DES MATIERES,

Contenues dans cet Ouvrage.

La lettre *a*, qui précéde le chifre, signifie le tome I. & la lettre *b*, le tome II.

A.

Adrien IV. (Adrien Florent) mort en 1523. son peu de capacité, *a* 33. 71, *b*. 345.

Agrippa, (Henri-Corneille) mort en 1535. comment il composoit ses livres, *a* 52. 88. faux livres qu'on lui attribue, *a*. 116.

Alaric, sa mort en 507, *a* 46.

Alcoran, ce que c'est, *a* 357. 451.

Alexandre, ce qu'il fit pour régner, *a* 352. comment il a exécuté ses projets, *a* 35. 73. *b* 388. veut passer pour Dieu, *a* 350. 437. feint des miracles, *b* 37. 130. ses favoris, *b* 214. en fait tuer deux, *a* 403. 573. son vice, *b* 383.

Alexandre III. (Roland Ranucci) mort en 1181. *b* 368.

Alexandre VI. (Rodrigue Borgia) si son alliance avec les Turcs peut être excusée, *a* 176. 227. 147. 297. sa mort en 1503. *a* 147. 292.

Alexandre VII. (Fabio Chigi) mort en 1667. sa haine pour le C. Mazarin, *b* 361.

TABLE

Allemagne, intérêts de ses Princes, *a* 211. 222. 252. 458.

Alliance avec le Turc, si elles sont excusables, *a* 136. 227. 144. 269. 299.

Almançor, (Jacob) sa prudence, *b* 195.

Almaric, viole l'hospitalité, *a* 466.

Alphonse Henri, mort en 1185. fonde la Monarchie de Portugal, *a* 431.

Alphonse I. Roi de Naples, mort en 1458. comment ce Royaume lui échut, *a* 297.

Alphonse II. Roi de Naples, mort vers 1500. se ligue inutilement avec le Turc, contre Charles VIII. *a* 147. 298.

Ambassadeur vengé par Clovis, *a* 467.

Ambassadeurs, comment on les doit choisir, *b* 224. 317. 228. 332, s'il leur est permis d'agir contre l'intérêt des Princes chez qui ils sont, *a* 158. 94. 162. 95. 166, exemples de ceux qui l'ont fait, *a* 165.

Ambitieux qui se font Moines, *a* 187.

Ambition, comment on la satisfait, *a* 115. 187. 191, ne souffre point d'égal, *a* 443. étouffe la nature, *a* 442.

Amboise, (George Cardinal d') mort en 1510, favori de Louis XII. *b* 215. 291.

Amedée I. Duc de Savoye, mort en 1451. devient Pape & y renonce, *a* 188.

Amérique, voyez Indiens.

Amiral voyez Coligni.

Amour, son avantage sur la crainte, *a* 396.

Amour de Dieu, quel il doit être, *b* 119.

Ampoule, (la Sainte) certitude de son miracle, *a* 363. 463.

Amurath, mort en 1451, fait la paix avec le Roi de Hongrie, *a* 158.

Ancre, (Concino Concini, Maréchal d') sa faveur,

DES MATIERES. 413

faveur, *b* 301, libelles contre lui, *b* 56. 166.
faute qu'il fait de laisser Luines en faveur, *a*
444. troubles qu'il cause, *b* 400. assassiné en
1617, *a* 404. suite de sa disgrace, *a* 153. 322,
excès dans sa punition, *a* 340. si sa mort étoit
un coup d'Etat nécessaire, *a*   143. 259.

André Roi de Naples, pendu en 1345 âgé de
18. ans, *a*
               172.
André Montbrun (Saint) capitule dans Candie,
b
     75.
Angleterre, occasion de sa séparation de l'Eglise
Romaine, *a* 144. 269. 148. 303. *b* 54. 161.
effet de ce changement, *a* 54. si le Roi a droit
d'y exiger le serment de fidélité, *b*   56.

Anglois, occasion des guerres qu'ils ont faites en
France, *a* 478 366. 479. 480. , chassés de
France, *a* 481. 485. leur politique, *a* 214.
    251.
Anhalt, cette Principauté reversible à la maison de Brandebourg, *a*
   429.
Anhalt, (Christian I. Prince d') mort en 1630,
amene du secours à Henri IV. *a*   556.
Aniello, (Thomas) sa fin tragique en 1647,
b
    113.
Anjou (Charles d') mort en 1285. s'il avoit
droit sur la vie de Conradin de Suabe, & de
Fédéric d'Autriche, *a* 147. 293. 150. 317.
    517.
Annebaut, (Claude d') mort en 1552, sa faveur sous François I. *b*
   215. 294.
Annibal, s'il fit bien de faire mourir le prisonnier Romain qui tua un éléphant, *a* 150, &
un grand nombre de prisonniers Romains, *a*
           138. 238. 340.
Antoine, (Dom) Roi de Portugal, mort en

Tome II.   N n

1595. ses malheurs, *a* 149. 310.
Apollonius communique avec les Dieux, *a* 115.
Arcomat, soumet Magna, *b* 43. 137.
Argenton, (le Seigneur d') voyez Cómines.
Ariofte, (Louis) mort en 1534, son conte de Joconde, *a* 192.
Ariftote, remarque sur sa politique, *a* 22. 64.
Armées, discipline qu'il y faut observer, *a* 375. 511.
Armes de France, voyez Ecu de France.
Arragon privé de ses privilèges, *a* 370. 497.
Arragon, (Frédéric d') mort en 1328. défend la Sicile contre son frere, *b* 60. 186.
Arragon, (Jacques d') mort en 1327. veut ôter la Sicile à son frere, *b* 60. 186.
Arragon, (Pierre Roi d') mort en 1285. autorise les Vêpres Siciliennes, *a* 147. 295 517, appaise le Pape, *a* 296. s'empare de la Sicile, *a* 518.
Arragon, (D. Ramire Roi d') mort en 1138, tombe dans le mépris, *a* 31.
Artevelle, (Philippe d') sa fin tragique en 1382, *b* 110.
Arts, s'il y a de la gloire à les perfectionner, *a* 48. 85.
Afcofta, voyez Magna.
Affaffinats, les Espagnols les font faire sans croire lézer leur conscience, *a* 404. 576.
Affemblées nocturnes comment supprimées *a* 126.
Aftrologie, comment on y doit croire, *b* 101, voyez Devin, Prédiction.
Aftrologue, employé par Mahomet, *a* 357. 452.
Aftyages, son songe, *a* 348. 436.
Athées, si les sciences les ont produit, *b* 10. 91, pensées qu'ils donnent à Moyse à sa mort,

DES MATIERES. 415

a   113. 182.

Attalus, destinée de sa famille, *b*   4. 73.

Athéniens, motif de leur ostracisme, *a* 140. 245.

Avalos, voyez Guast.

Aubery, (Antoine) mort en 1695, échoue dans un de ses ouvrages, *a*   60.

Auguste, si son projet d'abdication étoit un coup d'Etat, *a* 104. 172. ses favoris, *b* 214. 282, son vice, *b*   383.

Auneau, (défaite d') *a*   556.

Auriflamme, son origine, *a* 363. 463. il est conservé dans l'Abbaye de Touars au Diocèse de Bayeux.

Auterive, commande des François en Hollande, *a*   231.

Autriche, acquise par la violence de ses Princes, *a*   429. 430.

Autriche, (Anne d') morte en 1666, sa prudence, *b*   330.

Autriche, (Frédéric d') s'il fut décapité avec justice en 1269, *a*   147. 295.

Autriche, (Ferdinand I. d') mort en 1553, fait tuer le C. Martinusius, *a*   407. 585.

Autriche, (D. Jean) mort en 1578, *a* 499. défait les Morisques *a*   515.

Auvergne, depuis Duc d'Angoulème, (Charles Bâtard de Valois Comte d') mort en 1650, *a* 163. son crime, *a*   165.

B.

*B*AGNI, (Jean François) mort en 1641, si sa qualité de Cardinal devoit empêcher M Naudé de lui dédier son Livre des coups d'Etat, *a* 3. 9. 56. 16. 61. 28. 77. ses grandes

qualités, *a* 30, *b* 238. 353.
Bajazet, mort en 1402, *a* 75.
Baillon, son impiété, *b* 382
Balance nécessaire entre les Princes de l'Europe,
a 221. 303.
Balde, sa décision sur la Loi Salique, *a* 480.
Balue (Jean) mort en 1491, Ministre de Louis
XI. *b* 289, emprisonné, *b* 244. 369.
Balaines, leur grosseur prodigieuse, *b* 15. 97.
Balzac, (Jean Louis Guez de) mort en 1654,
son Prince, *a* 2.
Barbesieux, (Antoine de la Rochefoucaut de)
mort en 1552, *a* 580.
Barnese, (Jean) emprisonné, *a* 415. mort en
1657, après trente ans de prison pour avoir
écrit contre le Pape.
Barriere, (Pierre) exécuté en 1593, pourquoi il
vouloit assassiner Henri IV. *b* 139.
Bartas, (Guillaume de Salluste sieur du) mort
en 1591, fait une belle description d'un cheval, *a* 52. 87.
Barthelemi, (la journée de Saint) motifs qui la
firent entreprendre, *a* 379. 520. 146. 289. entre quelles personnes elle fut résolue, *a* 171.
176. traitée sécretement, *a* 523. actions qui la
précéderent, *a* 153. 319, effusion de sang qui y
fut faite, *a* 386. 545. en quoi elle a été désavantageuse à la France, *a* 383. 589, a produit la
ligue, *a* 392. 557. si elle fut juste, *a* 381.
528. 537. pourquoi elle est blamée, *a* 388.
548. si c'est parce qu'il y a eu des Catholiques enveloppés dedans, *a* 388. 546, si elle
eut été moins blamée en la poussant plus loin,
a 392. 558. si elle a empêché les Huguenots de
résister au Roi, *a* 391. 553. & rompu leurs

intelligences, *a* 555. 391. est un jour fatal chez les Huguenots, *a* 550.

Baudricourt, (Robert de) mort en 1454. envoye la Pucelle d'Orleans au Roi, 277.

Baviere, (Maximilien I. Electeur de) mort en 1651. sa politique, *a* 204. 222.

Beaune, (Renaud de) Archevêque de Bourges, mort en 1606. reçoit le Serment d'Henri IV. à sa conversion, *a* 568.

Bénéfices, pourquoi les Princes s'en sont conservés la Collation, *b* 116.

Benoit, (René) mort en 1608. convertit Henri IV. *a* 398. 568.

Bentivoglio, (Jean) mort en 1508. son régne, *b* 387.

Bentivoglio, (Gui) mort en 1644. loue le Cardinal du Perron, *a* 328.

Bernard, (Saint) Gentilhomme de Bourgogne, & non pas Prince du sang de Bourgogne fait entreprendre une croisade, *b* 46. 147.

Bigot, (Guillaume) décrédité auprès de François I. *a* 154. sous prétexte qu'il étoit Aristotélicien & qu'Aristote préféroit l'Aristocratie à la Monarchie.

Birague, (René de) mort en 1583. s'il fut l'appui de Charles IX. *b* 216. 297. 229. 335.

Biron, [Armand de Gontaut de] mort en 1592. sa pensée sur la durée de la guerre, par rapport aux Généraux, *b* 201.

Biron, [Charles de Gontaut de] décapité en 1602. *a* 163. son crime, 165. 571. 577. son sentiment sur la conversion d'Henri IV. *a* 401. 570. avoit été sauvé contre les régles de la justice, *b* 387. pourquoi ses services ne le sauverent pas une seconde fois, *a* 259. si sa mort

fut un coup d'Etat, *a* 143. 256
Boccalini, [Trajan] sa pensée sur le changement des Siciliens, *a* 518.
Bodin, [Jean] mort en 1596. *a* 50. s'il eut été bon Ministre d'Etat, *b* 228. 333.
Bois, [Jean du] emprisonné, *a* 154. *a* 415. mort en 1626. après 15. ans de prison que les Jésuites lui procurerent pour quelques satires qu'il avoit faites contr'eux dans ses Sermons.
Boniface VIII. [Benoît Cajetan] mort en 1303. *a* 147. 290. met les armes à la main de deux freres, *b* 60. 186.
Bonivet, [Artus de Goufier de] sa mort en 1524, *b* 293.
Borgia, [Cesar] mort en 1507 *a* 292.
Botero, [Jean] mort en 1608, *a* 131.
Boucher, [Jean] mort Doyen de la Cathédrale de Tournai, en 1644. mauvais effet de ses prédications, *b* 50. 139.
Bouchet, [Jean] mort vers 1550, conte qu'il fait d'un Médecin, *a* 121.
Bouillon, (Godefroi de) mort en 1100. se croise, *b* 146.
Bouillon, [Henri de la Tour d'Auvergne, Duc de] mort en 1623. engage Henri IV. à se faire Catholique, *a* 566.
Boulen, [Anne de] son mariage & sa mort en 1536, *a* 270.
Bourbon, [Catherine de] morte Duchesse de Bar en 1604. *a* 503.
Bourbon [Charles-Cardinal de] mort en 1594. présent à la conversion d'Henri IV. *a* 568.
Bourbon, [Charles Connétable de] cause de sa révolte, *b* 362. sa fin malheureuse en 1527. *a* 144. 272. 148. 305.
Bourgogne, [Charles Duc de] mort en 1477. su-

jet de la guerre qu'il fait aux Suisses , *b* 15. 95.

Bourgogne , [Jean Duc de] fait assassiner le Duc d'Orleans , *b* 149. est assassiné lui-même en 1419 , *b* 150.

Bourgogne , (Philippe de) mort en 1404. sa fortune , *b* 148.

Bourgogne , (Philippe de) mort en 1467. venge la mort de son pere , *b* 150.

Bourguignons , soumis par Clovis , *a* 469.

Bragance , Généalogie de cette maison , *a* 433.

Bragance , (Ferdinand de Portugal Duc de) décapité en 1483 , *a* 161. V. Jean IV.

Brandebourg , (la maison de) s'empare de la Poméranie & d'Anhalt , *a* 429.

Bressieux découvre les projets de Travail , *a* 324. 154.

Bretagne , (Anne de) morte en 1513 , mariée par politique , *a* 214.

Brissonet , (Guillaume) mort en 1514. favorisé de Charles VIII. *b* 215. 290.

Brossier , (Marthe) son Histoire , *a* 399. 569.

Brunus , (Jordanus) brûlé en 1600 , *a* 116.

Brutus , (Lucius Junius) feint d'avoir la familiarité des Dieux , *a* 115. chasse les Tarquins , *a* 354. 438 , *b* 93. Tarquinius Collatinus , *b* 355. 444 , fait mourir ses deux fils , *a* 354. 441.

Brutus , [Marcus Junius] s'il est à imiter , *b* 238. 354.

Buckingham , [George de Villiers Duc de] assassiné en 1628. est méprisé en France , *b* 395.

Burrus , Histoire d'un homme de ce nom , *b* 283.

Bussi , [Louis de Clermont de] assassiné en 1579. par permission du Roi , *a* 146. 283. 193.

C.

Cabrieres, brûlé, *a* 504.
Cajetan, [Thomas de Vio dit le Cardinal] mort en 1534. manque à s'accommoder avec Luther, *a* 412. 596.
Calais, réuni à la France, *a* 486.
Calendrier, coups d'Etat qu'il a produit, *a* 417. 605.
Calvinistes, causes du progrès de leur Secte, *a* 18. 99. 101.
Campanelle, [Thomas] mort en 1639, *a* 5187. 116. s'il eut dessein de se faire Roi, *b* 50. 156.
Candie, voyez Crete.
Cardan, [Jérome] mort en 1576. son conte d'une mule, *a* 120. 194. ses beaux préceptes, *a* 51. 87. 394. communique avec la divinité, *a* 116. s'il eut été bon Ministre d'Etat, *b* 228. 343.
Cardinaux, qualités qu'ils doivent avoir, *a* 66. 72. comment ils servent les Princes séculiers contre l'intérêt du Pape, *b* 360.
Caribes, comment ils empêchent leurs femmes de les faire mourir, *a* 125. 198.
Carlos, [Dom] motifs & récit de sa mort en 1568, *a* 408. 442. 589.
Carosses, moyen d'en diminuer le nombre dans Paris, *a* 128. 282.
Casal, [Affaires de] *a* 137. 236.
Casimir [Jean] Roi de Pologne, mort en 1672. motifs de son abdication, *a* 427.
Cassan, [Jacques de] échoue dans un de ses ouvrages, *a* 60.
Castelan ou du Chatel, (Pierre) mort en 1552.

DES MATIERES. 421

détruit Bigot dans l'esprit du Roi, de peur que son mérite n'éclipsât le sien, *a* 154.

Castille, [Philippe Connétable de] assassiné en 1354, *b* 112.

Catanoise, [Philippe la] morte dans la torture en 1182. *a* 172.

Caton d'Utique, s'il est à imiter, *b* 238. 352.

Cava, son Histoire, *b* 14. 94. 42. 134.

Cecco d'Ascoli, brûlé en 1327, *a* 116.

Cedres, leur grandeur prodigieuse, *b* 15. 97.

Celestin III [Hiacinthe Bobo] mort en 1198. chasse les Normands de Sicile, *a* 516.

Celestin V. [Pierre de Mourrhon] mort en 1295. son peu de capacité, *a* 33. 71. 147. 290.

César, comment il a soumis la République, *a* 36. 74. avec qui il communiquoit ses secrets, *a* 105.

Chacon, son Histoire, *b* 101.

Chamier, [Daniel] mort en 1621. si ses prédications ont empeché la reddition de Montauban, *b* 50. 154.

Chararic, causes de sa mort, *a* 364. 459. 471. 472.

Charges, dispositions nécessaires pour les administrer, *a* 35. 71. chagrin que reçoivent ceux qui ne sont pas capables de les posséder, *b* 235. 245. qu'il faut passer par les médiocres pour arriver aux grandes, *b* 345. ne doivent pas passer du pere au fils, *b* 325. ni être données à des hommes nouveaux, *b* 327.

Charles Martel, mort en 741. défait les Sarrasins, *b* 196.

Charlemagne, mort en 814. pénetre en Espagne, *b* 42. ruine le Royaume de Lombardie, *b* 94. malheur de la France sous ses descendans, *a* 477.

366. fin de sa race, *b* 74.
Charles I. Roi d'Angleterre, sa fin tragique en 1649, *a* 609.
Charles V. Empereur mort en 1558. ses pratiques contre François I, *a* 148. 302. fait la guerre en Provence, *a* 62. sa ligue avec l'Angleterre, *a* 146. 148. 303. 304. sa mauvaise foi, *b* 383. garde le Milanois contre sa parole, *a* 147. 299. fait tuer Rinçon & Fregose, *a* 405. 577. & le Duc de Parme, *a* 406. 582. s'il a abandonné les Vénitiens aux Turcs, *a* 137. 231. ses pratiques contre la liberté de l'Allemagne, *a* 368. 495. si l'hérésie de Luther a été favorable à ce dessein, *a* 148. 301, *a* 409. 591, *b* 67. 202, *b* 61. 190. si c'est par son ordre qu'on a massacré un si grand nombre d'Américains, *a* 148. 306. observe la discipline militaire, *a* 511. sa fortune, *b* 204. ses Favoris, *b* 214. 284. s'il a commis un inceste, *b* 68. 206. motifs de sa retraite, *a* 417, *b* 68. 203.
Charles V. Roi de France mort en 1380. rétablit le Royaume, *a* 481.
Charles VI. mort en 1422. deshérite son fils, *a* 481.
Charles VII. mort en 1461. fait assassiner le Duc de Bourgogne, *b* 150. s'il produisit la Pucelle d'Orléans, *a* 145. 276, *b* 39. 130. chasse les Anglois, *a* 481. 485. ses Ministres, *b* 215. 285.
Charles VIII. mort en 1498. son mariage, *a* 214. ses droits sur le Royaume de Naples, *a* 147. 298. en fait la conquête, *a* 74. *a* 137. 233, *b* 215. 290. sa déférence pour le Pape, *a* 228. sa politique, *a* 456. trompé par Ferdinand le Catholique, *a* 219. fautes qu'il fit par inca-

DES MATIERES. 423

pacité, *b* 210. 308. favorise Brissonet, *b* 215. 290.

Charles IX. traverses de son régne, *b* 297. ce qui l'engagea au massacre de la S. Barthelemi, *a* 146. 282. actions dont il la fit précéder, *a* 153. 319. 320. 380. 524. 536. si on peut l'en justifier, *a* 367. 491. 519. n'a pu soumettre les Huguenots. *a* 554. sa fin cruelle en 1574. *a* 529. 443. 615.

Charles, Roi de Hongrie assassiné en 1386, *a* 171.

Charles-Emmanuel, Duc de Savoye mort en 1628. manque Geneve, *a* 136. 225.

Charondas, comment il rendit ses Loix respectables, *a* 393. 560.

Charri, fut assassiné parce qu'étant Mestre de Camp de la Garde à pied du Roi, il ne vouloit pas reconnoître d'Andelot qui étoit Colonel Général de l'Infanterie pour son supérieur, *a* 540.

Charron, [Pierre] mort en 1603. son sentiment sur la Justice, *a* 19. sur les coups d'Etat, *a* 22. sur la probité des Souverains, *a* 93. s'il eut été bon Ministre d'Etat, *b* 228. 333.

Chateauneuf, sa fin tragique, *b* 110.

Chatel, [Jean] exécuté en 1594. pourquoi il voulut assassiner Henri IV, *b* 139.

Chatel, [Tanneguy du] mort en 1461, *b* 215. 288.

Chatillon, voyez Coligni.

Chaudiere, c'est Cholieres son conte d'un Médecin, *a* 121.

Chevres, [Antoine de Croy de] il se nommoit Guillaume & est mort en 1521, *b* 215. 284.

Chevrieres, vend le Vivarets au Roi, *a* 599.

Childeric I. mort en 481, *a* 218.

Chilperic I, a 218. c'est Childeric I.
Chinois, leur politique, a 140. 240. contre leurs femmes, a 123. 195.
Chintilla, mort en 638. s'il a abusé de la Religion pour régner, b 59. 181.
Christian IV. mort en 1649. trahi dans son Conseil, a 163. trompé par les Suédois, a 456.
Christine de Suede, morte en 1688. raisons de son célibat, a 218. de son abdication, a 428. fait tuer Monaldeski *ibid.* son mérite, b 330.
Cinq-Mars, [Henri d'Effiat de] décapité en 1642. son imprudence, a 573. motifs de sa disgrace, a 445. trahi par les Espagnols, b 145. 393.
Clairmont, [Robert de] assassiné en 1358, b 113.
Clapmarius, [Arnoldus] a mal intitulé son Livre, a 49. 86. 97.
Clarence, [George Duc de] étouffé dans un tonneau de Malvoisie en 1478, a 59.
Claudius, son mariage politique, a 132. 215. moqué du peuple, b 230. 308.
Clement, [Jacques] mort en 1590. par qui il fut poussé à assassiner Henri III, b 139.
Clement IV. [Gui le Gros] mort en 1268, a 317.
Clement VII. [Jules de Medicis] mort en 1534. refuse la dispense à Henri VIII, a 270.
Clement VIII. [Hippolite Aldobrandin] mort en 1605. reunit Ferrare, a 234. absout Henri IV, a 568.
Clesel, [Melchior] maltraité, b 369.
Cleves, succession de ce Duché, a 429.
Clitus, favori d'Alexandre, b 214. 281.
Clodion, si ses enfans furent exclus du Trône par

Mérovée, *a* 364. 471.
Clovis, mort en 511. fait la guerre aux Romains, *a* 364. 464. aux Visigoths, *a* 364. 466. aux Bourguignons, *a* 364. 469. sa cruauté, *a* 459. 465. 471. sa politique, *a* 363. 460. 463. sa conversion, *a* 361. 461. miracles à son baptême, *b* 37. 130. s'il doit être regardé comme saint, *a* 145. 273. histoire de sa postérité, *a* 474.
Coligni, (Gaspard de) Amiral, sa prudence & son malheur, *b* 389. pourquoi battu à Loudun, *b* 196. blessé avant la S. Barthelemi, *a* 153. 320. méfiance qu'il en auroit du prendre, *a* 380. 526. s'il méritoit d'être assassiné en 1572, *a* 382. 521. 530.
Coligni, (Garspard de) Maréchal mort en 1646. commande en Hollande, *a* 231. quitte les Huguenots par intérêt, *a* 599.
Collatinus, (Tarquinius) son exil, *a* 355. 444.
Colleges, voyez Universités.
Colomb, (Christophe) mort en 1506. tire avantage d'une eclipse de Lune, *a* 152. 318, *b* 66. 200.
Cometes, si elles ont des causes fixes, *a* 183.
Comines, (Philippe de) mort en 1509. ce qu'il pensoit de Savanarole, *a* 187. aimé de Louis XI, *b* 215. 290.
Compassion, voyez Miséricorde.
Conclusions, si on les peut tirer toutes de cinq ou six principes, *a* 45. 82.
Confesseurs, voyez Ecclésiastiques
Conflans, (Jean de) il étoit Maréchal ou Sénéchal de Champagne & non pas de France, assassiné en 1358, *b* 113.
Conrad, mort en 1254. après son pere, *a* 294.

Conradin de Suabe, s'il fut décapité avec justice en 1269, *a* 147. 294. 150. 317.
Conseil d'Etat, quelles personnes on y peut admettre, *b* 225. 229. 319. 328. 334. & suiv. inconveniens de la diversité des opinions qui s'y trouvent, *b* 217. leur reméde, *b* 303. les politiques ont des créatures dans celui de leur ennemi, *b* 143.
Conseillers, inconvenient du grand & du petit nombre, *b* 217. 303.
Conseillers du Pape, qualités qu'ils doivent avoir, *a* 67.
Conspirations des poudres, voyez Jacques I.
Constantinople, cet Empire ruiné aisement, *b* 94. 42. 135.
Corbulon, donne du lustre à ses actions, *a* 119.
Cordoue, (Gonzalès de) mort en 1515. sa mauvaise foi, *b* 382.
Cortez, (Ferdinand) mort en 1547 s'accredite chez les Mexicains, *b* 67, *b* 41. 152.
Cottier, favori de Louis XI, *b* 215. 232.
Couleurs, qui ont mis de l'inimitié entre des villes, *b* 15.
Coupables, si on les peut faire condamner par des Juges cachés, *a* 404. 506. si on peut faire mourir ceux qui sont puissans sans formalités, *a* 402.
Coups d'Etat, si leur récit fait peine à l'humanité, *a* 11. 57. 42. 79 s'il y a du mérite à en écrire, *a* 85. pourquoi on en a peu parlé, *a* 49. 86. comment on en doit parler, 351. 86. à qui en convient la consideration, *a* 42. 80. comment on doit penser quand on en veut entreprendre, *b* 1. 71. 12. 93. motifs qui doivent y déterminer, *a* 333. 425. leur définition, *a* 97. 169. 141.

152. 180. voyez secret d'Etat. En quoi ils diffèrent des maximes d'Etat, *a* 141 252. 144. doivent être secrets, *a* 103. 171. avec quelle prudence on les doit pratiquer, *a* 336, *a* 338, *b* 63. 195. si elle est toujours exempte d'injustice, *a* 92. 160. comment on les peut diviser, *a* 150. 316. s'ils doivent être approuvés, *a* 78. inconveniens de les rendre trop fréquens, *a* 421. 711. en quoi ils different des actions tyranniques, *a* 107. 178. comment les Espagnols les accommodent à leur conscience, *a* 404. 576.

Coups d'Etat, pratiqués en France & ailleurs, *a* 145. 147. 273. 289. pour établir ou faire observer des Loix, *a* 373. 503. pour établir ou changer des Etats, *a* 345. 429. 359. 453. 360 456. pour ruiner de trop grandes Puissances, *a* 376. 402. pour supprimer les privileges des sujets, *a* 367. 492. pour se rendre recommandables, *a* 393. pratiqués par des Ministres, *a* 154. 326.

Cour, (Portrait de la) *b* 239. 356. vertus qui y régnent, *a* 94. 164.

Crainte, plus foible que l'amour, *a* 396. voyez Dieu.

Craterus, favori d'Alexandre, *b* 214. 281.

Crete, vicissitude de cette Isle, *b* 5. 74.

Crillon, refuse d'assassiner le Duc de Guise, *a* 178.

Crommel, (Olivier) mort en 1658. vint aisément à bout de son usurpation, *b* 94. comment il gagna la populace, *b* 115. espions qu'il avoit, *b* 393. sa prudence, *b* 198. s'il a été un excellent politique, *b* 341.

Cruauté, en quelle occasion on en peut taxer les Princes, *a* 337. 338.

Cuello, (D. Joanna) fait sortir son mari de pri-

son, *a* 500
Cyrus, fonde l'Empire des Perses, *a* 348. 435.
436.

D

D*Ain*, (Olivier le) pendu en 1484. employé par Louis XI, 232. 289.
Dammartin, (Antoine de Chabannes Comte de) mort en 1488. favori de Charles VII, *b* 215.
Danois, leur politique, *a* 214. 251. voyez Chriftian. Frideric.
David, comparé à des Princes payens, *a* 395. 362.
Défiance, nécessaire à la Cour, *a* 94. 164.
Démosthenes, trahissoit les Atheniens, *b* 45.
Denis le Tyran, empêche les assemblées nocturnes, *a* 126.
Devins, s'ils sont méprisables, *b* 246. 374.
Dévotion, des Princes & des Ministres, *b* 246. 372.
Dieu, ce qu'on lui doit, *a* 130. 209. preuve de son existence, *a* 130. 206. sa grandeur, *b* 16. qu'il est nécessaire aux politiques de le faire craindre, *b* 32. 120. comment on doit l'aimer, *b* 119.
Dieux, hommes qui ont voulu passer pour Dieux, ou qui ont feint d'avoir leur familiarité, *a* 111. 346. 180. 434. 115. 184. 393. 560. *b* 36. 124.
Dignités, moyens de les acquérir, *a* 72. voyez Charges.
Diognotus, passe pour extravagant, *a* 11.
Discoles, (le Conseil des) *a* 140. 247.
Discours, s'il fait plus d'impression que la lecture, *b* 55. 162.

dissimulations,

DES MATIERES.

Dissimulation, nécessaire à la Cour, *a* 94. 164.
Doctrine, voyez Religion.
Dona, (Fabien de) mort en 1621. amene du secours à Henri IV, *a* 556.
Doria, (André) mort en 1560. son Histoire, *a* 406.
Doria, (Jannetin) mort en 1547. ses actions, *a* 379. 406.
Drack, (François) mort en 1596, *a* 311.
Draco, comment il fit respecter ses Loix, *a* 393. 561.
Droit, si pour le rendre au général on peut le refuser aux Particuliers, *a* 19. 61.
Droit annuel, Voyez Paulette.
Droit de la guerre, jusqu'où il s'étend, *a* 138. 237.
Drusus, se sert heureusement d'une éclipse, *b* 64. 200.
Dunois, (Jean d'Orleans Comte de) mort en 1468. favori de Charles VII, *b* 215. 286.

E

Ecclesiastiques, Luther a désabusé les peuples à leur sujet, *a* 596. comment ils parviennent aux dignités, *a* 72. si on les doit initier dans les affaires d'Etat, *b* 248. 375. voyez Moines.
Eclipses, favorables à des Généraux, *a* 152. 318, *b* 201.
Ecrivains, qui ont échoué, *a* 60. ce qu'ils doivent penser de leur ouvrage, *a* 51. 87. libres de suivre la route qui leur plaît, *a* 168.
Ecu de France, changé au baptême de Clovis, *a* 363. 462.
Edouard III. mort en 1377. ne peut succéder au

Tome II. O o

Royaume de France, *a* 479.
Edouard IV. mort en 1483, *a* 59.
Egalité, insupportable aux Ambitieux, *a* 443.
Elephans, leur grosseur prodigieuse, *b* 15. 97.
Elisabeth, Reine d'Angleterre morte en 1602, *a* 68. motifs qui lui ont fait garder le célibat, *a* 218. sa dureté pour les Catholiques, *a* 505.
Eloquence, ses avantages & ses inconveniens, *b* 24. 111. si elle peut persuader la Religion, *b* 54. 159. usage qu'en font les politiques, *b* 44. 139. doit être jointe à la force, *b* 52. 157.
Empedocle, se précipite dans le Mont-Etna, *a* 113.
Empereur, si son Election se fait sans brigues, *b* 212. 276. 278.
Empire, si celui qui subsiste, mérite ce nom, *b* 73.
Empire Romain, ses vicissitudes, *b* 4. 72.
Empires, leurs vicissitudes, *b* 4. 71. l'art de les établir & de les conserver, *a* 129. voyez Etats.
Enfans naissans, comment on devroit venger leur mort, *a* 510.
Ennemis, vaincus, voyez vaincus
Epernon, (Jean-Louis de Nogaret Duc d') mort en 1642, *b* 216. 297. part qu'il eut dans l'assassinat de M. de Guise, *a* 262.
Ephestion, favori d'Alexandre, *b* 214. 281.
Epiphanes, pourquoi surnommé insensé, *a* 31.
Ervigius, mort en 687. détrône Wamba, *b* 59. 183.
Esclaves, dureté des Romains pour eux, *a* 373. celle des Portugais & des Castillans, *a* 509.
Escovedo, (Jean) pourquoi assassiné en 1578, *a* 499.
Espagne, règne des Goths dans ce Royaume, *b* 176. soumise & délivrée des Maures, *b* 14. 94.

DES MATIERES.

513. sa politique avec la France, *a* 136. 226. en fomente les rebellions, *a* 136. 229. sa politique contraire à celle de France, *b* 199. y manque au sujet du Duc de Mantoue, *b* 100. ordre de ses conseils, *b* 305. gene des amants dans ce pays, *b* 102.

Espagnols, leurs précautions aux mariages de leurs Infantes, *a* 239. leur secret d'œconomie, *a* 104. leur attachement pour leur patrie, *a* 238. leurs intrigues politiques, *a* 163. 165. 455. peu sujets à l'admiration, *b* 396. déconcertés par des prodiges, *b* 42. font assassiner les personnes sans engager leur conscience, *a* 404. 576. leur injustice politique, *a* 213. 149. 306.

Espions, nécessaires aux Ministres, *b* 392.

Esprit fort, son avantage, *a* 36. en quoi il consiste, *a* 37.

Essex, (Robert d'Evreux Comte d') décapité en 1601. sa fin tragique, *b* 110. si ce fut un coup d'Etat, *a* 143. 257. pourquoi il n'eut point de grace, *a* 259.

Etat (raisons & maximes d') ce que c'est, *a* 131. 213. s'il est permis pour son avantage de faire le mal pour le bien, *a* 133. 218.

Etats, causes de leurs changemens, *b* 7. 8. 80. 84. 12. 93. qu'il est difficile d'en changer le Gouvernement, *a* 437. coups d'Etat pratiqués à leur fondation, *a* 345. 429. à leur rétablissement, *a* 359. 453. voyez Empires.

Etats de l'Europe, voyez Europe.

Etats de France, de qui composés, *b* 107. dispute dans ceux tenus par Louis XIII. *b* 19. 104.

Ethiopie, conduite du Roi de ce Pays envers ses parens, *a* 140. 243. leur origine, *a* 244.

Etrangers, s'ils doivent être admis dans le conseil

d'un Etat, *b* 229. 334.
Etrées, (François-Annibal d') mort en 1670. fait la conquête de la Valtelline, *a* 136. 230.
Europe, intérêt de ses Souverains, *a* 221. 303. si la durée des Etats qui la composent, y doit faire craindre une révolution, *b* 9. 87.
Exécution, sans formalités, *a* 405.

F

Farnese, (Pierre-Louis) a part à la conjuration de Fiesque, *a* 406. 581. est assassiné en 1547, *a* 406. 582.
Favoris, ne doivent point souffrir de compagnons dans leur faveur, *a* 444. fin malheureuse de plusieurs, *a* 143. 255.
Femmes, si leur conseil est bon, *b* 227. 329. maniere de les contenir, *a* 120. 192.
Ferdinand, mort en 1516. de mauvaise foi, *b* 383. trompe ses voisins, *a* 454. Charles VIII. *a* 219. s'approprie la Navarre, *b* 60. 186. soumet les Maures, *a* 514; *b* 95. introduit l'Inquisition, *a* 140. 248.
Ferdinand II. Empereur mort en 1637. sa bonne fortune, *a* 235. causes de la guerre de trente ans, *a* 505. si le crédit du P. à Jesus-Maria est un effet de sa politique, *b* 40. 130.
Ferrare, si sa réunion à l'Eglise est dommageable à l'Italie, *a* 234.
Ferrier, (Arnould du) Jurisconsulte mort en 1585. belle repartie qu'il fait au Concile de Trente, *b* 238. 353.
Ferrier, (Jeremie du) mort en 1626. quitte les Huguenots, *a* 414. 598.
Ficin, (Marcile) mort en 1499, *a* 116.

Fiesco, (Louis) sa conjuration en 1547, *a* 406. 581, *b* 93.
Fin, (la) découvre la conspiration de Biron, *a* 257.
Florent, (Adrien) voyez Adrien VI.
Force d'esprit, sa description, *b* 237. moyen de l'acquérir, *b* 236. 351. requise dans un Ministre d'Etat, *b* 236. 349.
Force, (Jacques Nompar de Caumont de la) mort en 1652. quitte les Huguenots, *a* 599.
Forgasch, (Blaise) assassine le Roi de Hongrie, *a* 171.
Formalités de Justice, si on peut les supprimer, *a* 402.
France, Histoire de ses premiers Rois, *a* 474. ses malheurs sous la seconde race de ses Rois, *a* 366. 477. ses guerres avec les Anglois, *a* 367. 478. 480. 486. conservée par miracle, *a* 207. de qui les mécontens de ce Royaume étoient assistés, *a* 136. 229. s'est soutenu dans des dangers pressans, *b* 81. comment elle se conserve, *a* 458. toutes les charges y sont venales, *b* 86. sa politique, *b* 199. avec l'Espagne, *a* 136. 226, avec l'Italie & l'Allemagne, *a* 222.
François, leur économie, *a* 204. habiles pour faire leurs affaires, *a* 455. leurs maximes politiques, *a* 251. injustes par politique, *a* 213. avantage de leur Loi Salique, *a* 139. 239.
François I. gagne la bataille de Marignan, *b* 45. 152. ses manifestes contre Charles V, *b* 56. 163. s'il devoit observer le traité de Madrid, *a* 145. 280. si son alliance avec le Turc est excusable, *a* 136. 227. 145. 279. ses favoris, *b* 215. 293. s'il a pratiqué des coups d'Etat, *a* 367. 490. ses réglemens pour les Ecclesiastiques, *b* 92.

François II. malheurs de son régne, *b* 296. causes de sa mort en 1560, *a* 614.
Fregose, (Cesar) cause de sa mort en 1541. si elle fut juste, *a* 405. 577.
Frideric II. Empereur mort en 1250, *a* 293. 517. fait aveugler son Chancelier, *b* 244. 368.
Frideric I. Roi de Dannemarck mort en 1533. sa conduite avec ses courtisans, *a* 190.
Frideric III. Roi de Dannemarck mort en 1670. sa prudence, *b* 197.

G

*G*Aligai, (Eleonor de) sa fortune, *a* 259. décapitée en 1617, *a* 153. 322.
Gara, (Nicolas) *a* 171.
Généraux, s'ils doivent être d'une naissance illustre, *b* 225. 315.
Geneve, son indépendance, *b* 7. 76. manquée par le Duc de Savoye, *a* 225.
Germanicus, tire avantage d'une éclipse, *a* 318.
Gerson, (Jean) fait condamner Petit au Concile de Constance, *b* 47. 150.
Gomez, voyez Silva.
Gonzague, (Frideric de) Duc de Mantoue mort en 1540, *a* 406. 583.
Goths, leur régne en Espagne, *b* 176.
Gouvernement, difficile à changer, *a* 437.
Grands, malheur de leur condition, *a* 81.
Granvelle, (Antoine Perennot de) mort en 1586. favori de Charles V, *b* 229. 285. 335.
Grecs, comment ils avoient le poisson à bon marché, *a* 127. 200.
Grégoire VII. (Hildebrand) mort en 1085. blamé, *a* 71.

DES MATIERES. 435

Grégoire XIII. mort en 1591. fait empoisonner Regiomontanus, *a* 417. 605. excommunie Henri IV. *a* 312.

Guast, (Alphonse d'Avalos Marquis de) mort en 1546. fait tuer Fregose, *a* 405. 577.

Guerre, jusqu'où s'en étend le droit, *a* 138. 237.

Guerre, (Laurent de) assisté de Cromwel, *a* 505.

Guerres, entreprises pour des sujets légers, *b* 14. 94.

Guillaume I. Roi de Sicile mort en 1167. *a* 263.

Guise, faveurs & disgraces de cette maison de la part du peuple, *b* 109.

Guise, (François de Lorraine Duc de) s'il fut l'appui de François II, *b* 216. 296. assassiné en 1563, *a* 618. vengé, *a* 541.

Guise, (Henri de Lorraine Duc de) fait assassiner l'Amiral, *a* 520. revient à Paris après la Saint Barthelemi, *a* 320. défait les Allemands à Auneau, *a* 556. Chef de la Ligue, *a* 557. gagne le peuple, *b* 115. veut détrôner Henri III, *b* 225. 321. sçait qu'on veut l'assassiner, *a* 178. est assassiné en 1588, *a* 107. 176. 404. si sa mort étoit juste, *a* 143. 261. voyez Lorraine.

Gustave, Roi de Suéde mort en 1632. ses victoires, *a* 236. sa prudence, *b* 197.

Guzman, (Louise de) morte en 1666. son bon Gouvernement, *b* 330.

H

Habsbourgh, (la maison d') acquiert l'Autriche par violence, *a* 429.

Henri II. mort en 1559. use de stratagême, *a* 491. protége les Protestans d'Allemagne, *a* 416. 602.

punit les Calvinistes, *a* 416. 601. fomente la rebellion de Fiesque, *a* 406. 581. favorise le Connétable de Montmorenci, *b* 215. 294.

Henri III. élu Roi de Pologne, *a* 390 551. en agit mal avec ses Sujets, *a* 212. sa mauvaise dévotion le décrédite, *b* 373. ses favoris, *b* 216. 297. se communiquoit trop familierement, *a* 190. est méprisé, *a* 31. fait assassiner M. de Guise, *a* 107. 176. à qui il confia ce secret, *a* 178. s'il eut raison de le faire, *a* 143. 146. 261. 284. assassiné en 1589., *a* 262. 416. 603.

Henri IV. abrégé de sa vie, *b* 140. son mariage, *a* 319. 153. s'il devoit se défier de la S. Barthelemi, *a* 380. 526. secouru des Protestans d'Allemagne, *a* 556. difficulté qu'il eut à se faire reconnoître Roi de France, *a* 397. sa conversion, *a* 564. 397. 565. 398. 567. oppositions, qu'il y rencontra, *a* 149. 312. si l'on fut persuadé en France qu'elle étoit véritable, *a* 401. 570. si son alliance avec les Hollandois a du le rendre suspect, *a* 146. 284. si ce fut un coup d'Etat, *a* 146. 285. dissipe des conspirations, *a* 163. 165, sauve Biron, *b* 387. averti de sa mort, *b* 374. pensée du Duc de Vendome sur ces avis, *a* 101. ne méritoit pas d'être assassiné en 1610, *a* 609. modele des Rois, *a* 190. sa politique, *a* 136. ses richesses, *a* 211. s'il a sçu garder sa dignité, *a* 32. 70. comment il en agissoit avec ses favoris, *b* 216. 299.

Henri V. Roi d'Agleterre mort en 1422. couronné Roi d'Angleterre, *a* 481.

Henri VI. Empereur assassiné en 1208. s'empare de la Sicile, *a* 516.

Henri

Henri VII. Roi d'Angleterre, mort en 1509, *a* 59.
Henri VIII. son mauvais procédé contre ses Sujets, *a* 212. se sépare de l'Eglise Romaine, *a* 144. 147. 148. 269. 299. 303. recherché de l'Empereur, *a* 148. 304.
Héraclide, veut passer pour Dieu, *a* 112.
Hercules, veut passer pour Dieu, *a* 115. 183. représenté avec des chaînes d'or qui lui sortent de la bouche, *b* 44. 139.
Hérésies, si elles renversent les Etats, *b* 8. 84.
Hérétiques, si ceux à qui l'on donne ce nom le méritent, *a* 512. s'il faut leur garder la fidélité, *a* 384. 537. s'il est permis de les tuer, *a* 547. pourquoi on le faisoit, *a* 376. 512. & qu'on ne le fait plus, *a* 513. voyez Huguenots.
Hermoderus, pourquoi chassé d'Ephese, *a* 419.
Hermolaus, feint d'avoir la communication des Dieux, *a* 116.
Hermite, (Pierre l') prêche la Croisade, *b* 146.
Hesse, (Amelie-Elisabeth de Hanau, veuve en 1637. de Guillaume Landgrave de) morte en 1657. son grand courage, *b* 330. force de son esprit, *b* 350.
Hipodamus, grand politique, *a* 44.
Hippias Eleus, sa science universelle, *b* 235.
Histoire, chacun doit sçavoir celle de son pays, *a* 458.
Historiens, sa vertu principale, *a* 530. s'ils ont bienfait d'abandonner la cause de Charles IX. *a* 382. 530.
Hohenzollern, (la Maison de) s'empare d'Anhalt & de la Pomeranie, *a* 429.

Tom. II.   P p

Hollande, origine de cette République, *a* 446, *b* 6. 78. comment elle se conserve, *a* 437.
Hollandois, succès de leur révolte, *a* 208. trompés par les Portugais, *a* 219. ingrats envers les François, *a* 220. qui les ont secourus, *a* 136. 230. leur œconomie, *a* 204. leur politique, *a* 251.
Homme de bien, ce qui le constitue, *b* 249. 252. 376.
Hommes, qui veulent passer pour Dieu, *a* 111. 180. 346. 434. ou qui feignent de communiquer avec la Divinité, *a* 115. 116. 184. 187. 393. 560. moyens de les retenir dans leur devoir, *b* 35. 118. ne changent pas volontiers le Gouvernement auquel ils sont accoutumés, *a* 437.
Hongrie, (George de) voyez Martinusius.
Honorius III. (Censius Savelli) mort en 1227, *b* 369.
Hopital, sa fidélité pour le Connétable de Bourbon, *b* 241. 361.
Hospitalité, si les Princes la doivent violer par politique, *a* 466.
Hoste, (Nicolas l') noyé en 1604. corrompu par les Espagnols, *a* 158. 165.
Hugues Capet, devient Roi de France, *b* 93.
Huguenots, pourquoi on les fit mourir en France au commencement, *a* 416. 601. moyens qui auroient pu les faire changer, *a* 602. quand ils ont commencé à se faire craindre en France, *a* 423. 617. appui qu'ils y avoient, *a* 136. 229. s'ils méritoient qu'on les égorgeât à la S. Barthelemi, *a* 380. 383. 385. 522. 532. 541. s'ils avoient alors le dessein d'assassiner les Catholiques, *a* 386. 542. n'en ont pas moins résisté au Roi, *a* 391. 554. & n'ont été soumis que

parce que les Chefs ont été gagnés, *a* 414. 598.
Huniades, (Jean) mort en 1461, *a* 158.
Hus, (Jean) s'il méritoit d'être brûlé en 1415, *a* 512. prédit le succès de Luther, *a* 598.

I.

*J*Acques I. mort en 1625. s'il a dû être méprisé, *a* 31. 68. conspiration contre lui, *b* 56. 165. recherché par le Roi d'Espagne, *b* 61. 192.
Jagellon, fin de sa race, *b* 74.
Jagenius, libelles qu'il a fait contre la France, *b* 57. 172.
Japon, si c'est l'éloquence des Jesuites qui y a fait des Chrétiens, *b* 54. 162.
Idée, que l'on doit avoir du sujet que l'on traite, *a* 51. 87.
Jean, Roi de France mort en 1364. ses malheurs, *a* 480.
Jean, Roi d'Arragon mort en 1479. son ingratitude, *a* 219.
Jean II. Roi de Portugal, mort en 1495. fait un grand coup d'Etat, *a* 161.
Jean IV. mort en 1656. son couronnement accompagné de miracles, *a* 433. 455. chasse les Castillans de Portugal, *b* 93. trompe les Hollandois, *a* 219.
Jeanne I. morte en 1382. fait pendre son mari, *a* 172.
Jeannin, (Pierre) mort en 1622. son mérite, *b* 238. 353.
Jerôme, (Saint) ce qu'il pensoit des Moines, *b* 33. 122.
Jesuites, conversions qu'il ont faites au Japon, *b* 162. comment ils sont entrés à la Chine, *a* 241. s'ils ont eu part à la révolte de l'Arragon, *a*

371. 502. chassés & rétablis en France, *a* 521.
Jesus-Maria, (le Pere à) si son crédit n'est dû qu'à la politique, *a*   29. 40. 130.
Jeunes-gens, s'ils peuvent être admis dans le Conseil d'Etat, *b*   229. 335. 348.
Ignorans, s'ils sont bons dans le Conseil d'Etat, *b*   230. 337.
Impiété, si la politique l'excuse, *a*   144. 258.
Imposteurs, qui ont feint de communiquer avec les Divinités, *b* 36. 124. qui ont trompé le Peuple, *b* 24. ne réussissent pas toujours, *a* 115. 116. 117. 187. 188.
Imprimerie, si elle nuit à l'Etat & à la Religion, *b*   10. 89.
Imprudence, compagne de la Jeunesse, *a* 572.
Inconstance, dans les choses du monde les mieux établies, *b*   1. 71.
Indes, misere des Esclaves dans ce pays, *a* 509.
Indiens, ruinés par raison d'Etat, *a* 213. 149. 306.
Indulgences, motif de la séparation de Luther, *a*   594.
Ingratitude, excusée chez les Princes, *a* 134. 218.
Injustices, faites par politique, *a*   213.
Inquisition, pouvoir de ce Tribunal, *a* 140. 248. exécution de ses Jugemens, *a*   76.
Joconde, (le conte de) *a*   172.
Josenand, mort en 635. régne sous prétexte de religion, *b*   59. 179.
Joseph, (François le Clerc du Tremblai dit le Pere) mort en 1638. ses emplois, *b* 339. pourquoi il ne fut pas Cardinal, *a*   76.
Jove, (Paul) mort en 1552, *a*   33.
Joyeuse, (Anne Duc de) mort en 1587. favori d'Henri III, *b*   216. 297.

Isabelle, morte en 1504. chasse les Maures d'Espagne, *b* 95.
Isabelle, morte en 1644. éloignée du Conseil d'Espagne, *b* 329.
Ismael Sophi, établit une Secte de Mahometans, *b* 37. 127.
Italie, politique de ses Princes, *a* 135. 221. 137. 233. 252.
Juges, s'ils peuvent juger des coupables sans les interroger, *a* 404. 576.
Juifs Portugais, leur origine, *a* 505.
Jules II. (Julien de la Rovere) mort en 1513. excommunie deux Rois, *b* 189.
Julien, Empereur trop populaire, *a* 190.
Julien Cesarin, (le Cardinal) périt en 1458. après avoir donné un mauvais conseil, *a* 159.
Julien, (le Comte) décapité par les Arabes en 717. livre l'Espagne aux Maures, *b* 14. 42. 94. 134.
Juliers, voyez Cleves.
Justice, en quoi elle consiste, *b* 251. 379. si l'on peut la refuser au particulier pour la rendre au public, *a* 19. 61.

L.

Lacédémoniens, de combien de personnes étoit composé leur Conseil secret, *a* 105.
Langeay, (Guillaume du Bellai) mort en 1543. découvre les Assassins de Rinçon & Fregose, *a* 578.
Lansac, (Louis de S. Gelais de) mort en 1589. se trouve au Concile de Trente, *b* 353.
Lansquenets, ce que c'étoit, *a* 575. leur Colonel emprisonné, *a* 404.

Lauredan, cause de sa mort, *a* 418. 606.
Lautrec, (Odet de Foix de) mort en 1528, *a* 579.
Légion, décimée, *a* 373.
Législateurs, comment ils se sont rendus recommandables, *a* 115. 393, *b* 36. 124.
Leon X. (Jean de Médicis) mort en 1521. donne lieu à le réforme de Luther, *a* 270. 496.
Lesdiguieres, (François de Bonne de) mort en 1626. quitte les Huguenots par intérêt, *a* 592.
Lettrés, s'ils doivent avoir place au Conseil d'Etat, *b* 231. 338. voyez sciences.
Leva, (Antoine de) mort en 1537. son histoire, *a* 574. fait empoisonner le Colonel des Lansquenets, *a* 404.
Lese-Majesté, comment ce crime est puni en France, *a* 508. en Espagne & en Perse, *a* 375.
Libelles, contre des Princes & des Ministres, *b* 56. 163. s'ils sont propres à faire connoître les secrets d'Etat, *a* 45. 84. voyez Livres.
Licurgue, comment il fit respecter ses Loix, *a* 393. 561.
Lignerolles, (Jean de Harcourt de) assassiné en 1572, *a* 146. 283. 153. 319. 380. 523.
Ligni (le Comte de) fait faire une faute à Charles VIII, *b* 220. 308.
Ligue, motif qui la fit former, *a* 392. 557.
Lipse, (Juste) mort en 1606, *a* 22. 89. 167.
Livres, s'ils font plus d'effet que les discours, *b* 55. 162. usage qu'en font les politiques, *b* 31. 116. 56. 163.
Lobkovits, son éloge, *b* 340. En 1675. il fut privé de ses Charges & gardé à vûe dans une de ses maisons jusqu'à sa mort, pour s'être en-

tendu avec les Ministres de France.

Loi Salique, son avantage, *a* 139. 239.

Loix, si les Princes peuvent leur commander, *a* 19. 335. si elles peuvent être maintenues par des coups d'Etat, *a* 373. 503.

Lorraine, (Charles Cardinal de) mort en 1574. s'il a été l'appui de François, II, *b* 216. 296.

Lorraine, (Louis Cardinal de) assassiné en 1588. *a* 143. 261. voyez Guise.

Lothaire, mort en 855. son abdication, *a* 427.

Louis IX. mort en 1270. sa prison donne de la joye à Florence, *a* 147. 289.

Louis XI. mort en 1483. fautes qu'il a faites pour avoir agi sans conseil, *b* 274. trompé par le Roi d'Arragon, *a* 219. trompe le Roi d'Angleterre, *a* 456. fait empoisonner le Cardinal Balue, *b* 244. 369. fait mourir le Comte de S. Paul, *a* 143. 145. 255. 278. trahit des traîtres, *b* 383. Provinces qu'il ajouta au Royaume, *a* 487. son caractère, *a* 487. ses favoris, *b* 215. 289. sa politique, *a* 94. 145. 279. ses stratagêmes, *a* 367. 489. sa pensée sur la vie d'un Souverain, *b* 279.

Louis XII. mort en 1515. diminue les priviléges de l'Université de Paris, *a* 493. favorise le Cardinal d'Amboise, *b* 215. 291.

Louis XIII. mort en 1643. appaise une dispute dans l'assemblée des Etats, *b* 10. fait assassiner le Maréchal d'Ancre, *a* 143. 261. soumet les Huguenots en les gagnant, *a* 414. 598. s'allie avec les protestans étrangers & ruine ceux de son Royaume, *b* 199. seme la discorde chez les Espagnols, *a* 161. ses Ministres, *b* 216. 300.

Louis XIV. mort en 1715. fait instruire des Gentils-Hommes dans l'art militaire, *b* 316.

ôte les priviléges de la Provence, *a* 493. empêche les vols dans Paris, *a* 200. retranche des Fêtes, *b* 377.
Louvet, Ministre de Charles VII, *b* 215. 286.
Lucrece, violée, *a* 440, *b* 14. 94.
Luines, (Charles d'Albert Duc de) mort en 1621. sa fortune *b* 56. 167. 365. sa faveur, *b* 301. coups d'Etat qu'il a fait, *a* 314. fait périr le Maréchal d'Ancre, *a* 444. comment il soumettoit les places des Huguenots, *a* 599.
Lucques, comment elle se conserve dans l'indépendance, *b* 6. 76. son conseil des discoles, *a* 140. 247.
Luther, (Martin) mort en 1546. histoire de sa reforme, *a* 271. 496. son progrès, *b* 18. 99. 101. faute qu'ont fait les Catholiques de ne pas s'accommoder avec lui, *a* 412. 596. & Charles V. de lui laisser répandre sa Doctrine, *a* 409. 591. si on devoit le tuer pour y parvenir, *a* 415. conservé par la providence, *a* 601. sa générosité, *a* 597. prédiction de Jean Hus accomplie en sa personne, *a* 598. si les Princes ont gagné en embrassant sa Doctrine, *a* 592. maux qu'il a causé, *a* 410. s'il a dû attaquer la Doctrine des Ecclésiastiques, *a* 411. 593. a désabusé les peuples au sujet des Papes & des Ecclésiastiques, *a* 596.

M

MAchiavel, (Nicolas) mort en 1528. ses maximes condamnées, *a* 109. & pratiquées, *a* 149. 315.
Magiciens, s'ils sont utiles, *a* 18.
Magna, (l'Isle de) soumise, *a* 379. 519, *b* 41. 137.

DES MATIERES. 445

Mahomet, mort en 632. sa prudence, *b* 195. comment il s'est élevé si haut, *a* 36. 74. fonde sa Religion & son Empire, *a* 356. 448. fait respecter ses Loix, *a* 394. 561. s'accredite par des Prophéties, *b* 40.

Mahomet II. mort en 1481. ruine l'Empire de Constantinople, *b* 42. 94. 135.

Maine, (le Duc du) voyez Mayenne.

Mainfroid, tué dans une bataille en 1266, *a* 294. 517.

Maires du Palais, cause de leur autorité suprême, *b* 126. 325. pourquoi supprimés, *b* 68. 206.

Mal, si par politique on peut le rendre pour le bien, *a* 134. 218.

Manifestes, voyez Livres.

Marc, (les Procurateurs de S.) ce que c'est, *a* 175.

Marets, (Jean des) sa fin tragique, *b* 111.

Mariages, incestueux, *a* 133. 215.

Mariana, (Jean) mort en 1624. extraits de son histoire, *b* 59. 174.

Marignan, (Bataille de) *b* 48. 151.

Maris, qui ont contenu leurs Femmes, *a* 120. 192.

Marseille, privée de ses privilèges, *a* 493.

Marseillois, leur œconomie, *a* 204.

Martinusius, (George) son histoire, *a* 583. cause de sa mort en 1551, *a* 407. 585. malheur de ses assassins, *a* 585.

Martyr, d'Anghiera (Pierre) mort vers 1525, *a* 34.

Masson, (Papyre) mort en 1611, *a* 33.

Matthieu, (Pierre) mort en 1621, *a* 68.

Matze, ce que c'est, *a* 140. 247.

Marans, chassés d'Espagne, *a* 377. 513.

Maures, soumettent l'Espagne, *b* 14. 94. 42. 134. 195. en sont chassés, *b* 14. 94. 454.
Maurevers, blesse l'Amiral, *a* 321.
Maximes politiques, *b* 1. 71.
Maximes d'Etat, qui passent pour coups d'Etat, *a* 144.
Mai, (Louis du) Auteur des Notes sur cet Ouvrage, *a* 156.
Mayenne, (Charles de Loraine Duc de) mort en 1611. gagne le Peuple, *a* 115. Chef de la Ligue, *a* 557. fait son accord, *a* 397. 567.
Mayon, sa fin malheureuse, *a* 262. 404.
Mazarin, (Jules) mort en 1661. son mérite, *b* 340. sa prévoyance, *b* 235. 347. sa fortune, *b* 344. 365. son avarice, *b* 395. cause des troubles, *b* 401. haï d'Alexandre VII, *b* 361.
Médecins, s'ils doivent avoir entrée au Conseil d'Etat, *b* 231. 338. conte d'un Médecin, *a* 121.
Medicis, (Catherine de) morte en 1589. son mariage, *a* 612. son ambition, *a* 422. 614. son inclination a l'Astrologie, *a* 600. fait mourir un Magicien, *a* 415. 600. empoisonne ses fils, *a* 443.
Medicis, (Côme de) mort en 1464. sa politique, *a* 135. 224. sa fortune, *a* 145.
Medicis, (Côme de) mort en 1574. sa pensée sur les forces de la France, *a* 488. favorable aux Sçavans, *b* 92.
Medicis, (Laurent de) mort en 1492. favorable aux Sçavans, *b* 92.
Medicis, (Marie de) morte en 1642. son exil & ses malheurs, *a* 153. 324.
Meinier, (Jean) poursuit les Vaudois, *a* 504.
Meirargues, (Louis d'Alagan ou de Lagonia Baron de) sa fin tragique en 1605, *a* 163.

Merindol, brûlé, *a* 504.
Mérite, doit être réel quand on est en place, *b* 235. 345. voyez Charges, Ministres.
Mérovée, mort en 457. s'il a fait tort aux enfans de Clodion, *a* 364. 471.
Mexique, comment soumis par les Espagnols, *b* 41. 132.
Milan, révolutions de ce Duché, *a* 222. 299.
Ministre, choix qu'on en doit faire, *b* 306. 212. 279. 228. 333. en quoi ils sont nécessaires, *b* 213. 279. âge qu'il doit avoir, *b* 337. s'il doit être de grande naissance, *b* 222. 225. 319. ou roturier, *b* 226. 326. s'il doit être connu du Roi avant d'occuper cette place, *b* 343. son mérite doit être réel, *b* 343. s'il en faut plusieurs, *b* 216. leur caractere doit être différent selon leurs emplois, *b* 222. 312. 314. qualités qu'il doit avoir, *b* 221. 313. 233. 339. 236. 348. sa force, *b* 236. 349. sa prudence, *b* 255. 388. 258. 391. son secret, *b* 258. 391. 242. 366. ne doivent rien communiquer aux Ecclésiastiques, *b* 248. 375. sa crédulité, *b* 258. 392. 244. 371 sa libéralité, *b* 258. 394. 259. 398. sa science, *b* 337. son ambition, *b* 242. 363. doit fuir l'avarice *ibid.* sa dévotion, 246. 372. doit éviter la superstition, *b* 246. 373. doit avoir des Espions, *b* 392. sa justice, *b* 251. 378. 255. 387. doit sçavoir ployer, *b* 254. 383. joindre l'utilité à l'honnêteté, *b* 254. 385. ne doit mépriser personne, *b* 258. 395. donner conseil quand on lui demande, *b* 259. 397. sa conduite avec ses ennemis, *b* 260. 399. ses sentimens sur la mort, *b* 260. 401. sur le monde & la Cour, *b* 240. 359. 239. 355. sa fidélité pour son Prince, *b* 240. 360. sa liberté en par-

lant, *b* 240. 358. sa fortune, *b* 239. 358. 267. 268. 404. 407. précautions qu'ils doivent prendre contre les favoris de leur maître, *a* 444. quels sont ceux qui peuvent entreprendre des coups d'Etat, *b* 211. 273. I. 71. II. 93. en font souvent sans la participation de leurs maîtres, *a* 153. 326. suivent souvent leurs passions, *a* 611. quels ont été les plus habiles, *b* 354.

Minos, fait respecter ses loix, *a* 393. 561.

Miracles, dont les politiques se sont servis, *b* 37. 130. pour fonder des Etats, *a* 346. 431. 433. à la conversion de Clovis, *a* 363. 462.

Miron, (Charles) Evêque d'Angers mort en 1628. découvre l'imposture de Marthe Brossier, *a* 569.

Miséricorde, si elle convient à un Prince, *a* 29. 66.

Misnie, (la Maison de) s'empare de la Saxe en 1423, *a* 429.

Mithridate, sa cruauté pour les Romains, *a* 378. 516.

Moines, à charge à l'Etat, *b* 89. leurs inventions pour gagner, *b* 33. 122. s'ils peuvent entrer au Conseil, *b* 232. 339.

Monaldeski, (le Marquis) sa mort en 1657, *a* 428.

Monarchies, leur vicissitude, *b* 4. 71. si elles passent aisément au Gouvernement republicain, *b* 8. 82. voyez Monastique, Etat.

Monarque, voyez Souverain.

Monasteres, pleins d'ambitieux, *a* 187.

Monastique, stratagêmes de ce Gouvernement, *a* 108. 111.

Monde, regardé comme un Théâtre, *a* 37. comme un Hopital de fous, *a* 76.

Monnoyeurs, (faux) leur punition, *a* 375. 512.
Montagne, (Michel de) mort en 1592. s'il eut été bon Ministre d'Etat, *b* 229. 333.
Montauban, Louis XIII. en leve le siége, *b* 50. 154.
Montluc, (Jean de) Evêque de Valence mort en 1579. son éloquence, *b* 49. fait élire Henri III. pour Roi de Pologne, *a* 390. 552. défend Charles IX. & Henri III, *b* 57. 174.
Montmorenci, (Anne de) mort en 1567. sa faveur, *b* 215. 294. sa disgrace, *a* 301.
Montmorenci, (Henri I. de) mort en 1614. éloigné de Paris à la S. Barthelemi, *a* 320.
Montmorenci, (Henri II. de) décapité en 1632, *a* 534.
Montpensier, (Anne-Marie Louise d'Orléans) morte en 1693. raisons de son célibat, *a* 217.
Morisques, chassés d'Espagne, *a* 377. 513.
Moscovie, politique de cet Etat, *a* 250.
Moyse, s'associe Aaron, *b* 51. comparé à d'illustres Payens, *a* 394. 561. à Romulus, *a* 182. motif du respect que l'on doit à ses Loix, *a* 562. s'il a eu dessein de passer pour Dieu en cachant son corps à sa mort *a* 113. 182.
Mule, (le conte de la) *a* 120. 194.

N.

Naples, révolutions de ce Royaume, *a* 147. 293. 546.
Nassau, (Guillaume de) mort en 1582. sa prudence & son malheur, *b* 389. fonde la République de Hollande, *a* 446.
Nature, éteinte par le desir de régner, *a* 442.
Navarre, comment elle est passée aux Espagnols, *b* 60. 186.

Navarre, (Charles Roi de) mort en 1386. maux qu'il a fait à la France, *b*   112.
Navarre, (Jeanne Reine de) morte en 1572, *a*   320.
Naudé, (Gabriel) mort en 1653. comment il a du composer ses considérations sur les coups d'Etat, *a* 5. s'il a du le dédier aux Cardinal Bagni, *a* 9. 16. 56. 61. ce qui auroit du l'empêcher de le composer, *a* 12. 57. 58. 19. 62. s'il étoit d'un âge propre à cela, *a* 38. 77. raison de son stile, *a* 41. 79. où il a puisé ce qu'il dit, *a* 41. 45. 83. s'il avoit assez de capacité, *a* 43. 81. motifs qui l'y ont engagé, *a* 148. 85. 332. ses fonctions, *a* 6. raisonne mal sur la S. Barthelemi, *a* 379. 519. compare Moyse & David aux Payens, *a* 393. 395. 562. préfere la qualité d'homme de bien à celle de rusé politique, *a*   53. 88.
Néron, son naturel compatissant, *a* 10. en quoi il blâmoit les politiques de son tems, *a* 53. bon Prince tant qu'il a eu un Conseil, *b* 214.
Nevers, (Louis de Gonzague Duc de) mort en 1595, *a*   368.
Neupied, (Jean van) sa fin tragique, *b*   110.
Nil, sa source comparée aux secrets d'Etat, *a*   102. 170.
Niphus, (Augustin) mort l'an 1546, *a*   116.
Noblesse, maltraite le tiers Etat dans les Etats tenus sous Louis XIII, *b*   19. 104.
Noue, (François de la) mort en 1591. conseille à Henri IV. de se faire Catholique, *a* 566. s'il eut été bon Ministre d'Etat, *b* 229. 333.
Nuca, (D. Jean de la) décapité, en 1591, *a*   500.
Numa Pompilius, coups d'Etat qu'il pratiqua,

a 353. donne du crédit à ses Loix, *a* 394. 571.

O

Occasions fortuites, comment il s'en faut servir, *b* 64. 199.
Œconomie, (secret d') *a* 120. 192. différens selon les pays, *a* 204.
Offices, inconveniens de leur venalité, *b* 9. 86. 106.
Ognate, (le Comte d') s'il eut part à la mort de Walstein, *a* 407. 588.
Olivarez, (Gaspard de Guzman Duc d') mort en 1645. sa fortune, *b* 344. son mérite, *b* 340. sa prudence, *b* 389. comment il déguisa la perte du Portugal, *b* 359.
Orange, (Philibert de Chalons Prince d') mort en 1530. prend la ville de Rome, *a* 305. voyez Nassau.
Orateurs, bien & mal qu'ils peuvent causer, *b* 24. 111.
Orfane, (le Lac) ce que c'est, *a* 140. 248.
Orgueil, suit le pouvoir, *a* 572.
Oriflame, voyez auriflame.
Orléans, (Louis Duc d') assassiné en 1407, *b* 46. 148.
Orléans, (Jeanne d'Arc dite la Pucelle d') si sa mission n'est due qu'à la politique, *b* 39. 130, *a* 145. 276. 366. si elle a été brûlée en 1431, *a* 367. 483. 484.
Ormus, politique des Rois de ce Royaume, *a* 140. 243.
Ossat, (Arnaud Cardinal d') mort en 1604. cause de sa fortune, *a* 154. 326, *b* 228. 344.

O*Sone*, (D. Pedre Giron Duc d') mort en 1634. s'il a conspiré contre Venise, *a* 420. 609.

Ostracisme, ce que c'étoit, *a* 140. 245.

P

Pædie, ce que c'est, *a* 21.
Palatin, (Jean Casimir Prince) mort en 1592. secoure Henri IV, *a* 556.
Palatin, (Frederic V. Electeur) cause une guerre en Allemagne, *b* 56. 168. ses malheurs & sa mort en 1632, *a* 137. 235.
Palatin, (Charles-Louis Electeur) mort en 1680. releve ses Etats, *b* 342.
Pallas, pourquoi représentée armée, *b* 52. 157.
Palingene, (Marcel) *a* 116.
Paolo, (Fra) voyez Sarpi.
Papes, blamés par des motifs différens, *a* 33. 71. oppositions qu'ils ont trouvés, *b* 91. pourquoi ils n'ont pas la collation des Bénéfices, *b* 116. coups d'Etat qu'ils ont fait, *a* 147. 290. leur Conseil, *b* 305. qualités de leurs Conseillers, *a* 67. Luther a désabusé les Peuples à leur sujet, *a* 596.
Parlemens, de Rouen & de Toulouse, leurs Arrêts contre Henri IV, *a* 313.
Parmenion, son Histoire, *a* 403. 573.
Pasquins, voyez libelles.
Paterne, maltraité quoique Ambassadeur, *a* 467.
Paul, (le Pere) voyez Sarpi.
Paul, (Louis de Luxembourg Comte de Saint) décapité en 1475, *a* 143. 255. 145. 278.
Paul III. (Alexandre Farnese) mort en 1549. refuse une dispense à Henri VIII, *a* 270.

Paul

Paul V. (Camille Borghese) mort en 1621. ce n'est pas lui qui a reuni Ferrare au S. Siége, voyez Clement VIII. ouvrages qu'il a fait publier contre les Vénitiens , *b* 56. 164.

Paulette , dispute à ce sujet aux Etats tenus à Paris, *b* 19. 104.

Paumier , (Matthieu) son ambassade, *b* 228. 332.

Pedanius , sa mort cause celle de 400 Esclaves, *a* 374. 508.

Peintres , combien les Anciens employoient de couleurs, *a* 45.

Pepin le Bref , mort en 768. son origine , *a* 473. 365. 476. s'empare du Royaume de France , *b* 93.

Perefixe , (Hardouin de) mort en 1670. son sentiment sur la S. Barthelemi , *a* 529.

Pererius, son sentiment sur les Magiciens, *a* 17.

Perez , (Antonio) mort en 1611. sa persécution, *a* 371. 499.

Perfidie , punie de Dieu , *a* 159.

Periander , sa tyrannie, *a* 28.

Perou , prodiges qui en faciliterent l'entrée aux Espagnols , *b* 41. 132.

Perron , (Jacques Davi du) mort en 1618. sa fortune, *a* 154. 328.

Persan, (Madame de) *a* 323.

Petit , (Jean) défend les assassins du Duc d'Orléans, *b* 46. 148.

Peuple , ennemi de son repos, *a* 608. voyez Populace.

Phaeton , sa chute, *a* 12.

Phidias, mal récompensé des Athéniens , *a* 151.

Philippe de Macédoine, usage qu'il faisoit de l'éloquence, *b* 44.

Tome II. Q q

Philippe I. mort en 1108. supprime les Maires du Palais, *b* 68. 206. son caractere, *b* 207.
Philippe Auguste, mort en 1223. trahit le Roi d'Angleterre, *b* 69. 208.
Philippe de Valois, mort en 1350. succéde à la Couronne de France en vertu de la Loi Salique, *a* 479.
Philippe II. mort en 1598. fait mourir D. Carlos, *a* 408. 442. 588. ôte les Priviléges de l'Arragon, *a* 370. 497. ses vues sur la Couronne de France, *a* 314. traverse Henri IV, *a* 365. 149. 312. 302. régne dans le Conseil de France, *b* 143. s'assure du Royaume de Portugal, *a* 149. 307. comment il fit aimer son fils de ses peuples, *a* 395. 563. sa rigueur envers deux Amans, *b* 102. son favori, *b* 215. 285. promesses qu'il lui fait, *b* 268. 406. la force de son esprit, *b* 350. sa pensée sur la vie d'un Souverain, *b* 279. son défaut, *b* 385.
Philippe III, mort en 1621. régnoit dans le Conseil de France, *b* 145. chasse les Mores d'Espagne, *a* 515. *b* 95. recherche le Roi d'Angleterre, *b* 61. 192.
Philosophes, s'ils sont propres, au Conseil d'Etat, *b* 221. 338.
Philotas, son histoire, *a* 403. 573.
Phormion, *a* 12.
Pibrac, (Gui du Faure de) mort en 1584. défend Charles IX. & Henri III, *b* 57. 173.
Pic de la Mirandole, (Jean François) assassiné en 1533. feint de communiquer avec la Divinité, *a* 116.
Pithagore, sa cuisse d'or, *a* 114.
Pitié, voyez Miséricorde.
Pixarre, (François) assassiné en 1541. s'accrédite

DES MATIERES.

dans le Perou, *b* 41. 67. 133.
Plautian, son histoire & justice de sa mort, *a* 143. 266. 404.
Plotin, feint de communiquer avec les Dieux, *a* 115.
Polette, voyez Paulette.
Politique, considérée sous trois faces differentes, *a* 129. 205. si l'on en peut parler indépendamment des coups d'Etat, *a* 21.
Politiques, qui ont feint des miracles, *b* 37. 130. des Prophéties, *b* 40. 131. d'autres ne l'on point fait, *b* 125. doivent regarder des maximes comme certaines, *b* 1. 71. 12. 93. maniere dont ils interpretent les choses, *a* 363. 461. quelle doit être leur prudence, *b* 63. 195. usage qu'ils font de la Religion, *b* 33. 124. 58. 62. 194. des circonstances, *b* 18. 101. des occasions, *b* 64. 198. de l'éloquence, *b* 44. 139. 52. 157. des manifestes, *b* 56. 163. de la populace, *b* 21. 109.
Polonois, choisissent Henri III. pour Roi quoiqu'il eut participé à la S. Barthelemi, *a* 390. 551.
Poltrot, (Jean) assassine le Duc Guise, *a* 618. puni en conséquence en 1563, *a* 521. 541.
Pomeranie, assurée aux Electeurs de Brandebourg, *a* 429.
Populace, son caractere, *b* 22. sa crédulité, *b* 26. son inconstance, *b* 28. usage que l'on en peut faire, *b* 21. 109. moyen de la gagner, *b* 31. 114. voyez hommes.
Porphire, feint de communiquer avec les Dieux, 115.
Portugal, miracles à l'établissement de ce Royaume, *a* 431. & à son rétablissement, *a* 208.

Q q ij

tombe au pouvoir des Espagnols, *a* 308.
Postel, (Guillaume) mort en 1581. feint d'avoir de la familiarité avec Dieu, *a* 116. rêveries qu'il débite, *b* 27. à qui son avancement est attribué, *a* 154.
Poyet, (Guillaume) mort en 1548. favorable à Postel, *a* 154.
Prague, (Jérôme de) s'il méritoit d'être brûlé en 1515, *a* 512.
Prat, (Antoine du) mort en 1535. sa disgrace, *b* 244. 370.
Prédicateurs, usage qu'en peuvent faire les politiques, *b* 44. maux qu'ils ont causé en France, *b* 138. propres à exciter des rebellions, *a* 501. employés par des Rebelles, *b* 115.
Prédiction fausse, employée par Mahomet, *a* 357. 452. voyez Prophétes.
Prélats, abus qu'ils font de leurs richesses, *a* 202. voyez Ecclésiastiques.
Prete Jean, voyez Ethiopie.
Prêtres de Jupiter, comment contraints de rester à Rome, *a* 128. 202.
Princes, si leurs qualités méritent attention, *b* 211. 273. en quoi gît leur force, *a* 131. 210. droits qu'ils ont sur leurs Sujets, *a* 131. 212. maximes qu'ils doivent regarder comme certaines pour entreprendre des coups d'Etat, *b* 1. 71. 12. 93. sentimens qu'ils doivent avoir en pratiquant les coups d'Etat, *a* 333. malheur de leur condition, *a* 343. 426. s'ils doivent violer l'hospitalité par politique, *a* 466. s'ils peuvent rendre le mal pour le bien, *a* 134. 118. 231. quelle doit être la regle de leurs actions, *a* 189. 315. leur pouvoir sur les Loix *ibid*. *a* 19. s'ils doivent faire des coups d'Etat pour les mainte-

DES MATIERES. 457

nir, *a* 373. 503. s'ils doivent être miséricordieux, *a* 29. 66. comment ils traitent la Religion, *b* 62. 194. s'ils doivent conserver les priviléges de leurs sujets, *a* 492. en quelle occasion ils méritent le nom de Tyrans, *a* 337. s'ils doivent admettre des Ecclésiastiques dans leur Conseil, *b* 248. 375. voyez Souverains, Rois.

Princes Chrétiens, s'ils sont excusables de s'allier avec le Turc, *a*   136. 227.

Princesses exclues de l'héritage des Souverainetés avec raison, *a* 139. 239. moyen d'empêcher que leur postérité ne succéde, *a*   216.

Principes, s'il n'en faut que cinq ou six bons, pour en inférer toutes sortes de conclusions. *a* 45. 82.

Prisonniers, s'il est permis de les égorger, *a* 138. 237.

Priviléges, ôtés par coups-d'Etat, *a* 367. 493.

Prochite, (Jean) Promoteur des Vêpres Siciliennes, *a*   147. 296. 378. 517.

Prodiges, qui déconcertent des peuples, *b*   42.

Prophétie, dont les politiques se sont servi, *b* 40. concernant le Portugal, *a* 432. voyez Prédiction.

Provence, donnée à la France à condition qu'on lui conservera ses priviléges qui lui sont ôtés dans la suite, *a*   493.

Prudence, division de cette vertu, *a* 89. 157. de quoi elle doit être formée, *b* 256. 390. à quoi on peut connoître si on la posséde, *b* 258. 391. si elle a part à toutes les grandes actions. *b* 388. en quoi consiste celle d'un Ministre, *b* 255. 388.

Psaphon, se fait passer pour Dieu, *a*   112.

Ptoloméé, destinée de sa famille, *b* 4. 73.
Pucelle d'Orléans, voyez Orléans.

R

Ragnacaire, sa mort, *a* 364. 460. 471.
Raison d'Etat, ce que c'est, *a* 131. 213. voyez Etat.
Rantzaw, (Josias de) mort en 1560. est battu, *b* 372.
Rebellions, arrivée par des Prédicateurs, *a* 502.
Reboul, sa mort, *a* 154.
Regiomontanus, (Jean Muller) causes de sa mort en 1476, *a* 417. 605. 607.
Religion, comment on la doit insinuer, *a* 544. si l'éloquence la persuade, *b* 54. 169. si la plus commune est la meilleure, *a* 584. 412. & s'il est permis d'y changer quelque chose, *a* 585. 412. en ôtant la superfluité, *b* 249. 377. si elle peut causer le renversement d'un Etat, *b* 8. 84. conséquence des Loix qui en déterminent l'exercice, *a* 503. excès qu'elle fait commettre quand elle est mal entendue, *b* 120. nécessaire à la politique, *b* 31. 118. *a* 394. 562. 144. 268. *b* 37. 126. 58. 62. 194. on ne peut en établir une nouvelle qu'avec la force, *b* 37.
Remus, si sa mort étoit juste en politique, *a* 150. 317.
Républiques, leurs Fondateurs n'ont point souffert de compagnons de leur gloire, *a* 444. 446. pourquoi il est difficile de donner cette forme de Gouvernement à un Etat Monarchique, *b* 8. 82.
Riccio, (David) sa fortune & sa fin malheureuse en 1567, *a* 143. 264.

DES MATIERES. 459

Richard I. mort en 1199. trahi par Philippe-Auguste, b   69. 208.

Richard, (frere) ses grandes prédications peu utiles, b   47. 151.

Richelieu, (Armand Jean du Plessis Cardinal de) mort en 1642. sa fortune, b 365. sa faveur, b 216. 301 méprise Buckingham, b 395. sa conduite avec les Huguenots, a 414. 518, b 199. prêt à céder à une disgrace, b 384. fait battre une armée Françoise pour se rendre nécessaire, b 201. se venge de ses ennemis, a 611. pourquoi il fit périr Cinq-Mars, a 445. quantité d'Espions qu'il avoit, b 393. avoit des créatures dans le Conseil d'Espagne, a 163, b 145. son mérite, b 221. 310. 340. sa libéralité, b 394. sa prévoyance, b 235. 347. sa prudence, b 197. sa dureté pour le peuple, a 211. sa fermeté en mourant, b   402.

Rincon, (Antoine) sa mort en 1542., a 405. 577.

Rochelle, par qui conservée dans son premier siége, b   50. 154.

Roderic, mort en 713. perd l'Espagne par son incontinence, b   14. 94. 42. 134.

Rodolphe, mort en 936. usurpe la Couronne de France, a   478.

Rohan, (Henri Duc de) mort en 1639. guerres qu'il fit en France, a 556. peines décernées contre lui en conséquence, a 533. son idée sur l'intérêt des Souverains de l'Europe, a 221. 303.

Rois, ce qu'on leur doit, a 130. 209. doivent tenir leur dignité, a 31. 68. 70. voyez Princes, Souverains.

Romains, coutumes barbares & nécessaires qu'ils avoient, a 373. dureté de Mithridate pour eux, *a* 378. 516.

Rome, Tarquin y est détrôné, *a* 354. 438. destinée de cette Ville, *b* 6. 76. prise sous Charles V, *a* 144. 272. 148. 305. & saccagée, *a* 340.

Romon, (Jacques de Savoye Comte de) mort en 1486, *b* 15. 96.

Romulus, ses coups d'Etat, *a* 353. fonde son Empire, *a* 36. 75. veut se faire passer pour Dieu, *a* 113. 180. 351. 437. en parallele avec Moyse, *a* 182.

Rose, (Guillaume) mauvais effet de ses prédications. *b* 50. 139.

Rovida, son sentiment sur l'alliance de l'Espagne & de l'Angleterre, *b* 61. 192.

Royaumes, coups-d'Etat pratiqués à leur commencement ou rétablissement, *a* 345. 429. voyez Etat.

Ruelle, (Sebastien) cause de sa mort en 1637. *a* 408. 588.

Ruses, voyez stratagêmes

S

SAlmonée, contrefait Jupiter, *a* 111.

Sancerre, (Siége de) *a* 554.

Sarpi, (Fra-Paolo) mort en 1623. évite d'être assassiné, *a* 147. s'il eut été bon Ministre d'Etat, *b* 229. 232. 334.

Satires, voyez libelles.

Savanarole, (Hierome) brûlé en 1418. feint de s'entretenir avec Dieu, *a* 116. 185.

Savaron, (Jean) mort en 1622, *a* 364. 473.

Savedra, (Diego) mort en 1648. se trompe dans son histoire des Goths, *a* 60.

Savoye, intérêt de la France à conserver cette Maison,

DES MATIERES.

Maifon, *a* 136. 226.
Saxe, poffédée par la maifon de Mifnie en 1423. *a* 419.
Saxe, (Jean Friderie Electeur de) mort en 1554. protége Luther, *a* 144. 271. 592. caufe de fes malheurs, *b* 196.
Sciences, fi elles font liées enfemble, *a* 45. 83. fe perfectionnent, *a* 47. 84. fi elles nuifent à la République & à la Religion, *b* 10. 89.
Scipion, fe fait confidérer, *a* 117.
Sebaftien, Roi de Portugal mort en 1578. malheurs d'un impofteur qui prenoit fon nom, *a* 188. *b* 385.
Secret, néceffaire à garder, *b* 258. 391.
Secrets d'Etat, ce qui mérite ce nom, *a* 97. 169. comparés à la fource du Nil, *a* 102. 170.
Sejan, juftice de fa mort, *a* 143. 266. 404.
Seize, (les) ceux qu'on nommoit ainfi, *a* 558.
Sel, vexation en France à ce fujet, *a* 201.
Seleucides, deftinée de cette famille, *b* 4. 73.
Seminaires, voyez Univerfités.
Semiramis, coups d'Etat qu'elle a pratiqué, *a* 346. fi elle a fondé l'Empire d'Affirie, *a* 434.
Seneque, fon fentiment fur la miféricorde, *a* 25.
Serment de fidélité en Angleterre, ce que c'eft, *b* 56. 165.
Sermons, propres à exciter des rebellions, *a* 507.
Siagrius, fa mort funefte, *a* 465.
Sicile, voyez Naples.
Sigebert, fa mort, *a* 364. 47 *b*.
Silhon, (Jean de) mort en 1666. Auteur d'un livre de Politique, *a* 2.
Silla, feint d'avoir la familiarité des Dieux, *a* 115.

Tome II.

Sillery, (Nicolas Brulart de) mort en 1614 aimé d'Henri IV. *b* 216. 217. 300. 302.
Silva, (Rui Gomez de) mort en 1578. favori de Philippe II. *b* 215. 285.
Simnel (Lambert) fa punition, *a* 59. 60.
Sion, (Mathieu Scheiner Cardinal de) mort en 1522. fait livrer la bataille de Marignan, *b* 48. 152.
Sifenand, voyez Jofenand.
Sixte V. (Felix Peretti) mort en 1590. fon bon mot fur Henri III. *a* 32. excommunie Henri IV. *a* 312.
Socrate, feint de communiquer avec les Dieux, *a* 115. 185.
Soldats, difcipline néceffaire parmi eux, *a* 375. 510.
Soliman, mort en 1566. fes grandes actions, *a* 231
Solon, fait refpecter fes Loix, *a* 394. 561.
Sorbonne, fon decret contre Henri IV. *a* 314.
Soubife, (Benjamin de Rohan) fait la guerre en France, *a* 556.
Souverains, peu utile de fixer les qualités qu'ils doivent avoir, *b* 211. parce qu'on n'a point égard au mérite quand on les conftitue dans cette dignité, *b* 212. 276. différens degrés de capacité qui fe trouvent en eux, *b* 274 la publicité de leurs actions doit les contenir, *a* 161. crainte qu'ils doivent infpirer à leurs fujets, *a* 439. confidération qu'ils peuvent tirer de la Religion, *a* 394. 562. s'ils doivent venger les affronts qu'on leur fait, *a* 510. s'ils peuvent fourber, *a* 385. 539. s'ils peuvent faire mourir de leurs fujets fans formalités, *a* 402. doivent empêcher les vols, *a* 200. faire des loix égales pour le vendeur & pour l'a-

DES MATIERES. 463

cheteur, *a* 201. quelle doit être leur probité, *a* 93. 161. doivent avoir un conseil, *b* 274, *b* 214. usage qu'ils en doivent faire, *b* 280. s'ils doivent avoir un ou plusieurs Ministres, *b* 216. 302. 218. & favoris, *a* 173. s'ils perdent leur titre en communiquant leur puissance à leurs Ministres, *a* 168. s'ils sont en état de les choisir lorsqu'ils sont sans capacité, *b* 218. 306. à qui ils doivent donner la préférence, *b* 260. 402. comment ils les doivent traiter, *b* 261. 403. 265. 266. 404. peines de leur état, *b* 279. lorsqu'ils sont sans mérite, *b* 219. 307. leur politique avec leurs voisins, *a* 135. intérêt de ceux de l'Europe, *a* 221. 303. & de ceux d'Italie, *a*   135. 221.

Soyergat, mort en 1370, *a*   75.

Spurius Mælius, c'est Mælius, cherchoit à se rendre souverain dans Rome en faisant des largesses au peuple, le Sénat pour le réprimer, créa Dictateur L. Q. Cincinnatus, qui prit Ahala Servilius pour Colonel de sa Cavalerie; celui-ci ayant sommé Spurius de paroître au Sénat, comme il ne repondoit pas à sa sommation, il lui passa son épée au travers du corps de sa propre autorité, & son action fut approuvée, *a*   143. 266.

Stilico, sa conduite douteuse, *b*   143. 266.

Strasbourg, évite de tomber au pouvoir d'Henri II. *a*   603.

Stratagêmes, si on les peut employer pour se donner de la considération, *a*   393.

Strozzi, (Pierre) mort en 1558. *a* 229. 335. battu sur mer, *a*   311.

Stuart (Marie) décapitée en 1587. *a*   68.

Subordination, sa nécessité, *a*   130. 208.

Suedois, leur politique, *a* 251. pour la succes-

R r ij

sion du Royaume, *a* 239. leur perfidie contre les Danois, *a* 456.

Sujets, crainte qu'ils doivent avoir de leur Roi, *a* 439. suppression de leurs privileges par coups d'Etat, *a* 368. 492.

Suintilla, chassé du Royaume d'Espagne, *b* 59. 179.

Suisses, origine de leur indépendance, *b* 6. 77. soutiennent une guerre contre le Duc de Bourgogne, *b* 15. 96.

Sully, (Maximilien de Bethune, Duc de) mort en 1641. sa fortune, *a* 154. 329. favorisé d'Henri IV. *b* 216. 217. 299. 302. lui conseille de se faire Catholique; *a* 398. 566.

Superstition dangereuse aux Princes & aux Ministres, *b* 246. 373.

T

Tafilette, (le Prince de) détrône le Roi de Maroc, *b* 38. 129.

Tamerlan, mort en 1405. fonde son Empire, *a* 36. 75. discipline de ses armées, *a* 375. 511.

Tarente, (Louis Prince de) mort en 1362. *a* 172.

Tarente, (Charles Henri de la Trimoille Prince de) commande en Hollande, *a* 231.

Tarquin, sa tyrannie, *a* 28. détrôné, *a* 354. 438.

Tartares, s'emparent de la Chine, *a* 241.

Tassoni, ce qu'il pensoit de Jacques I. *a* 68.

Tavannes, sa pensée sur la conversion d'Henri IV. *a* 397.

Taxis, (Jean de) débauche le Duc de Milan, *a* 183.

Terrail (Louis de Comboursier du) décapité en 1609. manque une entreprise sur Genève, *a* 225.

Test, (le serment du) voyez serment de fidélité.
Thebes, destinée de cette ville, *b*   5. 75.
Thomas, (S.) mort en 1274. enseigne ce que c'est que la Tyrannie, *a*   23. 64.
Thou, (Jacques-Auguste de) mort en 1617. son sentiment sur la S. Barthelemi, *a*   381. 529.
Thrasibule, sa tyrannie, *a*   28.
Tibere, sa cruauté pour Séjan, *a*   340.
Tiers-État, pense maltraiter la noblesse aux Etats tenus sous Louis XIII. *b*   19. 104.
Tort, s'il est permis de faire tort en particulier pour un bien général, *a*   19. 61.
Tournon, (François Cardinal de) mort en 1562. fait poursuivre les Vaudois, *a*   504.
Trapezonze, (George) mort en 1468. si ses enfans ont fait mourir Regiomontanus, *a* 417. 606.
Travail, ses entreprises & sa mort en 1617, *a* 322. 153. 154.
Treves, (Philippe Emmanuel de Sœteren, Electeur de) sa prison, *b*   388.
Trismegiste, se rend recommandable, *a* 392. 560.
Trithème, (Jean) mort en 1518. son sentiment sur les Magiciens, *a*   17.
Triumvirat, sous Henri IV. *b*   217. 302.
Trivulce, (Jean-Jacques) mort en 1518. *b* 229. 335. ce qu'il pensoit de la bataille de Marignan, *b*   153.
Turcs, prophéties qui les concernent, *b* 131. aggrandissement de leur Empire, *a* 449. *b* 17. 99. leur perfidie envers leurs voisins, *a* 453. leur politique, *a* 467. 250. injustices qu'ils ont fait par raison d'Etat, *a* 213. si des Princes Chrétiens peuvent s'allier avec eux, *a* 136. 227. 144. 269.
Tyran, quand ce nom convient aux Princes, *a* 337. 338.

Tyrannie, maniere de s'en servir, *a* 23. s'il est bon de sçavoir en quoi elle consiste, *a* 27. en quoi elle différe des coups d'Etat, *a* 107. 178.

V.

Vaincus, s'il est permis de les égorger, *a* 138. 217.
Valais, situation de ce pays, *a* 140. 247.
Valeur, doit être jointe à l'éloquence, *b* 52. 158.
Valseline, guerres dans ce pays, *a* 136. 230. *b* 56. 169.
Vargas, (Alfonse de) soumet l'Arragon en 1591. *a* 500.
Vasa, fin de sa race, *b* 74.
Vaudois, leur croyance & leurs malheurs, *a* 503.
Venalité, des offices ses inconveniens, *b* 9. 86. 106.
Vendôme, (Cesar Duc de) mort en 1665. sa pensée sur les prédictions de la mort d'Henri IV. *b* 101.
Venitiens, de quelles personnes est composée leur République, *a* 608. leur Conseil secret, *a* 105. 163. 174. *b* 304. s'ils préférent l'Etat à la Religion, *a* 144. 268. leurs coups d'Etat, *a* 146. 287. comment ils choisissent leurs Généraux, *b* 315. comment ils contiennent leur populace, *b* 115. & leurs femmes *a* 125. 197. comment ils conservent leur République, *a* 457. ce que c'est que leur Lac Orfane, *a* 140. 248. leur secret d'œconomie, *a* 204. pourquoi ils ont fait mourir Lauredan, *a* 418. 606. renvoyent un Ambassadeur d'Espagne, *a* 420. 609. conspiration des Espagnols contr'eux, *a* 610. s'ils ont été abandonnés au Turc par Charles V. *a* 232. leur conduite envers le Roi Sebastien, *b* 385. ouvrages qu'ils font publier

contre Paul V, *b* 56. 164.
Verneuil, [Catherine Henriette de Balzac Marquise de] morte en 1633. *a* 163. son crime, *a* 165.
Vespasien, se donne du crédit, *a* 119. 395. 562. *b* 37. 130.
Vêpres Siciliennes, *a* 171. 147. 295. 378. 516.
Vieillards, s'ils doivent avoir entrée au Conseil, *b* 230. 337.
Vieuville, [Charles de la] mort en 1653. libelles contre lui, *b* 56. 170.
Vignes, [Pierre des] se venge de Frideric II. *b* 244. 266.
Villeneuve, [de] commande en Hollande, *a* 231.
Villeroy, [Nicolas de Neufville de] mort en 1617. conseil qu'il donne à Henri IV. *a* 12. en est aimé, *b* 216. 300. 217. 302. sa fortune & celle de sa famille, *a* 154. 327.
Villes, qui se haïssent pour la diversité des couleurs, *b* 15.
Villes capitales, influent sur les autres, *b* 21. 108.
Viseo, [Jacques & non pas Ferdinand Duc de] poignardé de la propre main du Roi en 1484. *a* 161.
Uladislas, mort en 1458. *a* 158. 159.
Université de Paris, perd ses priviléges, *a* 493.
Universités, nuisibles aux Etats, *b* 10. 89.
Vols, avantage de les bannir d'un Etat, *a* 199.
Urbain II [Odon] mort en 1099. blâmé, *a* 71.
Urbain IV. [Jacques Pantaleon, Leon de Court Palais] mort en 1264. donne la Sicile au Duc d'Anjou, *a* 517.
Urbin, réuni au Saint Siege, *a* 137.

W

Walstein, [Albert Wenceslas Eusebe de] sa conjuration & sa mort en 1634, *a* 407. 586.
Wamba, mort en 688. detrôné, *b* 59. 183.
Warfusée, [le Comte de] fait assassiner un Liegeois, & l'est lui-même en 1637. *a* 408. 588.
Warwick, [le faux Comte de] *a* 59. 60.
Wenceslas de Luxembourg, mort en 1418. son peu de mérite, *b* 346.
Wincestre, mauvais effet de ses prédications, *b* 50. 139.
Wirtemberg, cette Principauté échappe à la Maison d'Autriche, *a* 430.
Wirtemberg, [Eberhard Duc de] mort en 1496. aimé de ses sujets, *a* 210.
Wirtemberg, [Eberhard Duc de] mort en 1674. rétablit ses États, *b* 343.
Wirtemberg, [Ulrich de] mort en 1480. aimé de ses sujets, *a* 210.
Wolsey, [Thomas] mort en 1531. cause la réformation de l'Angleterre, *b* 161. 386.

Z

Zamolxis, s'accrédite, *a* 393. 560.
Zoroastre, fait respecter ses loix, *a* 393. 560.
Zuniga, [Balthazar de] débauche le Duc de Biron, *a* 163.

Fin de la Table des Matières.

www.ingramcontent.com/pod-product-compliance
Lightning Source LLC
Chambersburg PA
CBHW072127220426
43664CB00013B/2166